汉语问题辨察与思索

朱 斌◎著

中 国 出 版 集 团
世界图书出版公司
广州·上海·西安·北京

图书在版编目（CIP）数据

汉语问题辨察与思索 / 朱斌著 .—广州：世界图书
出版广东有限公司，2025.1重印
　ISBN 978-7-5192-1568-2

　Ⅰ . ①汉… Ⅱ . ①朱… Ⅲ . ①汉语－研究 Ⅳ . ① H1

中国版本图书馆 CIP 数据核字（2016）第 143342 号

汉语问题辨察与思索

策划编辑　　孔令钢
责任编辑　　张梦婕
出版发行　　世界图书出版广东有限公司
地　　址　　广州市新港西路大江冲25号
http:// www.gdst.com.cn
印　　刷　　悦读天下（山东）印务有限公司
规　　格　　710mm×1000mm　1/16
印　　张　　13.75
字　　数　　223 千
版　　次　　2016 年 6 月第 1 版　　2025 年 1 月第 2 次印刷
ISBN　　978-7-5192-1568-2
定　　价　　58.00 元

序：学贵四有

朱斌与我，都是邢福义老师的研究生。我 1981 年入师门，他 1999 年入师门，我比他早了 18 年，算师兄；但是，我读的是硕士，他读的是博士，位阶比我高。正因有这种学缘关系，我比较关注朱斌的学术发展，经常从杂志上读到他的论文。近日，朱斌将他读研究生以来近 20 年的一些论文，编纂成集，名曰《汉语问题辨察与思索》，邢福义先生还亲笔题写书名。

《汉语问题辨察与思索》，辨察、思索的内容从字、词开始，到短语、句式，再到复句、句群。研究内容"从小到大"，或能反映一位青年学子的求学、问学、治学的成长路程。这些文章，有不少我曾读过，存有印象；而今集中再读，感触更多，受益更多。最大的感触可以概括为："学贵四有"。

一是"学贵有根"。为学需有根，其根需深植社会之沃土。治语言学亦需有根，其根需深植语言事实中。朱斌秉承师门传统，重视汉语事实的观察，从缜密的观察中发现了许多新现象，获得了语言的一些组织规律。比如，他发现了方位词"以里"，用古今汉语及方言实例，描写了"以里"的用法。再如，一般认为"整整"只能与整数搭配使用，但他观察到"整整"与非整数的搭配，并阐释了这种搭配的主观大量的心理基础。朱斌的多篇文章，都能于事实中见人所未见，发人所未发。

二是"学贵有问"。"学问"之焦点在"问"，问而有学术之动力，问而有学术之方向，问而有学术之新见。例如，朱德熙先生曾根据动词带谓宾的情况，把谓宾动词分为真谓宾动词和准谓宾动词。朱斌不囿大家成见，善思善问，发现还有第三种谓宾动词，这种动词兼有前两种谓宾动词的某些个特征，而且还发现这三种谓宾动词带谓宾，具有距离象似性的认知动因。再如，一般认为"给"带双宾语表示转移过程，朱斌提出"给他一顿批评"是特殊的双宾结构，这种双宾结构在语义上与"给他一（个）巴掌"似同，表示的不是转移过程而是施加过程。语言乃不同时代、不同地域之积淀，规律总是"漏水"的，亦即语言规律几乎都有例外，但例外亦有其规律。语言学研究，不仅要从事实中发现规律，还常常需要据规律再发现例外，从例外中再发现例外之规律，故而需要常思常问。

三是"学贵有恒"。许多语言学家都曾对某些个语言事实或规律，进行过较长时间的追踪研究。比如王力先生对于"是"字、被动式，吕叔湘先生对于指代词、非谓形容词，朱德熙先生对于"的"字、"给"字，陆俭明先生对于数量结构、虚词，邢福义先生对于复句、动名结构、"但"字等。一方面，这些问题确实有复杂的规律和高度的理论价值，另一方面，持久、反复、多方面地追问某些问题，更能验证和升华研究汉语的思路和方法。本书的一些问题，也是朱斌长时间追踪研究的成果，比如从发现"否则"的隐省规律，到考察"如果 A，那么 B，否则 C"中"否"的否定辖域，再到探讨"因为 p，否则 q"的句联层构和"否则"焦点投射，就是朱斌持续考察"否则"的成果。我记得，朱斌的博士论文写的是"是"字句的然否类型联结，毕业后他继续研究，有了《然否对照的辨释功能》这样的深化成果。他对于汉语的小句类型联结研究，申请到了国家社科基金项目，从小句的句类联结和句型联结的角度，具化和深化了"小句联结律"。近几年，他又从句序和焦点结构的角度，不断挖掘复句事实，深化复句研究。恒追恒问，水可穿石。

四是"学贵有我"。所谓"有我"，首要在于知"我"，知道自己长处在哪里，善于做什么；继而注意扬己之长，在做自己擅长的研究中，逐渐做到"学有所长"，形成自己的研究风格，经营出自己的研究领域，走出自己的治学道路，为学界做出自己的特有贡献。朱斌在复句研究领域，在重视语言事实、细致辨察语言事实、在辨察中敏锐发现规律等方面，已经有了些自己的特色。如果以后学不弃"我"，且更自觉地学中寻"我"，将来一定能够学中显"我"。

为朱斌这部书作序，很高兴。一是尽同门之谊；二是尽学人之责；三是可用写序之机，专心思考一些治学问题。今天是端午节。端午节为朱斌的著作写序，感官上，更突出地感受到艾烟粽香的熏染，心灵上，再次细细品味屈原的家国情怀，屈原的上下求索精神……

李宇明

2016 年 6 月 9 日农历丙申年端午节

于北京惧闲聊斋

目　录

第1章　《一异表》修正 28 个字的整理 ……………………………… 001

1.1　不该恢复为规范字 …………………………………………… 001

1.2　应正式恢复为规范字 ………………………………………… 002

1.3　应当进行分化的字 …………………………………………… 002

第2章　两组异体词的整理 …………………………………………… 006

2.1　"火暴"与"火爆" …………………………………………… 006

2.2　"姑夫、姨夫"还是"姑父、姨父" ………………………… 008

第3章　构词分析 ……………………………………………………… 010

3.1　"轻"和"重"构词比较 …………………………………… 010

3.2　"AABB"的蕴含音变 ……………………………………… 015

第4章　词义和词性辨析 ……………………………………………… 017

4.1　"离开"义辨 ………………………………………………… 017

4.2　关于《现代汉语八百词》说明"是否"的几个问题 ……… 019

4.3　说"以里" …………………………………………………… 022

第5章　释义词和句式 ··· 027

5.1　释义词"特指" ··· 027

5.2　释义词"泛指" ··· 035

5.3　释义句式"因……而……" ··· 043

第6章　现代汉语兼类词研究 ··· 054

6.1　兼类类型 ·· 054

6.2　单音节词和多音节词的兼类比较 ·· 059

6.3　小结 ··· 072

第7章　亲属名词组成的偏正结构 ··· 073

7.1　亲属名词的类型 ·· 073

7.2　基本亲属名词组成的偏正结构 ·· 074

7.3　多个基本亲属名词组成的偏正结构 ······································· 076

7.4　含有非基本亲属名词的偏正结构 ··· 078

7.5　小结 ··· 079

第8章　"整整"与整数和非整数的配搭 ································· 080

8.1　"整整"与定数配搭 ··· 080

8.2　"整整"与概数配搭 ··· 084

8.3　两点观察 ·· 089

8.4　小结 ··· 091

第9章　谓宾动词及其带宾的认知解释 ··································· 092

9.1　准谓宾动词 ··· 092

9.2　真准谓宾动词 ·· 113

9.3　谓宾动词带谓宾的距离象似性 ··· 118

第10章　特殊的双宾结构"给 $O_n O_v$" ································· 124

10.1　给 $O_n O_v \longrightarrow$ VN ··· 124

10.2　给 O_nO_v—/ → VN ·································· 129

10.3　小结 ·· 129

第 11 章　目的宾语动词 ······································ 131

11.1　体宾目的宾语动词 ·· 131

11.2　体谓宾目的宾语动词 ·· 134

第 12 章　复句句序和语气的关联功能 138

12.1　"句序"的关联功能 ·· 138

12.2　复句语气的关联功能：以"'祈使＋陈述'型因果复句"为例 ········ 144

第 13 章　然否对照的辨释功能 ························ 154

13.1　辨释方式 ·· 154

13.2　辨释性质 ·· 155

13.3　辨释焦点 ·· 155

13.4　辨释重心 ·· 159

13.5　辨释强度 ·· 160

13.6　小结 ·· 161

第 14 章　"否则"的隐省、辖域和焦点投射 ·· 163

14.1　"否则"的隐省规律 ·· 163

14.2　"如果 A，那么 B，否则 C"的语义关联及其"否"的辖域 ········ 167

14.3　"因为 p，否则 q"层构与"否则"焦点投射 ·············· 180

第 15 章　汉语语法研究的实和虚 ···················· 190

15.1　讲实据、求实证 ·· 190

15.2　探求更贴近汉语事实的理论 ·································· 191

15.3　重视理论的开放性和拓展性 ·································· 194

第16章　书评两则 ………………………………………………… **196**

16.1　现代汉语连动式研究的新突破

　　　—— 评高增霞《现代汉语连动式的语法化视角》 …………… 196

16.2　复句研究天地宽 ——《汉语复句研究》读后 ………………… 201

参考文献 ………………………………………………………… **208**

第1章 《一异表》修正28个字的整理

《第一批异体字整理表》（简称《一异表》）公布后，中国文字改革委员会（简称"文改会"）和文化部于1956年发布的《修正第一批异体字整理表内"阪、挫"二字的通知》，"阪"用作日本地名大阪时仍用原字；"挫"字应予删除。1995年发布的《关于发布第一批异体字整理表的联合通知》中确认"诉、譃、晔、奢、诃、鳝、紬、划、鲙、诓、雠、囊、邱、於、澹、骼、仿、菰、溜、徼、薰、黏、桉、愣、晖、凋"等26个字为规范字，不再作为淘汰的异体字。新发布的《一异表》删去了"阪、挫、晔"，仍然保留着其他25个字。这些字该不该恢复为规范字？恢复后如何妥善处理和正确使用？这都值得进行研究。

规范现行汉字可以以现代用法为主，能够在现代汉语范围内正确使用。基于这种考虑，本章主要根据《新华字典》（简称《新华》，1996）、《现代汉语词典》（简称《现汉》，1996），并适当参考《汉语大字典》（简称《大字典》）、《汉语大词典》（简称《大词典》）有关条目，来分析、处理这些字。这样做可能无法彻底解决这28个字及相关字的音、形、义问题，但至少在现代汉语范围内能起到一定的规范作用和效果。这些字大致分三类。

1.1 不该恢复为规范字

这一类只有一个"鳝"字。《现汉》《新华》《大字典》《大词典》都把"鳝"作为"鳅"的典型异体字处理，用于"泥鳅"、"麒鳅"等。"鳅"作选用字，淘汰"鰌"。因而恢复"鰌"为规法字是不必要的。

1.2　应正式恢复为规范字

这一类字有 8 个：桉、愣、詟、诓、鲙、挫、澹、溷。有的是异音异义字，如"桉 ān 桉树"——"案 àn ①长形的桌子。②机关或团体中记事的文件。③提出计划、办法等的文件。④事件。⑤古时候端饭用的木盘。⑥经过考核研究后下论断（引文中或有节略，下同——笔者）"；再如"楞 léng"——"愣 lèng"。有的是异音同义、近义字，如"詟 zhé 恐惧"——"慑 shè 恐惧，害怕"；再如"诓 kuāng"——"诳 kuáng"。有的是同音异义字，如"脍 kuài ①切得很细的鱼或肉。②把鱼、肉切成薄片"——"鲙 kuài（鲙鱼）鲥。也作快鱼"；再如"锉 cuò"——"挫 cuò"。有的是多音异义字，如"澹⊖ dàn 安静。⊜ tán ①姓。②（澹台）（—tái）复姓"——"淡 dàn ①含的盐分少，跟'咸'相反。②含某种成分少，稀薄，跟'浓'相反。③不热心。④营业不旺盛。⑤姓"；再如"混⊖ hùn ①搀杂。②蒙混。③苟且生活。④胡乱。⊜ hùn ①浑浊。②糊涂。③姓"；——"溷 hún ①肮脏。②厕所。③猪圈"。

1.3　应当进行分化的字

这一类字共有 19 个，包括 7 个包孕异体字和 12 个交叉异体字。这些字恢复后应当在从俗的前提下根据从简、书写方便和音义明确的原则下进行分化。[1]

1.3.1　包孕异体字

甲字包含乙字全部意义的异体字叫包孕异体字。"翦、菰、阪、晖、晔、谦、䌷"都是甲字，需用分化法整理。

1.3.1.1　同音包孕异体字

甲字和乙字的读音相同，甲字包含乙字全部意义的异体字叫同音包孕异体字，如"翦、菰、阪、晖、晔、谦"：

按《新华》："翦 jiǎn ①同'剪'。②姓。""剪 jiǎn ①（一子）剪刀，一

---

[1]　高更生：《谈异体字整理》，《现代汉语规范化问题》，语文出版社 1995 年版。

种铰东西的用具。②像剪子的。③用剪子铰。④除掉。"分化后，"鬏"只用作姓；表示"剪"的意义用"剪"不用"鬏"。

按《新华》："菰 gū ①多年生草本植物，生在浅水里，开紫红色小花。②同'菇gū'：香～。冬～。"分化后，"菰"只表示一种多年生草本植物；表示蘑菇的意义用"菇"不用"菰"。

按《新华》："坂（阪）bǎn 山坡；斜坡。"另外，"阪"只用于日本地名大阪和复姓阪子、阪泉、阪上。分化后，"阪"只用于日本地名大阪和复姓；表示山坡、斜坡的意义用"坂"不用"阪"。

按《新华》："晖 huī 阳光：春～。朝～。""辉（△晖）huī 闪射的光彩：落日余～。光～四射。"《新华》已把"晖"、"辉"分化。另外，"晖"还用作姓。

按《大字典》："晔 yè ①光明灿烂貌。②盛貌。""烨 yè 火盛貌。又明亮。"分化后，"烨"只表示火盛的样子；"晔"表示光明灿烂和华盛、盛美的意义。

按《现汉》："讌 yàn 同'宴'。""宴 yàn ①请人吃酒饭；聚会在一起吃酒饭。②酒席；宴会③安乐；安闲。"按《大词典》"讌"还有聚谈的意义。分化后，"讌"表示聚谈；"宴"的音义不变。

1.3.1.2 多音包孕异体字

甲字比乙字的读音多，甲字包含乙字的意义的异体字叫多音包孕异体字。如"紬"：

按《新华》："紬⊖ chōu 引出，缀辑。⊜ chóu 同'绸'。""绸 chóu（一子）一种薄而软的丝织品。"分化后，"紬"表示"紬⊖ chōu"的音义；"绸"的音义不变。

1.3.2 交叉异体字

甲字和乙字的意义有交叉的异体字叫交叉异体字，如"凋、邱、划、彷、於、雠、词、黏、薰、骼、近、徽"。它们只能用分化法整理。

1.3.2.1 同音交叉异体字

甲字和乙字读音相同、音义交叉的异体字叫同音交叉异体字，如"凋、邱"：

按《新华》："雕 diāo ①老雕。②刻竹、木、玉、石、金属等。③用彩画装饰。

④同'凋'。""凋 diāo 衰落。"另外，"雕"、"凋"分别用作姓。分化后，"凋"指衰落和用作姓；"雕"指"雕①②③"和用作姓。

按《现汉》："邱 qiū ①同'丘'。②姓。""丘 qiū ①小土山；土堆。②浮厝。③量词，水田分隔成大小不同的几块，一块叫一丘。④姓。""丘"、"邱"是不同的姓；另外"丘"还表示坟墓和用于复姓丘林、丘敦、丘目陵。分化后，"邱"用作姓；"丘"除《现汉》的意义外，还指坟墓和用于复姓。

1.3.2.2 多音交叉异体字

甲字比乙字的读音多，意义交叉的异体字叫多音交叉异体字。如"划、彷、於、㪽"属甲字，"雠、诃、黏、薰、骼"属乙字。

1) 甲字的部分读音可以废除，意义分化，如"划、彷、於"：

按《新华》："划 chàn ㊀〈方〉（一划）全部，一律。㊁chǎn 同'铲②'。""铲 chǎn ①（一子、一儿）削平东西火把东西取上来的器具。②用锹（qiāo）或铲子削平或取上来。"分化后，"划"只表示"划㊀"的音义，"铲"的音义不变。

按《新华》："彷 páng ㊀（彷徨）㊁fǎng（仿佛）。""仿 fǎng ①效法，照样做。②依照范本写的字。③（仿佛）。"分化后，"彷"表示"彷㊀ páng"的音义，"仿"的音义不变。

按《新华》："於㊀yú 同'于①'。㊁姓。㊂wū〈古〉叹词。（於菟）（一tú）〈古〉老虎的别称。""于 yú ①介词：1.在。2.对于，对。3.到。4自，由，给。5.向。6.在形容词后，表示比较，跟'过'的意思相同。7.在动词后，表示被动。②姓。"分化后，"於"表示"於㊀yú㊂wū"的音义。另外，"於"还用于复姓於丘、於陵。

2）甲字、乙字的读音都保留，意义分化，如"雠、诃、黏、薰、骼、㪽"：

按《现汉》："雠 chóu ①校对文字。②同'仇㊀'。""仇㊀ chóu ①仇敌。②仇恨。㊁qiú 姓。"分化后，"雠"表示校对文字，"仇"的音义不变。另外，"雠"还用作姓，"仇 qiú"还用于复姓仇尼、仇吾、仇由。

按《新华》："诃 hē 同"呵①'。（诃子）（一zi）也叫'藏（zàng）青果'，常绿乔木，叶子卵形。""呵㊀ hē ①怒责。②呼气。③叹词，表示惊讶。㊁a 助词，在句末，表示惊讶的语气。"分化后，"诃"用于专名，如（诃子）、（诃林）地名，（诃多）古国名。"呵"的音义不变。

按《大词典》："粘 ^{1}zhān ①胶合；用黏的东西使物相著。②粘连或互相连接。③接触。粘 ^{2}nián 同'黏'，具有黏性。""黏 nián ①胶附，黏合。②具有黏性的。③特指骈俪文字或近体诗上联对据句与下联出句之间平仄协调。④围棋术语。连。"分化后，"粘"表示"粘 ^{1}zhān"的音义，"黏"的音义不变。另外，"粘 nián"用作姓。

按《新华》："薰 xūn ①薰草，古书上说的一种香草。引花草的香气。②同'熏㊀①'。""熏㊀xūn ①气味或烟气接触物品。②气味刺激人。③暖和。㊁xùn〈方〉（煤气）使人窒息中毒。"分化后，"薰"只表示"薰①"的意义，"熏"的音义不变。另外，"薰"还用作姓。

按《大字典》："骼 gé ①枯骨；尸骨。亦为骨的统称。②股骨。""胳 ^{1}gē 腋下。夹肢窝。如'胳膊'。胳 ^{2}gé 牲畜的后胫骨。（胳肢）方言。在他们身上抓挠，使其发痒。胳 ^{3}gā（胳肢窝）。"分化后，"胳"不再表示牲畜的后胫骨，只表示"胳 ^{1}"、"胳 ^{2}（胳肢）"、"胳 ^{3}gā"的音义，"骼"的音义不变。

按《大字典》："䜣㊀xīn ①同'欣'。喜悦。②姓。㊁xī 通'熹'。和气交感。㊂yín（䜣䜣）谨敬戒慎貌。""欣 xīn ①喜悦；高兴。②悦服；爱戴。③欣赏；欣慕。④兔之绝有力者。⑤通'晞'（xī）。望；测量。⑥姓。"分化后，"䜣"表示"䜣㊀xīn 姓。㊂yín（䜣䜣）"的音义，"欣"的音义不变。

1.3.2.3　交叉音异体字

甲字和乙字的读音交叉、意义交叉的异体字叫交叉音异体字。如"徼"：

按《现汉》："徼㊀jiǎo 求。（徼幸）。㊁jiào〈书〉①边界。②巡查。""侥㊀jiǎo（侥幸）。㊁yáo（僬侥）（jiàoyáo）古代传说中的矮人。"分化后，"徼"表示"徼㊀jiào"的音义，"侥"的音义不变。

第 2 章　两组异体词的整理

2.1　"火暴"与"火爆"

《现汉》解释"火暴"和"火爆"都有"暴躁；急躁"义和"旺盛；热闹；红火"义。例如：火暴（火爆）性子|牡丹开得真火暴（火爆）|这一场戏的场面很火暴（火爆）|日子越过越火暴（火爆）。查《大词典》（7 卷 23 页），"火爆"还有"火星直冒。形容目眩。"的意思，如"此时恍如一个霹雳，从青天里打入顶门，（雯青）顿时眼前火爆，耳内雷鸣"（《孽海花》24 回）。再查《汉语方言大词典》（1卷 914 页），"火暴"在江淮方言中还有"泼辣"的意思。综合以上词书的收录情况，意义分布如下：

火暴：①暴躁；急躁。②旺盛；热闹；红火。③泼辣。

火爆：①暴躁；急躁。②旺盛；热闹；红火。③火星直冒。形容目眩。

"火暴"和"火爆"属于交叉异形词，需要采用分化法进行整理，即保留两种异形词的写法，意义进行分化。"火暴"和"火爆"需要分化的意义是"暴躁；急躁"和"旺盛；热闹；红火"，分化时需要遵循意义明确的原则和从俗的原则。

2.1.1　意义明确

词是由词素构成的，词的意义取决于词素的意义。异形词整理要使词的意义和构件词素的意义相契合，以便使词的意义明确。"火暴"和"火爆"都含有词

素"火"，"火暴"和"火爆"的各种意义都与"火"的意义有关，"火"可以用来比喻暴躁或愤怒，如"火性 | 冒火 | 心头火起 | 话没说几句就火了"，这种意义的"火"与表示"暴躁；急躁"的"火暴（火爆）"相联系；"火"还有"兴盛；兴隆"的意思，如"买卖很火 | 这部电影着实火了一把"，这种意义的"火"与表示"旺盛；热闹；红火"的"火暴（火爆）"相联系。可见"火"是"火暴"和"火爆"的重要意义载体。"火暴"和"火爆"所不同的是一个含有词素"暴"，一个含有词素"爆"。这两个词素的意义略有不同，"暴"有"急躁"的意思，如"他的脾气很暴 | 他的性子暴得很"，"爆"就没有这个意思，因此表示"暴躁；急躁"宜用"火暴"，而不用"火爆"。"爆"有"火热；兴隆；轰动"的意思，如"这戏一上演就来了个爆场 | 这件爆棚新闻好比晴天响雷，震得人们目瞪口呆"，"暴"没有这个意思，因此表示"旺盛；热闹；红火"宜用"火爆"，不用"火暴"。

2.1.2 从俗

异形词整理在意义明确的前提下，要尊重社会大众的语言文字生活，也就是要从俗。我们检索了 1995 年到 1999 年的《人民日报》，结果显示，"火暴"只用 2 次，都使用的"红火"义；"火爆"使用 409 次，主要使用的"热闹；红火"义。例如：

（1）既然赌博业如此火暴，赌客们又趋之若鹜，有人便探求其经济根源，从市场经济的核心 —— 供求关系上索解。（许世铨《超级赌国》，《人民日报》1995 年 3 月 26 日 7 版）（"红火"义）

（2）演唱会上，从风华正茂的学生到年轻有为的老师，从两鬓斑白的老教授到风尘仆仆的校领导，都争相登台亮相，把偌大的礼堂气氛闹得火爆爆的。（寇占文《国剧在校园》，《人民日报》1995 年 11 月 1 日 1 版）（"热闹"义）

（3）天津机场当地也抓住这一时机，在机场附近开办了民贸市场，经营各种国产轻纺产品，生意十分火爆。（《国际包机频繁出入国际机场》，《人民日报》1995 年 8 月 7 日 2 版）（"红火"义）

经过分化整理，"暴躁；急躁"义用"火暴"表示，"旺盛；热闹；红火"义用"火爆"表示。"火暴"和"火爆"的意义整理结果如下：

火暴：①暴躁；急躁。②泼辣。

火爆：①旺盛；热闹；红火。②火星直冒。形容目眩。

2.2 "姑夫、姨夫"还是"姑父、姨父"

称呼父亲的姐妹的丈夫用"姑夫（gūfu）"还是"姑父（gūfu）？称呼母亲的姐妹的丈夫用"姨夫（yífu）"还是"姨父"（yífu）？为了规范使用词语，有必要对它们研究一番，做出处理。

要妥善处理这两组词，首先必须搞清它们的音义及相互关系。《现汉》《新华》"姑夫、姑父"都表示姑母的丈夫，"姨夫、姨父"都表示姨母的丈夫。另外，按《大词典》"姑夫"还表示丈夫的姐夫或妹夫以及岳家称女婿，"姨夫"还表示妻子的姊妹的丈夫以及共狎一妓之两男互称。《中文大辞典》"姨夫"还表示女子称其姊妹之夫（该典未收"姐夫、妹夫"）。以上各义可概括如下：

姑夫：①姑母的丈夫。②丈夫的姐妹夫。③岳家称女婿。

姑父：姑母的丈夫。

姨夫：①姨母的丈夫。②妻的姐妹夫。③女子称其姐妹之夫。④共狎一妓之两男互称。

姨父：姨母的丈夫。

"姑夫、姑父"和"姨夫、姨父"是两组包孕异体词，构成系列异体词。整理这一系列异体词的关键在于"姑母的丈夫"、"姨母的丈夫"的意义分别由谁来承担。我们认为分别由"姑父、姨父"来承载较好。依据大体有三：

第一，以从俗为前提。即看词语的使用范围和使用频率。我们参考了《现代汉语频率词典》（北京语言学院语言教学研究所编，北京语言学院出版社 1986 年），其中表一收录了使用度大于 2 的 16 593 个词条，标明"姑父"而非"姑夫"出现 9 次（科普语体 2 次，文学作品 7 次）。该词典各表没有"姑夫、姨夫、姨父"。由此至少可以断定表示姑母的丈夫时倾向于使用"姑父"而非"姑夫"。

第二，意义明确。汉语中的"父"可表示家庭或亲戚中的长辈男子，如"祖父、伯父、叔父、舅父"等。"姑母的丈夫"、"姨母的丈夫"符合"父"的语义要求，很适合用"姑父、姨父"表示。"夫"表示丈夫时适宜用于平辈的称谓，如"姐姐的丈夫"、"妹妹的丈夫"用"姐夫"、"妹夫"表示。同理，"丈夫的姐妹夫"可用"姑夫"表示；"妻的姐妹夫"可用"姨夫"表示等等。"岳家称女婿"属对晚辈称谓，用"姑夫"更无不可。

第三，类推作用。类推是语言文字中一条非常重要的规律。语言规范化应当尊重这条规律。汉语中的称谓语很多是含有反义成分或要素的对称性词语，如含有"父—母"的有"祖父—祖母"，"世父、伯父—世母、伯母"，"叔父—叔母、婶母"，"舅父—舅母"，"岳父—岳母"等等。按类推规律，和"姑母、姨母"对应的自然是"姑父、姨父"。

这样，表示"姑母的丈夫"、"姨母的丈夫"就可以只用"姑父"、"姨父"，不再用"姑夫"、"姨夫"，让它们承载其他意义。具体整理结果为：

姑夫：①丈夫的姐妹夫。②岳家称女婿。

姑父：姑母的丈夫。

姨夫：①妻的姐妹夫。②女子称其姐妹之夫。③共狎一妓之两男互称。

姨父：姨母的丈夫。

第 3 章 构词分析

3.1 "轻"和"重"构词比较 [1]

《现汉》（第 6 版）中"轻"共有 9 个义项，"重"有 6 个义项（除去表示"姓"的义项），它们构词的数目和比例如表 3-1 所示。

表 3-1 "轻"、"重"各义项构词情况 [2]

轻			重		
义项	构词数	比例	义项	构词数	比例
重量小；比重小（跟"重"相对）	15	22.06%	重量大；比重大（跟"轻"相对）	22	19%
数量少；程度浅	12	17.65%	程度深	30	25.9%
不重要	4	5.88%	重要	12	10.3%
轻率	5	7.35%	不轻率；稳重	11	9.5%
轻视	6	8.82%	重视	17	14.7%
不庄重；不严肃	5	7.35%			
负载小；装备简单	9	13.24%			
轻松	10	14.71%			
用力不猛	2	2.94%			
			重量；分量	24	20.6%
总计	68	100%	总计	116	100%

---

[1] 本节与牛海燕合写。

[2] 表格中不含重武器、轻武器、减轻、承重孙、重听几个词，后文另外解释。"轻"、"重"都含的有 11 个，本节没有赘述。此外，对于多义词，本表格一律按其本义，即第一个义项进行归类。

3.1.1　"轻"、"重"对立义项的构词对比分析

从表 3-1 中可以看出，只有在第一个义项上"轻"的构词比重大于"重"，别的都不如"重"。下面，就对立义项的构词进行分析。

3.1.1.1　"重量小；比重小"与"重量大；比重大"的对应

含"轻"、"重"的词语在此义项上对应的多为新词，"重量、比重"是一个接近物理学的术语，因此"轻／重工业／机枪／水"等多体现于此。"重"的构词在此义项上强于"轻"还在于"重"更容易和"又重又大"联系起来，如"重＋N"构成偏正结构表示特定的词语，结构比较紧凑，如"重担／炮／身子"等，"轻"却没有这样的用法，它构成的单位或者不存在，或者结构比较松散，如"轻担"不具备词的性质。这一组义项应是离本义比较近的义项，因此，纵向上，它们都占有本词义项构词上的很大比重。

3.1.1.2　"数量小；程度浅"与"程度深"的对应

在考察"重"此义项构词时，发现其中"重"的意思似乎有许多不同之处。于是，我们查对《应用现代汉语词典》《现代汉语规范词典》等，发现这些词典还分出了"数量多"、"程度深"、"厚"、"超出一般"等多个义项，而这些一律被《现汉》统收入"程度深"的义项中，我们认为值得商榷。

首先，做到与"轻"对应，它必须增加"数量多"义项，这是一个比较具体的表示程度的义项，如"重金／资"等。其次，根据《大字典》，"重"本义是"厚"，与其并行的有"强"，这体现在古语词的保留上，如"重兵／赏"等，因此有必要列出这些词语。

3.1.1.3　"不重要"与"重要"的对应

很明显，这两个义项是从"比重小／大"分别引申而来，"重要"意义频繁出现在现代汉语中，它的独用能力必会进一步加强，如"隆重、贵重、重大"等。可是，"轻"的"不重要"义项的构词能力却不是那么强，只有"看轻"可以和"看重"对比，突出"不重要"意义，别的词体现的却只是古语词的保留，如"掉以轻心"和"人微言轻"，它们可以从另外的义项上分析。

这两个义项通过相反释义对比进行区分，可以明显体现反义词释义的特点，有助于理解和接受。不过，根据释义尽量避免同语素解释的原则，"轻"明显好于"重"。

3.1.1.4 "轻率"与"不轻率"的对应

在此组义项上，"轻"的构词能力明显弱于"重"。根据二者的对应，"轻"的"不庄重；不严肃"义项明显是"轻率"的程度加深，如"轻浮"比"轻率"只是重了些，这些刚好可以和"稳重／庄重"体现出的"庄重；严肃"义对应。故"轻"的两个义项可以归并，毕竟词语不是很多且能概括好，统一解释为"轻率；不庄重；不严肃"，对应的"重"义项改为"不轻率；严肃；庄重"，这样既明显看出对应关系，又让释义显得精确。

3.1.1.5 "轻视"与"重视"的对应

在此义项上，"轻"与"重"差别尤其明显。"轻视"义项的动词独立意义不强，似乎体现的是修饰的副词性作用，如"轻蔑、轻侮、轻慢"等。而"重"却具有比较独立的构词能力，可以与别的动素构成联合式动词，如"保重、爱重、敬重"等。

3.1.2 有"重"无"轻"的义项

"重"的义项除去"姓"外，唯一无"轻"与之对应的是"重量；分量"，也是唯一的名词性质的指物义项，它的数量很多，也很突出。"轻"无此义项，这在于反义词中常见的不对应性。即表示积极意义的高、长、重、大一类形容词往往具有对应名词的意义。"重"也不例外，发展到一定程度，就会演变出独立的名词意义的义项来，如"毛／皮／净重"等，这是"轻"所没有的。

3.1.3 有"轻"无"重"的义项分析

"轻"有四个义项没有"重"与之对应。这大多因为这些义项都是由相关义项引申而来，且独立形成义项，"重"则没有形成独立义项，或已消失对应意义的构词。

"轻"本义为"轻车"。后来，"轻"作为单音词的意义减弱，退化成构词的语素，本义消亡。可是它引申出"负载小；装备简单"义，词语大多与"轻便"有关，如"轻车熟路"等。对应"重"的"辎重"一词则获取了新的意义。"轻"的"不庄重；不严肃"义前面已有论述。"轻松"应与"沉重"对应，显然是由"重量小；比重小"引申而来，可更多构词体现在心理感觉上。这侧重从感觉上解释词语，可以说是一种语境义，如"轻柔、轻省、轻音乐"等。"重"却没有独立出义项。"用力不猛"义项情况类似，它明显地从"程度浅"分化出来，分析过细，且词汇数量少，完全可以归入进去。

3.1.4　几点疑问

第一，"重听"归入"重"的第几个意义中去？《诊断学大词典》（298 页）对其解释见于"耳聋"，指"听觉系统的传音异常所致感音部分或两部分听觉障碍或听力减退。轻者为重听，重者为耳聋"，很显然，它应该是"听不清楚"或者"听力减退"，而不像《现汉》所释"听觉迟钝"。

第二，"承重孙"归类怎么可以与"承重"同？查询《大字典》（3 681 页），"重"⑱"宗法社会谓嫡系之大宗继承权"，显然"承重孙"归入此义项比较合适。《现汉》收其词却未留其义，不妥。

第三，"轻武器"与"重武器"显然属于同一范畴的反义词，可是根据《现汉》解释，前者归入"装备简单；负载小"解释，后者归入了"重量小；比重小"解释。尽管二者通行，可是还是不很恰当。它们在英语里面分别是 light weapon 和 heavy weapon，显然它们来源相似，所以《现汉》将其解释有失偏颇。

第四，"减轻"与"加重"应为对应反义词，"重"定位为"重量"，可是"轻"的意义无法确定。从结构上分析，"减轻"应该是"动作＋结果"，意思为"减少数量或程度等使之轻"，类似"挖深"的结构方式。

附：

"轻"、"重"两者对应的义项

轻①重量小；比重小 15 个：轻工业　轻机枪　轻水　轻型　轻金属　轻元

素 轻盈 轻轨铁路 轻飘 轻飘飘 轻柔 轻悠悠 轻于鸿毛 群轻折轴 轻活儿

重②重量大；比重大 22 个：超重氢 笨重 繁重 厚重 里急后重 沉重 粗重 德高望重 重工业 重机枪 重水 重型 重金属 重元素 重活儿 重氢 如释重负 重担 重子 重炮 重身子 重头戏

轻③数量少；程度浅 12 个：口轻² 年轻 见轻 口轻¹ 轻淡 轻风 轻巧 轻微 轻扬 轻声 轻飏 轻描淡写

重③程度深 30 个：重金 重资 重奖 重利 口重 重音 重彩 重价 重赏 重兵 浓墨重彩 重读 惨重 积重难返 重话 浓重 深重 危重 手重 心重 言重 严重 重犯 重伤 重办 重创 重挫 重孝 重灾区 重责

轻⑤不重要 4 个：看轻 掉以轻心 轻贱 人微言轻

重④重要 12 个：看重 隆重 重大 重要 贵重 重地 重点 重任 重头 重托 重镇 任重道远

轻⑦轻率 5 个：轻率 轻忽 轻举妄动 轻诺寡信 轻信

重⑥不轻率 11 个：稳重 持重 慎重 安土重迁 老成持重 郑重 自重¹ 郑重其事 庄重 凝重 语重心长

轻⑨轻视 6 个：轻视 轻敌 轻生 轻蔑 轻慢 轻侮 重

重⑤重视 17 个：重视 保重 宝重 爱重 敬重 倚重 推重 器重 珍重 注重 重用 尊重 侧重 并重 偏重 看重 着重号

"轻"有而"重"无的义项

轻⑧不庄重；不严肃 5 个：轻薄 轻浮 轻口薄舌 轻狂 轻佻

轻⑥用力不猛 2 个：轻手轻脚 手轻

轻④轻松 10 个：轻而易举 轻歌曼舞 轻健 轻捷 轻快 轻取 轻省 轻松 轻易 轻音乐

轻②负载小；装备简单 9 个：驾轻就熟 轻便 轻车简从 轻车熟路 轻骑 轻舟 轻装 轻装简从 轻装上阵

"重"有而"轻"无的义项

重①重量；分量 24 个：超重　比重　负重　荷重　加重　承重　吃重　毛重　皮重　起重机　起重船　借重　千粒重　净重　忍辱负重　失重　体重　举重　载重　重力　重量　重心　辎重　自重[2]

有问题的词条

重武器与轻武器　减轻与加重　重听　承重孙

既包含"轻"又包含"重"的词语

11 个：避重就轻　畸轻畸重　没轻没重　拈轻怕重　轻重　头重脚轻　无足轻重　轻重倒置　举重若轻　举足轻重　轻重缓急

3.2　"AABB"的蕴含音变

蕴含音变，指一种音变必然引起另外的音变。"AABB"的三种音变"A"读轻声、"BB"变阴平调和后"B"儿化就是蕴含音变：后"B"儿化蕴涵"BB"变阴平调；"BB"变阴平调蕴涵后"A"读轻声。也就是说，如果"AABB"的"BB"变阴平调了，那么"AABB"的后"A"一定能够读轻声，如"鼓鼓囊囊 gū·gunāngnāng"、"神神道道 shén·shendāodāo"的后"A"必须读轻声，"马马虎虎 mǎ·mǎhūhū"的后"A"可以读轻声，也可以读原调；如果"AABB"的后"B"儿化了，那么"AABB"一定还会有"BB"变阴平调和后"A"读轻声的音变现象，如"结结实实儿 jiē·jieshíshīr"、"顺顺当当儿 shùn·shundāngdāngr"；如果"AABB"只有一种音变现象，那一定是后"A"读轻声，如"病病歪歪 bìng·bingwāiwāi"的后"A"必须读轻声，"松松垮垮 sōng·sōngkuǎkuǎ"的后"A"可以读轻声，也可以读原调。

有的"AABB"三种音变现象都没有，如"缝缝连连 féngféngliánlián"、"歪歪扭扭 wāiwāiniǔniǔ"。

附：

《现汉》（第6版）所收67个"AABB"式结构：

巴巴结结；半半拉拉；病病歪歪；大大咧咧；大大落落；趿趿撞撞；

躲躲闪闪；方方面面；纷纷扬扬；风风火火；风风雨雨；疯疯癫癫；

缝缝连连；疙疙瘩瘩；鼓鼓囊囊；花花搭搭；花花绿绿；浑浑噩噩；

叽叽嘎嘎；叽叽歪歪；叽叽喳喳；唧唧嘎嘎；唧唧歪歪；唧唧喳喳；

急急巴巴；兢兢业业；磕磕绊绊；磕磕撞撞；坑坑洼洼；口口声声；

哭哭啼啼；哩哩啦啦；哩哩啰啰；马马虎虎；骂骂咧咧；满满当当；

满满登登；慢慢腾腾；慢慢吞吞；慢慢悠悠；男男女女；袅袅婷婷；

婆婆妈妈；曲曲弯弯；三三两两；神神叨叨；神神道道；生生世世；

松松垮垮；坛坛罐罐；堂堂正正；偷偷摸摸；吞吞吐吐；歪歪扭扭；

稀稀拉拉；熙熙攘攘；嘻嘻哈哈；洋洋洒洒；影影绰绰；郁郁苍苍；

郁郁葱葱；元元本本；原原本本；源源本本；战战兢兢；孜孜矻矻；

祖祖辈辈。

第4章 词义和词性辨析

4.1 "离开"义辨

《现汉》（第6版，791页）解释"离开"表示"跟人、物或地方分开"的意思，如"离得开 | 离不开 | 鱼离开了水就不能活 | 他已经离开北京了"。《大词典》（11卷893页）解释"离开"有四个义项：①同人、物、地分开。②犹脱离。③指永别。④距离。关于"离开"的意义有值得商榷的地方。"离开"除了表示"跟人、物或地方分开"外，还有"缺乏"义和"距离"义；而"脱离"、"永别"的意思不宜立义项。

《现汉》《大词典》解释"离开"都没有"缺少"的义项。《现汉》的"离"有"缺少"的义项，举了这样的例子：发展工业离不了钢铁。"离不了"是可以换成"离不开"的：发展工业离不开钢铁。《汉语动词用法词典》在"离"的"缺少"义项下有类似的例子：他走路离不开拐棍。其他"离了"的例句也可以换成"离开"，如：生物离了氧气不能活→生物离开氧气不能活 | 这项工作离了他们不行→这项工作离开他们不行 | 他离了拐棍就走不稳→他离开拐棍就走不稳。有的"离"可以换成"离开"如：生物离了氧气不能活→生物离开了氧气不能活 | 这项工作离了他们不行→这项工作离开了他们不行 | 他离了拐棍就走不稳→他离开了拐棍就走不稳 | 自从他生病以后就没离过药→自从他生病以后就没离开过药。可见，"离开"也可以表示"缺乏"的意思。"鱼离开了水就不能活"是个歧义句。一个意

思是"鱼与水分开后就不能活","离开"是"分开；分离"义；另一个意思是"鱼缺少了水就不能活","离开"是"缺少"义。这可以证明"离开"的确有"缺少"的意思。

《大词典》注释"离开"有"距离"的意思，例证是：今天已经是阴历的十二月初八，离开过年，是一天天的近了。（洪深《香稻米》第二幕）《现汉》注释"离"有"距离"的意思，例证是：我们村离车站很近 | 离国庆节只有十天了。"离"可以换成"离开"：我们村离车站很近→我们村离开车站很近 | 离国庆节只有十天了→离开国庆节只有十天了。请看几个实例：

（1）过了蒋家村，已经进了敌人的封锁区域。这里有汉奸维持会，离开敌人驻了兵的旧关又只有八里。（周立波《娘子关前》）

（2）三篇经济论文，其中《试论》写于 1957 年，距今已 37 年，其他两篇均写于 1973 年，离开现在也已 21 年。（《顾准日记》337 页，经济日报出版社 1997 版）

（3）我国的语言研究的力量还很单薄，离开雄厚二字还远得很，还需要大力培养。（《吕叔湘文集》第四卷 22 页）

可见"离开"确实可以表示"距离"的意思。"离开"表示"距离"时，后面必须接目标和到达目标的距离。目标可以是空间目标、时间目标、抽象目标；距离可以是具体距离，也可以是形容距离。"离开"表示"距离"时，不能带体标记"着 / 了 / 过"，没有否定式"离不开"或"不离开"，前面不能用能愿动词，后面不能出现"以后""以前"，等等。

《大词典》注释"离开"有"脱离"和"永别"的义项。"脱离"义项的例证是：（《论语·为政》）前后三章言孝，俱贴着人子说，而此章独离开人子说，圣人垂训，必不若是之深刻。（清·周中孚《郑堂札记》卷二）"脱离"实际上还是"分开，分离"的意思，没有必要再单独立义项。再如：

（4）奋斗，是实现理想的阶梯。离开奋斗，理想就只能是幻想而已。（陈群《理想的阶梯》）

（5）我们应该尊重中国的语法、语言的构造，但是不能把文法等等，离开活的语言和写作的实践，当作抽象的法则来谈论。（孙犁《好的语言和坏的语言》）

"永别"义项举的例证是：敬爱的周总理离开我们整整一年了。（赛福鼎《梅园青松·刚强的雄鹰》）｜当我休假迁上海时，才知道闻捷已离开了我们，再也见不到他了。（《诗刊》1978：5）"永别"是"去世"的委婉语，就像说"某某人走了"，"某某人过去了"一样。这是一种临时的意义和用法。如果认为"离开"可以设"永别"的义项，那么，像"走""过去""回家"等表示"死"的委婉语岂不都要立"死"的义项了？这显然是不妥的。

4.2　关于《现代汉语八百词》说明"是否"的几个问题

《现代汉语八百词》（简称《八百词》）认为"是否"是副词，表示"是不是"的意思，用于书面。用法有两种：①用于问句。"是否"一般在动词前，有时也用在主语前。句末可以用"呢"。如：这个结论～有科学根据呢？｜～他也来参加？②用在宾语小句或主语小句中，全句不是问句。如：我不知道他～同意我们的意见｜这个意见～正确，还需要通过实践来检验。末尾还注明"是不是"后面可带名词性成分，"是否"不能。这里有三个问题需要讨论：第一，"是否"后面能不能带名词性成分？第二，"是否"后面能不能带形容词性成分？第三，"是否"是副词吗？

先谈第一个问题。"是否"后面能不能带名词性成分？从语言事实来看，"是否"后面是可以带名词性成分的。请看例句：

（1）见第七名贾宝玉是金陵籍贯，第一百三十名又是金陵贾兰，皇上传旨询问，两个姓贾的是金陵人氏，<u>是否贾妃一族</u>。（曹雪芹《红楼梦》第 119 回）

（2）你信任欧阳天风，他<u>是否好人</u>？（老舍《赵子曰》）

例（1）（2）中"是否"的意思相当于"是不是"，"是否"后面带的都是名词性成分。"是否"后面一般带普通名词性成分，表示正反判断类属、特征等。例（1）（2）都表示正反判断类属，例（1）实际上是问"两个姓贾的是不是属于贾妃一族"，例（2）是问"他是不是属于好人"。正反判断特征的例子如：

（3）我有些朋友，在解放初年，文化程度很低，他们的语言跟我的语言便有个距离。几年之后，他们的文化提高了，语言就跟我的差不多了；其中有的人说话比我还更爱用新的名词，而且用得非常恰当。这是事实。这样，专从语汇上断定<u>是否学生腔</u>，是不合适的。（老舍《怎样丢掉学生腔》）

例（3）是判断说话具有不具有学生腔的特征，句中有"断定"这样的判断性词语。再请看下面的句子：

（4）远近都这么安静，他怀疑这<u>是否</u>那个出名的白房子了。（老舍《骆驼祥子》）

（5）外甥问我是哪一派的写家？属于哪一阶级？代表哪种人讲话？<u>是否脊椎动物</u>？得了多少稿费？我给他买了十斤苹果，堵上他的嘴。（老舍《猫城记》）

（6）他们之<u>是否恋人</u>，落在问题之外。（茅盾《风景谈》）

（7）臧克家说："想象的丰富与否，决定于<u>是否对生活的深入和对宇宙万物的观察与思考</u>，是否了解物质的本质、属性及其相互的联系。"（《初中语文》第一册）

例（4）"是否"后面带的"那个出名的白房子"是一个复杂的指量名结构，用在宾语小句中，全句不是问句。例（5）"是否脊椎动物？"在句中充当的是远宾的一部分，而且整个句子是问句。例（6）"是否恋人"和逻辑主语间有个"之"字连接，使它们充当了整个句子的主语。例（7）"是否"后面带的"对生活的深入和对宇宙万物的观察与思考"是名谓性联合结构，联合成分由谓词性中心语的定中结构充当，然后它们又和一个"是否"后带动词性成分的结构组成一个联合结构，共同充当"决定于"的宾语。这样看来，不但"是否"后面能带名词性成分，而且应用还比较灵活多样。

再看第二个问题。"是否"后面能不能带形容词性成分？回答是肯定的。《八百词》中的例子"这个意见～正确"，"是否"后面带的就是形容词。语言事实中不乏这样的用例。

（8）当你得到一本好书时，你应该问一问自己，我愿意像澳大利亚的矿工那样工作吗？我的镐和铲<u>是否锋利</u>？我是否作好了充分准备？我的衣袖卷到手肘了吗？我的呼吸好不好？我的脾气怎样？（戚志芬《自学的好帮手——工具书》）

（9）古罗马帝国皇帝尼禄可以说是富贵甲天下了，但他<u>是否幸福</u>呢？（《初中语文》第四册）

（10）不过，这要看蟹<u>是否鲜</u>，火候是否到……又是麦子黄梢儿的时候了。（王润滋《要有自己的艺术追求——〈卖蟹〉创作断想》）

（11）"问：所乘汽车<u>是否军用的</u>？""答：不是，贺司令自己的！"（老舍《赵子曰》）

（12）他所引用的事实材料<u>是否确实可靠</u>？（施东向《义理、考据和辞章》）

（13）那可能是一种试探，看看二姐到底<u>是否真老实，真听话</u>。（老舍《正红旗下》）

（14）我们只有这样做了，才有可能正确地或者比较正确地解决问题，而这样地解决问题，究竟<u>是否正确或者完全正确</u>，还需要今后的实践来检验。（《在全军政治工作会议上的讲话》《邓小平文选》，人民出版社 1983 年版）

（15）好在卖洋货和林老板<u>是否可恶</u>的问题，小坡也不深究；他只认定了穿著打扮象林老板的全是福建人。（老舍《小坡的生日》）

（16）父亲客客气气地和船长搭上话，一面恭维，一面打听有关他职业上的事情，例如哲尔赛<u>是否重要</u>，有何出产，人口多少，风俗习惯怎样，土地性质怎样等等。（《初中语文》第六册）

例（8）、（9）、（15）、（16）的"是否"后面分别带的是双音节形容词"锋利"、"幸福"、"可恶"、"重要"；例（10）"是否"后面带的是单音节形容词"鲜"；例（11）"是否"后面带的"军用的"是形容词性"的"字结构；例（12）"是否"后面带的"确实可靠"是形容词性联合结构；例（13）"是否"后面带的"真老实，真听话"是形容词性偏正结构"真老实"、"真听话"组成的形容词性联合结构；例（14）"是否"后面带的"正确或者完全正确"是选择关系的形容词性联合结构。由此看来，不仅"是否"后面能够带形容词性成分，而且这些形容词性成分的构成类型还比较丰富。不单如此，"是否"后带形容词性成分所组成结构的句法位置也比较灵活，可以作为直接成分或间接成分出现在谓语、宾语、主语、定语、插入语等句法成分中。如例（8）—（16）中的"是否"后带形容词性成分所组成的结构作为直接成分都是谓语；在例（8）、（10）、（11）、（13）中作为间接成分出现在宾语中；在例（14）、（15）中作为间接成分出现在主语中，其中在例（15）中作为间接成分还出现在定语中；在例（16）中作为间接成分出现在插入语中。

最后看第三个问题。"是否"是副词吗？如果"是否"后面能带名词性成分、形容词性成分、动词性成分，"是否"就很难判定为副词。那么"是否"是什么性质的词语呢？我们认为"是否"是动词性的词语。这可以从三方面证明：

第一，根据语法功能的标准，"是否"应判定为动词性词语。例（1）—（7）

应该认为是合语法的句子，其中"是否"后带名词性成分组成的结构适宜分析为动宾结构，"是否"自然要析作动词性词语。

第二，从"是否"的构成看，"是否"宜判定为动词性词语。"是否"是一种肯定、否定式连用表示选择的格式，"否"表示否定的一方面，"是否"相当于"是不是"。"能否"、"可否"等也是这样的类型，"能否"相当于"能不能"、"能不能够"、"能够不能够"，"可否"相当于"可不可"、"可不可以"、"可以不可以"。"是"是判断动词，主要起肯定、联系的作用，并可以表示多种关系，后面可以带名词性宾语、谓词性宾语、小句宾语、复句形式宾语等。那么，"是否"在句法、语义上和"是"具有相同点、相近点、相似点也是可能的。

第三，与"是不是"比较，"是否"应看作是具有动词性的词语。"是不是"后面可以带名词性宾语、谓词性宾语、小句宾语、复句形式宾语等，没有人怀疑它是动词性词语，也不会有人把它分析为两种词性：当"是不是"后面带名词性宾语时，把"是不是"分析为动词性词语；当"是不是"后面带谓词性宾语、小句宾语、复句形式宾语等时，把"是不是"分析为副词性词语。既然"是不是"可以分析为动词性词语，那么"是否"也就同样可以看作是具有动词性的词语。

4.3 说"以里"

现代汉语方位词里边，有一种是前加"以"构成的，如"以上、以下、以前、以后、以东、以西、以南、以北、以外、以内"。那么能不能说"以里"呢？

好多权威辞书不列"以里"的词条，比如《现代汉语词典》（中国社会科学院语言研究所词典编辑室编，商务印书馆 2005 年第 5 版），《现代汉语规范词典》（李行健主编，外语教学与研究出版社、语文出版社 2004 年版），《汉语大词典》（罗竹风主编，上海辞书出版社 1986 年版）等等。

许多汉语语法论著和汉语教材，也认为不能说"以里"，比如文炼《处所、时间和方位》（《汉语知识讲话》之三，上海教育出版社 1987 年版），黄伯荣、廖序东主编《现代汉语（下册）》（高等教育出版社 2002 年第 3 版），刘月华等《实用现代汉语语法》（增订本）（商务印书馆 2001 年版）等等。那么，汉语中究竟有没有"以里"的用法呢?

首先要指出的是,《现代汉语词典》虽然没有收录"以里"的词条,但是在词典释文中却使用过"以里":

【篾黄】竹子的篾青以里的部分,质地较脆。(950页)

再看些现代汉语的实际用例:

(1)向里一看,光溜溜的一片大黑石斜坡而下。在洞口以里十五六步的地方有一扇用小圆木编成的大门,关闭着后洞口。(曲波《林海雪原》第8回)

(2)蹄声中那营帐里的忙乱与紧急,百万军中,出生入死,不也是凭了征马战马才能斩将搴旗的么?飞将在时,阴山以里就没有胡儿了。(吴伯箫《马》)

(3)大堂公开审案,准许老百姓听审。二堂秘密审案,兼接待宾客。二堂以里是内宅,太太小姐住的地方。(刘征《华居三问(金台随感)》,《人民日报》2000年9月2日第8版)

(4)位于东、西、南三环以里的二手房虽然也有价格在20万元以下的,但一般面积较小,只有20—40平方米,比较适合单身人士居住。(叶晴《对号入座投资二手房》,《北京晨报》2003年11月28日)

上例,"以里"用在处所词语的后边,表示一定空间范围的界限里边。

(5)他们走后,希律"就大大发怒,差人将伯利恒城里,并四境所有的男孩……凡两岁以里的,都杀尽了。"(鲁迅《准风月谈·冲》)

(6)标准龙舟是国际龙舟联合会指定的比赛用舟,以往他们在此类比赛中的两轮成绩都在4分钟以里,这次却用了整整5分23秒59。(王强《国际冬季龙舟赛落幕吉林》,《人民日报》2003年1月6日8版)

上例,"以里"用在表示时段的数量词后边,表示一定时间范围的界限里边。

有时,"以里"和含"外"的方位词对待使用。例如:

(7)进大门可不等于就登堂入室,从大门到正院还要经过一道二门,大门以里二门以外这段路还有讲究。(邓友梅《大门以里,二门以外》)

(8)就在大门以里,二门之外这块地方,谁知建筑学家们花了多大脑筋,费了多少心思!(邓友梅《大门以里,二门以外》)

(9)同是一个屋顶,大门外边一半是天花,大门以里则是吊顶;两侧墙面被梁柱隔成了数块大小不等的长方形墙面。(邓友梅《大门以里,二门以外》)

上例，"以里"分别和"以外"、"之外"、"外边"共用。有时，还同时出现含"内"的方位词。例如：

（10）限你们三天以外，五天以里，把片子钱如数送到。要是五天以内不送到，爷们再来时杀你个鸡犬不留！（姚雪垠《长夜》第4章）

（11）他（张献忠）望着全体打粮的头目说："老子把话说在前头，你们哪个杂种倘若在五天内仍是空手而回，休想活命！大家还有什么话说？"大家纷纷回答没有别的话说，准定在三天以外，五天以里，带着粮食回来。（姚雪垠《李自成》第23章）

"以里"的用法并不是现代才产生的，早在元曲中就出现了，例如：

（12）一百日以里，员外但有头疼脑热抓破小拇指头，也是小人认。（孙仲章《河南府张鼎勘头巾》）

（13）想我当初与玉箫临别之言，期在三年以里相见……（乔吉《玉箫女两世姻缘》）

上例，"以里"用在表示时段的数量词后，表示一定时间范围的界限里边。有时，"以里"与"以外"相对使用，意义更加明显。例如：

（14）我和你说的明白，一个月以里，我便嫁你；一个月以外，我便嫁别人。（无名氏《风雨像生货郎旦》）

（15）问他要一纸生死文书，一百日以里，但有头疼脑热，都是你，一百日以外并不干你事。（孙仲章《河南府张鼎勘头巾》）

明代白话文作品里也有"以里"的用法，例如：

（16）军马，各备钩耙套索，在第三层敌楼以里伺候，以敌楼上梆响为号。（罗懋登《三宝太监西洋记》）

（17）你各人带领各色兵番，把第三层敌楼以里的砖街，扫净沙土，各石缝里细细密密，安上铁菱角。（罗懋登《三宝太监西洋记》）

（18）城以里立卫所、州县、城堡。（韩邦奇《大同纪事》）

上例，"以里"用于处所词后边，表示一定空间范围的界限里边。有时，"以里"用在表示距离的数量词后边，也表示一定空间范围的界限里边。例如：

（19）……贼至三十步以里，摔钹疾响……（戚继光《练兵实纪》）

到了清代，"以里"的用法也不少见，请看下例：

（20）鲍自安道："一毫不差！闭了宅门，拿老实的哩。"宅门以里，便是二堂，亦不见狄老爷坐于其间，又不知是何缘故？（佚名《绿牡丹》）

（21）贤臣往外迎接，二门以里见面……（佚名《施公案》）

（22）小车赶进府只见从里面跑出鸳鸯太岁曹太，带着活阎王马刚、白面判官马强，二个人带着一百多名贼人，手拿长枪、大刀、短剑、阔斧，齐在二门以里，分两旁站定。（贪梦道人《康熙侠义传》）

（23）众家弟兄把门进，府门以里闹哄哄。（无名氏《小八义》）

（24）姐姐今日白天在这村庄以里，见一妇女，身怀有孕，不久就要分娩了。（无名氏《小八义》）

（25）公子跟在后面，走进大门，有一座空书房，梁忠随把门推开，二人走进书房以里落座。（无名氏《小八义》）

上例，"以里"用在处所词后边，表示一定空间范围的界限里边。再看下例：

（26）令郎这个八字，是好极的了……十六岁便可进学，二十岁以里，就能中进士，拉翰林……（茧叟《瞎骗奇闻》）

上例，"以里"用在表示年龄的数量词后边，表示一定时间范围的界限里边。

不过，我们翻检《三国演义》《西游记》《水浒传》《红楼梦》《儿女英雄传》等作品，没有见到"以里"的用法，倒是"以内"在《三国演义》和《红楼梦》中出现过三次。

（27）吴王嘱之曰："阃以内，孤主之；阃以外，将军制之。"（罗贯中《三国演义》第 83 回）

（28）贾母的轿刚至山门以内，贾母在轿内因看见有守门大帅并千里眼，顺风耳，当方土地，本境城隍各位泥胎圣像，便命住轿。（曹雪芹《红楼梦》第 29 回）

（29）宝玉听了，连忙起身，迎至大门以内等待。（曹雪芹《红楼梦》第 64 回）

再看方言。李荣主编的《现代汉语方言大词典》（江苏教育出版社 2002 年版），绩溪、金华、海口三种方言里边明确收录"以里"的用法：

（30）我家伢山在尔条河以里（绩溪）

（31）五十里路以里都金华县（金华）

（32）十个字以里（五十分钟以里）｜礼堂以里｜一百以里（海口）（765 页）

至于其他方言里边有没有"以里"的用法，还要查实。但是不能否认，无论是现代汉语,还是近代汉语,或是汉语方言,确实有"以里"的用法,表示一定空间、时间范围的界限里边。

另外,还有几个方位词,一般也认为不能说,比如"之里"、"以左"、"以右"等,但是语言事实中确实存在这样的用法,值得重视。请看几个用例:

(33)一进国子监的大门——集贤门,是一个黄色琉璃牌楼。牌楼之里是一座十分庞大华丽的建筑。这就是辟雍。(汪曾祺《国子监》)

(34)这呼声

荡漾于大洋浩波之里,

这呼声

荡漾于玉宇长空之中,

……(宫达非《新生颂——送小平远行》,《人民日报》1997年4月9日第11版)

(35)1997年大江截流后,在截流围堰的保护下,开始浇筑1 600多米长的二期大坝。这段大坝位于导流明渠以左的长江主河道上。(施勇峰《三峡工程二期大坝已具备安全运行条件》,《人民日报》2002年5月2日第2版)

(36)(孙旅长)在电话里高声地喊着:"命令韩天春营的奋勇队张振基连,将皮衣翻穿,也扮成羊群,绕到敌后,占领西山东南以左高地,在炮火的掩护下,包抄敌人的后路!"(柳溪《战争启示录》第4章)

(37)在弓形激波和物体之间的一个区域(虚线以左)内,局部马赫数小于1,虚线以右的局部马赫数又大于1。(《中国大百科全书(物理学卷)》,中国大百科全书出版社1987年版)

(38)电势-pH图中垂直线以左的区域为B的稳定区,而以右的区域则为A的稳定区。(《中国大百科全书(矿冶卷)》,中国大百科全书出版社1984年版)

第 5 章　释义词和句式

5.1　释义词"特指"

"指"是非常重要的释义基元词，在《现汉》的释义基元词中是"探花"，仅次于"的"和"或"。有时，为了辅助释义，在"指"前附带上某些个词语，组成"特指"、"泛指"、"原指"、"现指"、"通常指"、"佛教指"、"也指"等释义词语，而这些词语在《现汉》中都没有收作词条。本节选取"特指"为个案，考察《现汉》（第5版）中"特指"的释义方法。"特指"表示"特定地指"，往往是词义范围缩小的结果。本节把"特指"前添加的辅助性词语称为"附标"，没有辅助性词语的称为"无附标"。这样，既有利于总结特指的"附标"类型，又便于查检"特指"释义部分的义项确立和分布情况。

5.1.1　无附标"特指"释义

5.1.1.1　无附标"特指"释义自成义项

无附标"特指"释义可以单独成为义项，所释单位没有单义的，都是多义的，又分以下几种情况：

1）无附标"特指"释义为第二个义项。共有70次，其中不成词语素2次，名词50次，动词17次，固定短语1次。例如：

牙¹①图人和高等动物咬切、咀嚼食物的器官，由坚固的骨组织和釉质构成。

②特指象牙：～筷｜～章｜～雕。③形状像牙齿的东西。④（Yá）图姓。

气①图气体。②图特指空气：～压｜打开窗子透一透～。（其他义项从略）

【情人】图①相爱中的男女的一方。②特指情夫或情妇。

喝¹图①把液体或流食咽下去。②特指喝酒：爱～｜～醉了遇上高兴事总要～两口。

【寻根】团①寻找根底；寻找根源：～溯源。②特指寻找祖籍宗族：～祭祖。

【非碘型肺炎】①由支原体、衣原体、军团菌和病毒引起的肺炎，因临床症状不典型，所以叫非碘性肺炎。②特指由冠状病毒引起的传染性非碘性肺炎（正式名称是严重畸形呼吸综合症）。简称非典。

2）无附标"特指"释义为第三个义项。共有 9 次，其中不成词语素 4 次，名词 5 次。例如：

力①图物体之间的相互作用，是使物体获得加速度和发生形变的外因。力有三个要素，即力的大小、方向和作用点。②力量；能力。③特指体力：大～士｜四肢无～｜用～推车。（其他义项从略）

灰①图物质经过燃烧后剩下的粉末状的东西。②图尘土；某些粉末状的东西。③图特指石灰：～墙｜～顶｜抹④形像木柴灰的颜色，介于黑色和白色之间。

【光环】图①某些行星周围明亮的环状物，由冰和铁等构成，如土星、天王星等都有数量不等的光环。②发光的环子。③特指神像或圣像头部周围画的环形光辉；灵光②。

3）无附标"特指"释义为第六个义项。只有不成词语素 1 次。

鲜①图新鲜①。②图新鲜②。③鲜明。④图鲜美。⑤鲜美的食物。⑥特指鱼虾等水产食物：鱼～。⑦（Xiān）图姓。

4）无附标"特指"释义为第一个义项和第二个义项。只有名词 2 次。

尾（～儿）图①特指马尾上的毛：马～罗（以马尾毛为筛绢的筛子）。②特指蟋蟀等尾部的针状物：三～儿（雌蟋蟀）。

5）无附标"特指"释义为第二个义项和第四个义项。只有名词 2 次。

粉①图粉末。②图特指化妆用的粉末：香～｜涂脂抹～。③用淀粉制成的食品。④图特指粉条或粉丝：绿豆～｜菠菜炒～。（其他义项从略）

5.1.1.2　无附标"特指"释义为义项部分

有时，无附标"特指"释义不能单独成为义项，只是义项内的部分内容，而且都在义项后部。又分几种情况：

1）无附标"特指"释义在单义后部。这种情况共有154次，其中不成词语素4次，名词94次，动词48次，形容词1次，固定短语7次。例如：

摹　照着样子写或画，**特指**用薄纸蒙在原字或原画上写或画：描～｜临～｜～写｜～本。

秤图测定物体重量的器具，有杆秤、地秤、台秤、弹簧秤等多种。**特指**杆秤。

【广场】图面积广阔的场地，**特指**城市中心的广阔场地：天安门～。

【皮带】图用皮革制成的带子，**特指**用皮革制成的腰带。

攉图把堆积的东西倒出来。**特指**把采出的煤、矿石等铲起来倒到另一个地方或容器中：～土｜～煤机。

【集结】团聚集，**特指**军队等集合到一处：～待命｜～兵力。

【双边】图由两个方面参加的；**特指**由两个国家参加的：～会谈｜～条约｜～贸易。

【不正之风】不正派的作风，**特指**以权谋私的行为：纠正行业～。

2）无附标"特指"释义在第一个义项后部。共有23次，不成词语素1次，名词18次，动词3次，形容词1次。例如：

禾①禾苗，**特指**水稻的植株。②古书上指粟。③（Hé）图姓。

面²①图粮食磨成的粉，**特指**小麦磨的粉：白～｜豆～｜小米～｜高粱～。（其他义项从略）

【瓜子】（～儿）图①瓜的种子，**特指**炒熟做食品的西瓜子、南瓜子等。②指葵花子。

【登陆】团①渡过海洋或江河登上陆地，**特指**作战的军队登上敌方的陆地：～演习◇台风～。②比喻商品打入某地市场。

侉〈方〉图①语音不正，**特指**口音跟本地语音不同。②粗大；不细巧。

3）无附标"特指"释义在第二个义项后部。共有16次，其中不成词语素2次，名词8次，动词5次，形容词1次。例如：

旨² ①意义；用意；目的。②意旨，**特指**帝王的命令：圣～。

【流光】〈书〉图①光阴；岁月。②闪烁流动的光，**特指**月光。

【人心】图①指众人的感情、愿望等。②指人的心地，**特指**善良的心地：～不古｜他并不是没有～的人。

哄团①哄骗。②哄逗，**特指**看（kān）小孩儿或带小孩儿：奶奶～着孙子玩儿。

【糟蹋】团①浪费或损坏。②踩蹋，**特指**奸污。

4）无附标"特指"释义在第三个义项后部。只有3次，其中不成词语素、名词、动词各1次。例如：

旗①图旗子。②指八旗。③属于八旗的，**特指**属于满族的：～人｜～袍。（其他义项从略）

秦①周朝国名，在今陕西中部、甘肃东部。公元前221年统一中国，建立秦朝。②图朝代，公元前221—公元前206，秦始皇嬴政所建，建都咸阳（在今陕西咸阳东）。③图指陕西和甘肃，**特指**陕西。④图姓。

印①图政府机关的图章。泛指图章。②（～儿）图印子①。③团留下痕迹。**特指**文字或图画等留在纸上或器物上：～书｜排～｜石～｜～花儿布。（其他义项从略）

5）无附标"特指"释义在第四个义项后部。只有3次，其中不成词语素2次，形容词1次。例如：

国①图国家。②代表或象征国家的。③在一国内最好的。④指本国的，**特指**我国的：～产｜～术｜～画｜～药。⑤（Guó）图姓。

黄¹①图像丝瓜花或向日葵花的颜色。②指黄金。③（～儿）图指蛋黄。④形象征腐化堕落，**特指**色情：查禁～书。（其他义项从略）

5.1.2 附标"特指"释义

5.1.2.1 附单标"特指"释义

5.1.2.1.1 时标

时间词语附加在"特指"前进行释义。有以下几种：

1）"古代特指"。只有不成词语素的第三个义项1次。

子¹①古代指儿女，现在专指儿子。②指人。③古代特指有学问的男人，是

男人的美称：夫～｜孔～｜诸～百家。（其他义项从略）

2）"殷代特指"。只有不成词语素的第二个义项 1 次。

祀①祭祀。②<u>殷代特</u>指年：十有三～。

3）"抗日战争时期特指"。只有单义名词 1 次。

【大后方】图<u>抗日战争时期特</u>指国民党统治下的西南、西北地区。

4）"后来特指"。只有单义名词后部 2 次。

【宫室】图古时指房屋，<u>后来特</u>指帝王的宫殿。

【朴学】图朴实的学问，<u>后来特</u>指清代的考据学。

5）"后特指"。只有单义动词后部 1 次。

【布施】〈书〉团把财物等施舍给人，<u>后特</u>指向僧道施舍财物或斋饭。

6）"现特指"。只有单义名词后部 1 次。

【计算机】图能进行数学运算的机器。有的用机械装置做成，如手摇计算机；有的用电子元件做成，如电子计算机。<u>现特</u>指电子计算机。

5.1.2.1.2　频标

表示频率的词语附加在"特指"前进行释义。常用的是"有时特指"。共有 13 次，其中不成词语素 2 次，名词 9 次，动词 1 次，固定短语 1 次。"有时特指"释义都在义项后部，其中单义后部 8 次，第一个义项后部 1 次，第二个义项后部 1 次，第三个义项后部 2 次，第四个义项后部 1 次。

饮①喝，<u>有时特</u>指喝酒：痛～｜～料｜～食｜～水思源。②可以喝的东西。③饮子。④中医指稀痰。⑤心里存着。

面¹①头的前部；脸。②团向着；朝着。③（～儿）图物体的表面，<u>有时特</u>指某些物体上部的一层：水～｜地～｜路～｜圆桌儿～｜～儿磨得很光。（其他义项从略）

【文艺】图文学和艺术的总称，<u>有时特</u>指文学或表演艺术：～团体｜～作品｜～会演。

【西方】图①方位词。西①。②（Xīfāng）指欧美各国，<u>有时特</u>指欧洲各国和美国：～国家。③佛教徒指西天。

【新人】图①具有新的道德品质的人。②某方面新出现的人物。③指机关、团体等新来的人员。④指改过自新的人。⑤指新娘和新郎。<u>有时特</u>指新娘。（其

他义项从略）

【练功】囫训练技能；练习功夫，<u>有时特指</u>练气功或武功：～房｜演员坚持～｜练过几年功，有两下子。

【统治阶级】掌握国家政权的阶级，<u>有时特指</u>占统治地位的剥削阶级。

5.1.2.1.3 地标

表示方位处所的词语附加在"特指"前进行释义。使用了"在我国特指"这一种，共有 6 次，其中单义名词后部 3 次，名词第一个义项后部 2 次，动词第二个义项后部 1 次。例如：

【党委】囵某些政党的各级委员会的简称，<u>在我国特指</u>中国共产党的各级委员会。

【党团】囵①党派和团体，<u>在我国特</u>指共产党和共青团。②某些国家议会中，属于同一政党的代表的集体。

【解放】囵①解除束缚，得到自由或发展。②推翻反动统治，<u>在我国特指</u>1949 年推翻国民党统治：～前｜～那年我才 15 岁。

5.1.2.1.4 域标

表示专门领域的词语附加在"特指"前进行释义。有四种：

1）"军事上特指"。只有单义名词释义后部 1 次。

【高地】囵地势高的地方，<u>军事上特</u>指地势较高能够俯视、控制四周的地方：无名～。

2）"语音学上特指"。只有单义名词释义后部 1 次。

【口形】囵人的口部的形状，<u>语音学上特指</u>在发某个声音时两唇的形状。

3）"昆虫学上特指"。只有多义名词第二个义项后部 1 次。

卵囵①动植物的雌性生殖细胞，与精子结合后产生第二代。②<u>昆虫学上特指</u>受精的卵，是昆虫生活周期的第一个发育阶段。③〈方〉称睾丸或阴茎（多指人的）。

4）"在无线电收音机上特指"。只有多义名词第二个义项后部 1 次。

【矿石】囵①含有有用矿物并有开采价值的岩石。②<u>在无线电收音机上特指</u>能做检波器的方铅矿、黄铁矿等。

5.1.2.1.5　关联标

"特指"前使用表示关联的词语。有以下两种：

1）"也特指"。共用 4 次，其中名词 3 次，动词 1 次。"也特指"释义都用在单义后部。例如：

【师长】图老师赫尊长，<u>也特指</u>老师：尊敬～。

【节欲】团节制欲望，<u>也特</u>指节制性欲。

2）"又特指"。只有名词 2 次，分别在单义后部和第一个义项后部。

【手气】图指赌博或抓彩时用的运气，<u>又特指</u>赢钱或得彩得运气：～好 | 有～。

【时气】〈方〉图①一时的运气，<u>又特指</u>一时的幸运：好～ | 碰～ | 有。②因气候失常而流行的疾病。

5.1.2.1　附双标"特指"释义

有时，"特指"前配合使用频标和关联标进行释义，只有"有时也特指"一种，出现在单义名词的释义后部 1 次。

【内援】图来自内部的援助，<u>有时也特</u>指运动队中来自国内其他运动对的选手。

5.1.3　小结

在《现汉》中，"特指"释义用于三种词汇单位：不成词语素、词、固定短语。不带附加标记的"特指"释义可以独立成为义项，也可以是义项内的部分内容。看表 5-1 的统计：

表 5-1　《现代汉语词典》"特指"释义情况

释义 词汇单位	单立义项					义项部分					合计
	①	②	③	④	⑥	单义 后部	① 后部	② 后部	③ 后部	④ 后部	
不成词语素		2	4		1	4	1	2	1	2	17
名词	1	52	5	1		94	18	8	1		180
动词		17				48	3	5	1		74
形容词						1	1	1		1	4
固定短语		1				7					8
合计	1	72	9	1	1	154	23	16	3	3	283

从表 5-1 数据可以看出：

1）从"特指"释义的词汇单位来看，最多的是名词，从多到少依次是：名词＞动词＞不成词语素＞固定短语＞形容词。

2）从"特指"释义的独立性来看，多数是形成义项的部分内容，尤其是置于单义的后部。

3）单义的词汇单位都不能孤立地用"特指"来释义。

4）在多义的义项中，"特指"的独立释义主要放置在第二个义项。

有时，"特指"附带某些个标记来释义，主要有时标、频标、地标、域标和关联标，这些标记还可以配合起来附加在"特指"上进行释义，只有"频标＋关联标"。除了个别时标附加"特指"释义能单立义项外，其他的标记附释"特指"都不能单立为义项。

对于"特指"释义是否独立为义项，《现汉》（第 5 版）并不统一。从理论上讲，可以都单立为义项，也可以都作为义项部分，还可以两者兼顾，《现汉》显然采取了后者，但标准不好把握，比较：

【团员】图①代表团、参观团等的成员。②特指中国共产主义青年团团员。

【党员】图政党的成员，在我国特指中国共产党的成员。

再比如"广场"，《现汉》把"特指"释义处理为义项部分，而《大词典》则单立为一个义项。

另外，有的释义是否用"特指"还需斟酌，试比较：

河①图天然的或人工的大水道。②指银河系。③（Hé）特指黄河：～西｜～套。④（Hé）图姓。

江①图大河：长～｜珠～｜黑龙～。②（Jiāng）指长江：～汉｜～淮｜～南｜～左。③（Jiāng）图姓。

"河"的本义指"黄河"，"江"的本义指"长江"，"天然的或人工的大水道"和"大河"是"河"和"江"语义泛化的结果，是"泛指"。因此，"河"的"黄河"义不宜用"特指"释义，可以和"江"的释义一样只用"指"。当然还有其他的释义办法，请看类似的"溪"的释义：

溪图①原指山里的小河沟，现在泛指小河沟：清～｜～水｜～谷。②（Xī）图姓。

5.2　释义词"泛指"

"指"在现代汉语的释义中是个重要的基元词，在《现汉》的释义基元词中用频排在第三位，仅次于"的"和"或"。为了辅助"指"释义，有时在"指"前附带上某些个词语，组成"泛指"、"特指"、"原指"、"现指"、"通常指"、"佛教指"、"也指"等释义词语，而这些词语在《现汉》中都没有收作词条。本节选取"泛指"为个案，考察《现汉》中"泛指"的释义方法。"泛指"表示"词义所指范围扩散后指"，往往是词义范围扩大的结果。本节把"泛指"前添加的辅助性词语称为"附标"，没有辅助性词语的称为"无附标"。这样，既有利于总结"泛指"的"附标"类型，又便于查检"泛指"释义部分的义项确立和分布情况。

5.2.1　无附标"泛指"释义

5.2.1.1　无附标"泛指"独立释义

5.2.1.1.1　单义词语的独立义项

有的单义词语使用无附标"泛指"独立释义。共有 47 次，包括名词 30 次，动词 3 次，数词 1 次，固定短语 13 次。例如：

【衣衫】图泛指衣服。

【超值】团泛指商品或提供服务的质量上乘，其中所含的价值超出所花的钱。

【亿万】图泛指极大的数目。

【柴米油盐】泛指人们的日常生活必需品。

5.2.1.1.2　多义语素或词语的独立义项

有的多义语素或词语的某个义项使用无附标"泛指"独立释义，大体上有四种情况：

1）第一个义项用无附标"泛指"独立释义。共有 9 次，都是名词。例如：

【先辈】图①泛指行辈在先的人。②指已去世的令人钦佩值得学习的人。

2）第二个义项用无附标"泛指"独立释义。共有 188 次，包括不成词语素 20 次，名词 109 次，动词 45 次，代词 6 次，形容词 3 次，固定短语 5 次。例如：

杖①拐杖；手杖。②泛指棍棒。

【马路】图①供车马行走的宽阔平坦的道路。②泛指公路。

【摹写】囷①照着样子写。②泛指描写。

【哪样】（～儿）囷疑问代词。①问性质、状态等。②泛指性质、状态。

【平等】囷①指人们在社会、政治、经济、法律等方面享有相等待遇。②泛指地位相等。

【冲锋陷阵】①向敌人冲锋，深入敌人阵地，形容作战英勇。②泛指为正义事业英勇斗争。

3）第三个义项用无附标"泛指"独立释义。共有22次，包括不成词语素2次，名词13次，动词7次。例如：

丛①聚集。②生长在一起的草木。③泛指聚集在一起的人或东西。④量用于聚集生长在一起的草木。⑤（Cóng）囷姓。

【海量】图①敬辞，宽宏的量度。②指很大的酒量。③泛指极大的数量。

【起来】囷①由躺、卧而坐，由坐、跪而站。②起床。③泛指兴起、奋起、升起等。

4）第四个义项用无附标"泛指"独立释义。共有4次，包括不成词语素1次，名词3次。例如：

魂①（～儿）图灵魂①。②指精神或情绪。③特指崇高的精神。④泛指事物的人格化精神。

【平台】图①晒台。②生产和施工过程中，为操作方便而设置的工作台，有的能移动和升降。③指计算机硬件或软件的操作环境。④泛指进行某项工作所需要的环境或条件。

5）第五个义项用无附标"泛指"独立释义。只有动词1次。

【下海】囷⑤泛指放弃原来的工作而经营商业。

5.2.1.2 无附标"泛指"非独立释义

5.2.1.2.1 单义语素或词语的非独立义项

"泛指"释义没有独立成为义项，只是单义语素或词语义项的部分内容。根据"泛指"释义在义项中的位置，又分三种：

1）"泛指"释义在义项前部。只有名词2次，义项结构是"泛指……，比喻……"，例如：

【干戈】囷泛指武器，多比喻战争。

2）"泛指"释义在义项中部。只有 3 次，其中名词 1 次，固定短语 2 次。例如：

【纨绔】〈书〉囷细绢做的裤子，**泛指富家子弟穿的华美衣着**，也借指富家子弟。

【等因奉此】"等因"和"奉此"都是旧时公文用语，"等因"用来结束所引来文，"奉此"用来引起下文。"等因奉此"**泛指文牍**，比喻例行公事、官样文章。

【先锋派艺术】西方现代艺术流派之一。广义的**泛指最新的、具有反叛性的文学艺术现象**，狭义的则特指第一次世界大战前后在欧洲出现的、反对艺术体制和艺术自律的一些艺术流派。

3）"泛指"释义在义项后部。这种情况在非独立义项里边数量最多，共有 213 次，包括不成词语素 17 次，名词 127 次，动词 32 次，形容词 3 次，数词 1 次，副词 1 次，固定短语 32 次。例如：

厩　马棚，**泛指牲口棚**。

【家园】囷家中的庭园，**泛指家乡或家庭**。

【参悟】囷佛教指参禅悟道，**泛指领悟（道理、意义等）**。

【过瘾】囷满足某种特别深的癖好，**泛指满足爱好**。

【百万】囵一百万，**泛指数目巨大**。

【赶明儿】〈口〉囶等到明天，**泛指以后；将来**。

【寒冬腊月】指农历十二月天气最冷的时候。**泛指寒冷的冬季**。

5.2.1.2.2　多义语素或词语的非独立义项

"泛指"释义没有独立成为义项，只是多义语素或词语义项的部分内容。又有四种情况：

1）"泛指"释义是第一个义项的部分内容，都在义项后部。共有 64 次，包括不成词语素 15 次，名词 26 次，动词 18 次，固定短语 4 次。例如：

滩①河、海、湖边水深时淹没、水浅时露出的地方，**泛指河、海、湖边比岸低的地方**。②江河中水浅多石而水流很急的地方。

【风月】囷①风和月，**泛指景色**。②指男女恋爱的事情。

【穿戴】①囵穿和戴，**泛指打扮**。②囷指穿的和戴的衣帽、首饰等。

【一尘不染】①佛家称色、声、香、味、触、法为六尘，修道的人不被六尘所玷污，叫做一尘不染，**泛指人品纯洁，丝毫没沾染坏习气**。②指环境非常清洁。

2）"泛指"释义是第二个义项的部分内容，在义项前部或后部。共有 18 次，包括不成词语素 2 次，名词 11 次，动词 4 次，代词 1 次，固定短语 1 次。例如：

兀〈书〉①高高地突起。②形容山秃，**泛指秃**。

【大将】图①某些国家的军衔，将官的一级，高于上将。②**泛指高级将领**，比喻得力的部属或集体中的重要人物。

【山水】图①山上流下来的水。②山和水，**泛指有山有水的风景**。③指山水画。

【进退】团①前进和后退。②应进而进，应退而退，**泛指言语行动恰如其分**。

你图人称代词。①称对方（一个人）。②**泛指任何人**（有时实际上指我）。

3）"泛指"释义是第三个义项的部分内容，都在义项后部。不成词语素 1 次，形容词 1 次。

骑①团两腿跨坐（在牲口或自行车等上面）。②兼跨两边。③骑的马，**泛指人乘坐的动物**。④骑兵，也**泛指骑马的人**。

阴③团我国气象上，天空 80% 以上被云遮住时叫阴。**泛指空中云层密布，不见阳光或偶见阳光的天气**。（其他义项从略）

4）"泛指"释义是第五个义项的部分内容，在义项后部。只有 1 次，是不成词语素。

期①预定的时日；日期。②一段时间。③圆用于分期的事物。④约定时日。⑤等候所约的人，**泛指等待或盼望**。

5.2.2 附标"泛指"释义

5.2.2.1 附单标"泛指"释义

5.2.2.1.1 时标

"泛指"前使用时间标志词语。有以下几种：

1）"旧时泛指"。共有 5 次。其中多义不成词语素 2 次，都是独立构成第二个义项；另外，单义名词 1 次，单义固定短语 2 次，也都是独立义项。例如：

吏①旧时没有品级的小公务人员。②**旧时泛指官吏**。

【江湖】图**旧时泛指四方各地**。

【公子王孙】**旧时泛指贵族、官僚的子弟**。

2）"封建时代泛指"。用在单义名词的释义前部，只有1次。

【士大夫】图封建时代泛指官僚阶层，有时也包括还没有做官的读书人。

3）"明清泛指"。用在单义名词的释义后部，只有1次。

【院本】图金、元时代行院（hángyuàn）演唱用的戏曲脚本，**明清泛指**杂剧、传奇。

4）"后来泛指"。共有38次，其中不成词语素2次，名词21次，动词4次，副词1次，固定短语10次。"后来泛指"释义都是非独立义项，而且都在义项后部，其中30次是在单义词后部，4次是在第一个义项后部，1次是在第二个义项后部。这种词义的前部一般解释词的本义，使用"原指、原来指、本指、古代（指）"等。例如：

博①博取，取得。②古代的一种棋戏，**后来泛指**赌博。

【藤牌】图原指藤制的盾，**后来泛指**盾。

【处士】〈书〉图原来指有德才而隐居不愿做官的人，**后来泛指**没有做过官的读书人。

【士女】①图古代指未婚的男女，**后来泛指**男女。②同"仕女"③。

【舍身】团原指佛教徒牺牲肉体表示虔诚，**后来泛指**为祖国或为他人而牺牲自己。

【席地】图原指在地上铺了席（坐、卧在上面），**后来泛指**在地上（坐、卧）。

【江湖骗子】原指闯荡江湖靠卖假药等骗术谋生的人，**后来泛指**一味招摇撞骗的人。

5）"后泛指"。共有23次，其中名词10次，动词5次，固定短语8次。这种释义都是非独立义项，而且都在单义词的词义后部，前部一般解释词的本义，使用"原指、原来指、原称、本指、旧时指、古代（指）、古代称、古代叫作"等。例如：

【衣钵】图原指佛教中师父传授给徒弟的袈裟和钵，**后泛指**传授下来的思想、学术、技能等。

【蒙师】图旧时指对学童进行启蒙教育的老师。**后泛指**启蒙老师。

【公子哥儿】图原称官僚或有钱人家不知人情世故的子弟，**后泛指**娇生惯养的年轻男子。

【君临】团原指君主统辖，**后泛指统治或主宰**。

【劝谏】团旧时臣子对君主进言规劝，**后泛指规劝上级或长辈改正错误**。

【应运而生】原指顺应天命而降生，**后泛指随着某种形势而产生**。

6）"后世泛指"。只有 2 次。名词和动词各 1 次。这种释义都是非独立义项，而且都在单义词的词义后部，前部一般解释词的本义，用了"本指、古时"。

【清谈】团本指魏晋间一些士大夫不务实际，空谈哲理，**后世泛指一般不切实际的谈论**。

【号角】图古时军队中传达命令的管乐器，**后世泛指喇叭一类的东西**。

7）"现在泛指"。共有 6 次，其中不成词语素 1 次，名词 4 次，固定短语 1 次。这种释义都是非独立义项，都在义项后部，其中单义词后部 3 次，第一个义项后部 3 次。义项前部一般解释词的本义，用"原指、原比喻、古代、过去"等。例如：

伍①古代军队的最小单位，由五个人编成，**现在泛指军队**。②同伙的人。③图"五"的大写。④（Wǔ）图姓。

溪图①原指山里的小河沟，**现在泛指小河沟**。②（Xī）图姓。

【心有灵犀一点通】唐李商隐诗《无题》："身无彩凤双飞翼，心有灵犀一点通。"（旧说犀牛是灵异的兽，它的角里有一条白纹贯通两端）原比喻恋爱着的男女心心相印，**现在泛指彼此的心意相通**。

8）"现泛指"。共有 13 次，其中名词 4 次，动词 5 次，固定短语 4 次。这种释义都是非独立义项，都在义项后部，其中单义词后部 10 次，第一个义项后部 2 次，第二个义项后部 1 次。"现泛指"位于单义词或第一个义项后部时，所在义项前部一般解释词的本义，用"原指、旧指、旧时指、古代"等词语。例如：

【私枭】图旧时指私贩食盐的人。**现泛指走私或贩毒的人**。

【保驾】团旧指保卫皇帝，**现泛指保护某人或某事物**。

【安营扎寨】原指军队架起帐篷、修起栅栏住下。**现泛指军队或其他团体建立临时住地**。

当"现泛指"在第二个义项后部时，该义项前部一般不是词的本义，而是派生义，例如：

【告病】〈书〉团①称说有病。②旧时官吏以生病为由请求辞职，**现泛指因病请假**。

9）"今泛指"。共有 11 次，其中不成词语素 1 次，名词 5 次，动词 2 次，固定短语 3 次。这种释义都是非独立义项，而且都在单义词的词义后部，前部一般解释词的本义，使用"原指、本指、古代指、原是、本是、本为"等。例如：

茗　原指某种茶叶，**今泛指喝的茶**。

【首饰】图本指戴在头上的装饰品，**今泛指耳环、项链、戒指、手镯等**。

【慧眼】图原是佛教用语，指能认识到过去和未来的眼力，**今泛指敏锐的眼力**。

【鼓噪】团古代指出战时擂鼓呐喊，以壮声势。**今泛指喧嚷**。

【生老病死】佛教认为"生、老、病、死"是人生的四苦，**今泛指生活中生育、养老、医疗、殡葬等事**。

5.2.2.1.2　专域标

1）"中医泛指"。只用名词 2 次，都是独立义项，分别是单义词释义和第二个义项。

【病候】图**中医泛指疾病反映出来的各种症候**。

【霍乱】图①急性肠道传染病，病原体是霍乱弧菌。症状是腹泻，呕吐，大便很稀，像米泔水，四肢痉挛冰冷，休克。患者因脱水而眼窝凹陷，手指、脚趾干瘪。②**中医泛指有剧烈吐泻、腹痛等症状的胃肠疾患**。

2）"科学技术上泛指"。只有名词 1 次，在第二个义项。

熵图①热力体系中，不能利用来做功的热能可以用热能的变化量除以温度所得的商来表示，这个商叫做熵。②**科学技术上泛指某些物质系统状态的一种量度或者某些物质系统状态可能出现的程度**。

5.2.2.1.3　频标

"一般泛指"。只有单义固定短语 1 次，在释义后部。

【拉丁字母】拉丁文（古代罗马人所用文字）的字母。**一般泛指根据拉丁文字母加以补充的字母**，如英文、法文、西班牙文的字母。《汉语拼音方案》也采用拉丁字母。

5.2.2.1.4　关联标

"也泛指"。共有 76 次，包括不成词语素 9 次，名词 41 次，动词 15 次，形容词 1 次，固定短语 10 次。这种释义内容都在非独立义项后部，其中单义词语后部 58 次，例如：

髯　两腮的胡子，**也泛指胡子。**

【娇儿】图心爱的儿子，**也泛指心爱的幼小儿女。**

【打围】团许多打猎的人从四面围捕野兽，**也泛指打猎。**

【先天不足】指人或动物生下来体质就不好，**也泛指事物的根基差。**

"也泛指"还用于多义语素或词的释义，其中第一个义项后部 10 次，第 2 个义项后部 4 次，第三个义项后部 1 次，第四个义项后部 2 次。例如：

【技术】图①人类在认识自然和利用自然的过程中积累起来并在生产劳动中体现出来的经验和知识，**也泛指其他操作方面的技巧。**②指技术装备。

【保镖】①团会技击的人佩带武器，为别人护送财物或保护人身安全。**也泛指做护卫工作。**②图指做这种工作的人。

【半夜】图①一夜的一半。②时间词。夜里十二点钟前后，**也泛指深夜。**

【老大】①图〈书〉年老。②图排行第一的人。③〈方〉图木船上主要的船夫，**也泛指船夫。**④图某些帮会或黑社会团伙对首领的称呼。⑤圖很；非常（多用于否定形式）。

缺①团缺乏；短少。②团残破；残缺。③团该到而未到。④图旧时指官职的空额，**也泛指一般职务的空额。**

5.2.2.2　附双标"泛指"释义

5.2.2.2.1　时标＋用标

时标"后、后来"和用标"用、用来"复合标志"泛指"。共有 6 次，包括名词 5 次，固定短语 1 次。这种释义都是非独立义项，其中单义词后部 3 次，单义固定短语中部 1 次，第一个义项后部 2 次。例如：

【风骚】[1]〈书〉图①风指《诗经》中的《国风》，骚指屈原《离骚》，**后用来泛指文学。**②在文坛具有领袖地位或在某方面领先叫领风骚。

【绿林】图绿林山（今湖北大洪山一带），西汉末年绿林起义的根据地。**后来用"绿林"泛指聚集山林反抗官府或抢劫财物的集团。**

【南柯一梦】淳于棼做梦到大槐安国做了南柯郡太守，享受富贵荣华，醒来才知道是一场大梦，原来大槐安国是大槐树南边的树枝（见于唐代李公佐《南柯太守传》）。**后来用"南柯一梦"泛指一场梦，或比喻一场空欢喜。**

5.2.2.2.2 时标＋关联标

时标"后、后来、现"和关联标"也"复合标志"泛指"。共有 9 次，包括名词 5 次，动词 3 次，固定短语 1 次。这种释义在单义后部 7 次，单义中部 1 次，第一个义项后部 1 次。例如：

【汗马功劳】指战功，**后也泛指大的功劳**（汗马：将士骑马作战，马累得出汗）。

【考官】旧时政府举行考试时担任出题、监考、阅卷等工作的官员，**现也泛指在招生、招工或招干中负责考试工作的人。**

【教头】宋代军队中教练武艺的人，**后来也泛指传授技艺的人。**现也指体育运动的教练员（含诙谐意）。

【披挂】①旧指穿戴盔甲，**后也泛指穿戴衣装。**②指穿戴的盔甲（多见于早期白话）。

5.2.2.2.3 频标＋关联标

频标"有时"和关联标"也"复合标志"泛指"。共有 4 次，包括不成词语素 1 次，名词 2 次，动词 1 次。这种释义都是非独立义项，其中单义词的释义后部 2 次，第一个义项后部 1 次，括注语后部 1 次。例如：

晨①早晨，**有时也泛指半夜以后到中午以前的一段时间。**②（Chén）姓。

【枕木】木质的轨枕，**有时也泛指其他材料制成的轨枕。**

【出席】（有发言权和表决权的成员，**有时也泛指一般人**）参加会议。

5.2.2.3 附三标"泛指"释义

"泛指"前有三种标志：时标＋关联标＋用标。这种释义只出现"后来也用来泛指"1 次，用在固定短语的释义后部。

【金口玉言】极难得的可贵的话，封建社会多称皇帝讲的话，**后来也用来泛指不能改变的话。**

5.3 释义句式"因……而……"

释义的基本要求是准确、简明、统一。释义一般要经过三个步骤：第一，确定词的意义要素；第二，确定用来释义的词；第三，确定释义的表述方式。第一步可以通过义位、义群的语义特征分析来完成，第二步可以通过释义基元词的筛选来完成，而第三步必须要选择适宜的释义句式才能完成。目前的释义研究在前两个方面已取得不少成果，比如不同词类义位的语义特征分析，释义基元词的研究等，而关于释义句式的研究还相当薄弱。

释义句式的研究会涉及三方面的问题：第一，释义句式有哪些？能否分出类别和层级来？第二，各种释义句式的释义功能是什么？第三，释义句式与口语表达和一般书面语表达句式比较有什么特点？

本节选择《现汉》（第5版）里的释义句式"因……而……"，考察其释义的使用情况，希望在释义句式方面做些有益的尝试和探索。

5.3.1 释命名理据

"因……而……"句式可用来解释命名理据，说明某一事物名称的理由和根据，常用格式"因……而得名"。根据理据性质的不同，又分五种。

5.3.1.1 以人名命名

因为这个人对该事物的发明、发现、发展等有重大贡献或为了纪念他，用此人的名字命名该事物。基本格式："因某人发明/首先发现/首先提出/首先描述/制定等而得名"或"因纪念某人而得名"。例如：

【傅科摆】用来证明地球自转运动的天文仪器。一根长十几米或几十米的金属丝，一端系一个金属球，另一端悬挂在支架上。由于地球自转，在北半球摆动所形成扇状面按顺时针方向旋转，在南半球则按逆时针方向旋转。因法国物理学家傅科发明而得名。

【伦琴射线】X射线。因德国物理学家伦琴首先发现而得名。

【恩格尔系数】统计学中指家庭食品支出与家庭消费总支出的比值。其数值越小说明生活越富裕，数值越大说明生活水平越低。因德国经济学家和统计学家恩格尔最先提出而得名。

【阿伏伽德罗常量】指1摩任何物质所含的分子数，约等于$6.022 \times 1\,023$。因纪念意大利化学家阿伏伽德罗（Amdeo Avogadro）而得名。

5.3.1.2　以地名命名

包括三种情况：

1）以文化发祥地命名。基本格式："因最早发现于某地而得名"。例如：

【河姆渡文化】因最早发现于浙江余姚河姆渡村而得名。

【龙山文化】因最早发现于山东济南附近龙山镇而得名。

【仰韶文化】因最早发现于河南渑池仰韶村而得名。

2）以事物的源产地命名。例如：

【汉堡包】因起源于德国海港城市汉堡而得名。

【香槟酒】因原产于法国香槟（Champagne）而得名。

3）以地理位置命名。

【河西走廊】因在黄河之西而得名。

5.3.1.3　以事物特点命名

又分几种情况：

1）以事物形状、模样命名。例如：

【面包车】指车厢外形略呈长方体的中小型载客汽车，因外形像面包而得名。

【战列舰】一种装备大口径火炮和厚装甲的大型军舰，主要用于远洋战斗活动，因炮战时排成单纵队的战列线而得名。

2）以颜色命名。例如：

【鸭黄】孵出不久的小鸭，因身上有淡黄色的酕毛而得名。

【黑匣子】指飞行数据记录仪，因装在座舱中的黑色金属盒里面而得名。

3）以声音命名。例如：

【知了】蚱蝉的通称，因叫的声音像"知了"而得名。

【几维鸟】无翼鸟，因常发出"几维"的声音而得名。

4）以材料、工具、凭借、依据命名。例如：

【驴皮影】皮影戏，因剧中人物剪影用驴皮做成而得名。

【渔鼓】②指道情，因用渔鼓伴奏而得名。

【贸易风】信风，因古代通商，在海上航行时主要借助信风而得名。

【华严宗】我国佛教宗派之一，因依《华严经》创立宗派而得名。

5）以标志性物件、动作命名。例如：

【青衣】③戏曲中旦角的一种，扮演中年或青年妇女，<u>因穿青衫而得名</u>。

【铜锤】戏曲中花脸的一种，偏重唱功。<u>因《二进宫》中的徐延昭抱着铜锤而得名</u>。

【响马】旧时称在路上抢劫旅客的强盗，<u>因抢劫时先放响箭而得名</u>。

6）以数量命名。例如：

【布尔什维克】列宁建立的苏联共产党用过的称号。意思是多数派。<u>因在1903年俄国社会民主工党第二次全国代表大会选举党的领导机构时获得多数选票而得名</u>。

7）以价值命名。例如：

【黄金分割】把一条线段分成两部分，使其中一部分与全长的比等于另一部分与这部分的比，比值为0.168……，这种分割叫黄金分割，<u>因这种比例在造型上比较美观而得名</u>。

5.3.2　释分类

"因……而……"可用来解释分类，常用格式"因……不同而（产生）不同……"。例如：

【国家所有制】生产资料归国家所有的制度，它的性质<u>因社会制度的不同而不同</u>。

【版本】①同一部书因编辑、传抄、刻版、排版或装订形式等不同而产生的不同的本子。

"而"后也可用"形成"、"分成"等，例如：

【派别】学术、宗教、政党等内部因主张不同而形成的分支或小团体。

【阶层】①指在同一个阶级中因社会经济地位不同而分成的层次。如农民阶级分成贫农、中农等。

5.3.3　释因果结构义

有的词的构成成分之间具有因果关系，可用"因……而……"句式来释义。

5.3.3.1　前因后果式

词前部表因，词后部表果，用"因……而……"句式来解释该词的因果结构义。

1）解释名词的前因后果结构义。所释名词"M"的前部"M_1"表示原因，后部"M_2"表示结果，用格式"因 [M_1 义] 而 [M_2 义]"来解释名词的因果结构义。例如：

【血晕】中医指产后因失血过多而晕厥的病症。

由于"M_2"是结果，可在"而"后添加"产生"义词，形成"因 [M_1 义] 而产生的 [M_2 义]"格式。如：

【私愤】因个人利害关系而产生的愤恨。

【虫灾】因虫害较重而造成的灾害。

【碱荒】因盐碱化而形成的荒地。

【冻疮】局部皮肤因受低温损害而成的疮。

【饥色】因受饥饿而表现出来的营养不良的脸色。

【滞纳金】因逾期缴纳税款、保险费或水、电、煤气等费用而需额外缴纳的钱。

2）解释动词的前因后果结构义。所释动词"D"的前部"D_1"表示原因，后部"D_2"表示结果，用"因 [D_1 义] 而 [D_2 义]"句式解释动词的因果结构义。例如：

【干裂】因干燥而裂开。

【畏避】因畏惧而躲避。

【感激涕零】因感激而流泪，形容非常感激。

【怒发冲冠】因怒而头发直竖，把帽子都顶起来了，形容非常愤怒。

3）解释形容词的前因后果结构义。所释形容词"X"的前部"X_1"表示原因，后部"X_2"表示结果，用"因 [X_1 义] 而 [X_2 义]"句式来解释形容词的因果结构义。例如：

【干涩】因发干而显得不滑润或不润泽；苦涩。

【感伤】因有所感触而悲伤。

【恐慌】因担忧、害怕而慌张不安。

【荫凉】因太阳晒不着而凉爽。

5.3.3.2　前果后因式

1）前果后因式动词。动词前部 "D_1" 表示结果，动词后部 "D_2" 表示原因，往往是支配式动词，宾语是原因格，用 "因 [D_2 义] 而 [D_1 义]" 来解释其因果结构义。例如：

【逃荒】因遇灾荒而跑到外乡谋生。

【养伤】因受伤而休养。

【闹意见】因意见不合而彼此不满。

【物伤其类】指动物因同类遭到了不幸而感到悲伤，比喻人因同伙受到打击而伤心（多含贬义）。

【自惭形秽】原指因自己容貌举止不如别人而感到惭愧，后来泛指自愧不如别人。

2）有的形容词的前部 "X_1" 表示结果，形容词后部 "X_2" 表示原因，属于前果后因式结构，在解释的时候就用 "因 [X_2 义] 而 [X_1 义]" 句式来解释其因果结构义。例如：

【烦扰】因受搅扰而心烦。

【紧缺】（物资等）因短缺而供应紧张。

5.3.4　释词为因

释词为因，就是把所解释的词 "C" 当作原因，并补充解释其结果，常用格式 "因 [C 义] 而……"。有两种情况：

1）名词本身指称的是原因，在造词时用原因代结果。基本释义格式："因 [M 义] 而产生 / 发生 / 引起的……"，中心语表示名词的类属。例如：

【嫌隙】因彼此不满或猜疑而发生的恶感。

【食积】中医指因饮食没有节制而引起的消化不良的病。症状是胸部、腹部胀满，吐酸水，便秘或腹泻。

2）名词所指称的是原因，用 "因 [M 义] 而……" 的格式对结果做补充说明。例如：

【不可抗力】法律上指在当时的条件下人力所不能抵抗的破坏力，如洪水、地震等。因不可抗力而发生的损害，不追究法律责任。

5.3.5　释词为果

释词为果，就是把所解释的词当作结果，并补充解释原因，常用格式"因······而 [C 义]"。

5.3.5.1　释名为果

把名词所指称的事物解释为结果，同时说明名词所指称事物的产生原因。又分两种情况：

1）"因······而产生"作定语，形成格式："因······而产生的 [M 义]"。例如：

【差价】同一商品因各种条件不同而产生的价格差别。

除了"产生"外，"而"后还可用其他表示发生或形成的词。

【洪水】河流因大雨或融雪而引起的暴涨的水流。

【乱码】计算机或通信系统中因出现某种错误而造成的内容、次序等混乱的编码或不能识别的字符。

【苦水】②因患某种疾病而从口中吐出的苦的液体。

【衍文】因缮写、刻版、排版错误而多出来的字句。

【空门】² 指某些球类比赛中因守门员离开而无人把守的球门。

【逃兵】②比喻因怕困难而脱离工作岗位的人。

2）"因······而······"成句。例如：

【浮尘】②大量细小沙尘飘浮在空中，使天空变成土黄色的天气现象。这些飘浮的沙尘多因沙尘暴、扬沙而引起。

【红眼病】①病，因急性出血性结膜炎而眼白发红。

5.3.5.2　释动为果

把动词所表示的动作行为解释为结果，同时说明产生的原因。基本格式："因······而 [D 义]"。又分两种情况：

1）说明动词表示的结果及其原因。例如：

【拾荒】因生活贫困等原因而拾取柴草、田地间遗留的谷物、别人扔掉的废品等。

【报废】设备、器物等因不能继续使用或不合格而作废。

【偏转】射线、磁针、仪表指针等因受力而改变方向或位置。

【遗漏】应该列入或提到的因疏忽而没有列入或提到。

【打寒战】因受冷或受惊而身体颤动。

【唉声叹气】因伤感、烦闷或痛苦而发出叹息的声音。

有时，动词所表示动作行为是出于某种目的而进行的，例如：

【开山】①因采石、筑路等目的而把山挖开或炸开。

【争风吃醋】只因追求同一异性而互相忌妒争斗。

2）用动词表示的结果来代原因。例如：

【垂涎】因想吃而流口水，比喻看见别人的好东西想得到。

【捏一把汗】因担心而手心出汗，形容心情极度紧张。

"垂涎"就是流口水，是结果现象，而词义的重心在于原因：想吃，想得到。"捏一把汗"是手心出汗的意思，是原因，而词义的重心是导致手心出汗的原因：担心，紧张。

5.3.5.3　释形为果

把形容词所表示的性状解释为结果，同时说明产生的原因。基本格式："因……而 [X 义]"。例如：

【气短】①因疲劳、空气稀薄等原因而呼吸短促。

【销铄】②因久病而枯瘦。

5.3.6　释词的蕴含因果

有的词从结构上不是因果关系，但是整个词或词中成分含有因果关系，释义时把这种因果义表现出来，可用"因……而……"句式释义。

5.3.6.1　释整词的蕴含因果

整个词含有因果关系，用"因……而……"释义。例如：

【战战兢兢】状态词。形容因害怕而微微发抖的样子。

"战战兢兢"本身含有"因害怕、恐惧而微微发抖的样子"的意思。

5.3.6.2　释词成分的蕴涵因果

有的动词或形容词中成分含有因果关系，通过"因……而……"句式把这种因果关系表现出来。例如：

【赧颜】因害羞而脸红。

【谴谪】官吏因犯罪而遭贬谪。

【害羞】因胆怯、怕生或做错了事怕人嗤笑而心中不安；怕难为情。

"赧"本身就有"因害羞而脸红"的意思，"谴"本身就有"因罪过而遭贬降或谪戌"的意思，这两个词的释义都把语素含有的因果关系显示了出来，通俗易懂。"害羞"的"羞"本身就有"怕别人笑话的心理和表情"的意思。

5.3.7　其他用法

"因……而……"还可用来解释名词所指事物的性质、范围、用效、目的等。例如：

【冰川】在高山或两极地区，积雪由于自身的压力变成冰（或积雪融化，下渗冻结成冰），又因重力作用而沿着地面倾斜方向移动，这种移动的大冰块叫做冰川。

【霍乱】①急性肠道传染病，病原体是霍乱弧菌。症状是腹泻，呕吐，大便很稀，像米泔水，四肢痉挛冰冷，休克。患者因脱水而眼窝凹陷，手指、脚趾干瘪。

【质量】①表示物体惯性大小的物理量。数值上等于物体所受外力和它获得的加速度的比值。有时也指物体中所含物质的量。质量是常量，不因高度或纬度变化而改变。

以上三例"因……而……"句式解释名词所指事物的性质。

【保险】①集中分散的社会资金，补偿因自然灾害、意外事故或人身伤亡而造成的损失的方法。

【庇护权】国家对于因政治原因而来避难的外国人给以居留的权利。

以上二例"因……而……"句式对名词所指称事物的适用范围进行说明。

【车轮战】几个人轮流跟一个人打，或几群人轮流跟一群人打，使对方因疲乏而战败，这种战术叫车轮战。

这是用"因……而……"对"车轮战"的使用效果做说明。

【台阶】③比喻避免因僵持而受窘的途径或机会。

这里是在说明给某人一个"台阶"下的目的。

5.3.8　小结

在《现汉》（第5版）中，"因……而……"句式除了用于名词、动词、形容词的释义外，还用在了量词、副词、拟声词的释义当中，但分别只用了1次。

景¹④〔名〕剧本的一幕中因布景不同而划分的段落。

【绝口】②〔动〕因回避而不开口。

哓［哓哓］〈书〉〔拟声〕②形容鸟类因恐惧而发出的鸣叫声。

为了更直观地从量上观察"因……而……"句式在《现汉》的释义情况，我们把这种句式用于名词、动词、形容词释义中的有关数据做了统计，请看表5-2：

表5-2　《现代汉语词典》"因……而……"释义情况

释义功能 / 词类	命名理据	分类	性质	范围等	因果结构义		词为因		词为果		蕴含因果	合计
					因—果	果—因	释因补果	以因代果	释果补因	以果代因		
名词	66	5	6	4	30		4	6	60			181
动词					68	11	6	2	116	2	12	217
形容词					13	3	1	5	20		6	48
合计	66	6	5	4	111	14	11	13	196	2	18	446

从表5-2的数据可以看出：

1）"因……而……"句式释义的词类中，动词最多，其次是名词，再次是形容词；

2）"因……而……"句式的释义功能中，最常见的是"释果补因"和解释"因一果"式结构义；

3）"因……而……"句式在三种词类释义中有相同的功能，包括解释"因一果"式结构义、释词为因、释果补因；

4）"因……而……"句式在名词释义中有特定的功能，比如说明事物的命名理据、分类、性质、范围等；

5）"因……而……"句式在动词、形容词释义中有特定的功能,包括解释"果—因"式结构义、解释蕴含因果;

6）"因……而……"句式在形容词释义中有特定的功能,能反映以果代因。

据我们查检,"因……而……"句式是《现汉》因果释义句式中用得最多的一种,其他的因果释义句式还有:"因……"、"因为……"、"由于……"、"所以……"、"因而……"、"因此……"、"……而……"、"因为……而……"、"因……所以……"、"因为……所以……"、"由于……而……"等,这反映了释义句式的灵活多样。

在口语表达和一般书面语表达中,"因……而……"句式并不是因果句式中的优势句式[1],而在辞书释义中却是强势句式。这说明,释义语言是较独立的语言使用域,值得重视和深入研究。

---

[1]　肖任飞:《现代汉语因果复句优先序列研究》,华中师范大学 2009 年博士学位论文,第 41—48 页。

第 6 章 现代汉语兼类词研究 [1]

兼类词指兼属两个或更多词类的词。这是狭义的兼类词。我们参照《现汉》(第 5 版),对现代汉语的兼类词进行定量考察。《现汉》把词类划分为名词(名)、动词(动)、形容词(形)、数词(数)、量词(量)、代词(代)、副词(副)、介词(介)、连词(连)、助词(助)、叹词(叹)、拟声词(拟)12 类,再加上词典释文中用到的数量词("数量"),共计 13 类。本章在考察兼类词的兼类类型的基础上,从五个方面比较了单音节词和多音节词的兼类现象。

6.1 兼类类型

从兼类词兼属词类的多少来看,《现汉》兼类词共有四类 83 种 2 928 个。[2]

6.1.1 兼两类

有的兼类词兼属两个词类,共 41 种,2 724 个。单音节词 33 种 569 个;多音节词 28 种 2 155 个。兼类词词数由多到少分列如下:

1)兼名动。共有 1 250 个,包括 165 个单音节词和 1 085 个多音节词,如:表、电、奖、犁、梦、拍、锁、网、印、罩、编辑、代表、发明、工作、建议、领导、命令、通知、指挥。

———————

[1] 本章与伍依兰、陈蓓合写。

[2] 本章的统计没有把姓氏义计算在内。

2）兼动形。共有 461 个，包括 81 个单音节词和 380 个多音节词，如：低、饿、静、困、冷、闹、破、疼、稳、喜、端正、繁荣、高兴、开放、明白、讨厌、完善、小心、镇定。

3）兼名形。共有 426 个，包括 42 个单音节词和 384 个多音节词，如：棒、高、黑、母、皮、神、土、晚、必然、长途、典型、光荣、科学、偏心眼儿、全面、土气、卫生、先进。

4）兼名量。共有 105 个，包括 89 个单音节词和 16 个多音节词，如：本、袋、根、口、路、门、手、天、席、眼、把子、方寸、开间、立方、门子、平方。

5）兼动副。共有 100 个，包括 33 个单音节词和 67 个多音节词，如：备、定、活、尽、立、怕、算、偷、现、不由得、到底、跟着、好像、恐怕、难怪、情愿、说不定、依然。

6）兼形副。共有 89 个，包括 21 个单音节词和 68 个多音节词，如：独、空、良、猛、全、小、硬、真、本来、非常、活生生、绝对、临时、偶然、实在、特别、完全、真正。

7）兼名副。共有 80 个，包括 6 个单音节词和 74 个多音节词，如：边、差、初、先、本能、大体、方才、高低、好歹、究竟、批量、前脚、始终、下意识、重点。

8）兼动量。共有 42 个单音节词，如：编、滴、发（fā）、挂、截、开、列、抹、贴、张。

9）兼动介。共有 34 个，包括 28 个单音节词和 6 个多音节词，如：按、比、朝（cháo）、当、拿、让、替[1]、望、向[1]、由、除去、通过、依照、至于。

10）兼副连。共有 25 个，包括 11 个单音节词和 14 个多音节词，如：便（biàn）、但、固、既、可[2]、不过、诚然、果真、还是、或者、尽管、可是、首先、只是。

11）兼动连。共有 15 个，包括 6 个单音节词和 9 个多音节词，如：任[2]、使[1]、不论、加以、再说。

12）兼形拟。共有 10 个多音节词，如：霍霍、珑玲、瑟瑟、簌簌、稀里哗啦、萧瑟。

13）兼介连。共有 9 个，包括 4 个单音节词和 5 个多音节词，如：因、与[2]、除非、因为、由于。

14）兼代副。共有 8 个，单音节词和多音节词各 4 个，如：各、另、每、各个、有些。

15）兼动拟。共有 6 个，单音节词和多音节词各 3 个：吧[1]（bā）、梆、轰、呱唧、吭哧、喁喁（yúyú）。

16）兼"数量"副。共有 6 个多音节词：八成、百般、万般、一度、一会儿、一下。

17）兼代连。共有 5 个，包括 3 个单音节词和 2 个多音节词：然、斯、爰、何如、那么。

18）兼数副。共有 5 个，包括 2 个单音节词和 3 个多音节词：半、万、大半、多数、万万。

19）兼叹拟。共有 5 个单音节词：嚯、哎、嘻、呀、喳。

20）兼名数。共有 4 个单音节词：洞、九、数（shù）、七。

21）兼名连。共有 4 个多音节词：结果[1]、所以、同时、万一。

22）兼名"数量"。共有 3 个多音节词：两下子、一溜儿、一天。

23）兼动助。共有 3 个，包括 1 个单音节词和 2 个多音节词：看、不可、得了。

24）兼动叹。共有 3 个，包括 2 个单音节词和 1 个多音节词：啐、嘘、呜呼。

25）兼形量。共有 3 个单音节词：双、次、寸。

26）兼名代。共有 2 个，单音节词和多音节词各 1 个：旁、几何。

27）兼名拟。共有 2 个多音节词：锒铛、乒乓。

28）兼动代。共有 2 个，单音节词和多音节词各 1 个：卬（áng）、奈何。

29）兼形连。共有 2 个多音节词：不然、相反。

30）兼代助。共有 2 个单音节词：尔、夫（fū）。

31）兼副介。共有 2 个单音节词：从、较[1]。

32）兼副助。共有 2 个，单音节词和多音节词各 1 个：否（fǒu）、就是[1]。

33）兼动数。只有 1 个单音节词：余[2]。

34）兼形"数量"。只有 1 个多音节词：一般。

35）兼数助。只有 1 个单音节词：一[1]。

36）兼数代。只有 1 个多音节词：好多。

37）兼量助。只有 1 个单音节词：般[1]。

38）兼代叹。只有 1 个单音节词：恶（wū）。

39）兼介助。只有 1 个单音节词：被[3]。

40）兼连助。只有 1 个单音节词：则[2]。

41）兼助叹。只有 1 个单音节词：猗。

6.1.2　兼三类

有的兼类词兼属三个词类，共 28 种，187 个。单音节词 25 种 130 个；多音节词 13 种 57 个。兼类词词数由多到少分列如下：

1）兼名动形。共有 48 个，单音节词和多音节词各 24 个，如：板、肥、鼓、坏、宽、热、铁、弯、香、保险、规范、活动、经济、麻烦、便宜、热闹、稀罕、影响。

2）兼名动量。共有 45 个，包括 44 个单音节词和 1 个多音节词，如：包、堆、卷、捆、排、套、组、嘟噜。

3）兼动形副。共有 21 个，包括 16 个单音节词和 5 个多音节词，如：白、反、好（hǎo）、老、死、脚跟、肯定、相当。

4）兼名形副。共有 17 个，包括 7 个单音节词和 10 个多音节词，如：精、快、深、早、大概、根本、基本、可能、一边、原来。

5）兼名动副。共有 10 个，包括 3 个单音节词和 7 个多音节词，如：会、像、定准、反复、来回、一面、左右。

6）兼动副介。共有 6 个，包括 5 个单音节词和 1 个多音节词：尽[1]、可[1]、似、在、坐、比较。

7）兼名动介。共有 5 个，包括 3 个单音节词和 2 个多音节词：沿、掌、照、根据、依据。

8）兼名形量。共有 5 个，包括 4 个单音节词和 1 个单音节词：斗（dǒu）、方[1]、家、圆、疙瘩。

9）兼名动连。共有 3 个，包括 1 个单音节词和 2 个多音节词：用、比方、譬方。

10）兼代副连。共有 3 个，包括 2 个单音节词和 1 个多音节词：或、乃、另外。

11）兼动形量。共有 3 个单音节词：堵、通、壮[1]。

12）兼名动数。共有 2 个单音节词：钩、拐[1]。

13）兼名量副。共有 2 个单音节词：毫、时。

14）兼动量副。共有 2 个单音节词：重（chóng）、顿[1]。

15）兼动副连。共有 2 个单音节词：脱、无。

16）兼名动助。只有 1 个单音节词：来[1]。

17）兼名形数。只有 1 个单音节词：零[1]。

18）兼名介连。只有 1 个单音节词：和[2]（hé）。

19）兼动形数。只有 1 个单音节词：多[1]。

20）兼动形介。只有 1 个单音节词：趁。

21）兼动形连。只有 1 个多音节词：随便。

22）兼动"数量"副。只有 1 个多音节词：一气。

23）兼动介连。只有 1 个单音节词：管[2]。

24）兼动介助。只有 1 个单音节词：给（gěi）。

25）兼动叹拟。只有 1 个单音节词：哈[1]。

26）兼形副介。只有 1 个单音节词：准[2]。

27）兼代连助。只有 1 个单音节词：焉。

28）兼动形助。只有 1 个多音节词：不成。

6.1.3　兼四类

有的兼类词兼属四个词类，共 9 种，12 个。单音节词 8 种 11 个；多音节词 1 种 1 个。分列如下：

1）兼名动形副：干[2]、光、横（héng）、直。

2）兼名动形量：派[1]。

3）兼名动副介：连[1]。

4）兼名形量介：头。

5）兼名动介连：跟。

6）兼动形副介：齐[1]。

7）兼动副介连：并。

8）兼动副介助：将（jiāng）。

9）兼名形副连：自然。

6.1.4 兼五类

有的兼类词兼属五个词类,共5种,每种各有1个,且都是单音节词。分列如下:

1)兼名动形量副:火。

2)兼名动形量介:对。

3)兼名动量副介:顶。

4)兼名量代副介:本[1]。

5)兼动形副介连:同。

6.2 单音节词和多音节词的兼类比较

6.2.1 兼类类型及其词数

单音节词和多音节词的兼类类型及其词数并不完全一致,比较起来大体有三种情况:

1)单有多无。有的兼类类型都是单音节词,没有多音节词。兼两类的有 13 种都是单音节词,包括兼名数、兼动数、兼动量、兼形量、兼数助、兼量助、兼代助、兼代叹、兼副介、兼介助、兼连助、兼助叹、兼叹拟。兼三类的有 15 种都是单音节词,包括兼名动数、兼名动助、兼名介连、兼名量副、兼名形数、兼动形数、兼动形量、兼动形介、兼动量副、兼动副连、兼动介连、兼动介助、兼动叹拟、兼形副介、兼代连助。兼四类的有 8 种都是单音节词,包括兼名动形量、兼名动形副、兼名动副介、兼名动介连、兼名形量介、兼动形副介、兼动副介连、兼动副介助。兼五类的都是单音节词,共 5 种。

2)单无多有。有的兼类类型都是多音节词,没有单音节词。兼两类的有 8 种都是多音节词,包括兼名"数量"、兼名连、兼名拟、兼形"数量"、兼形连、兼形拟、兼数代、兼"数量"副。兼三类的有 3 种都是多音节词,包括兼动形连、兼动形助、兼动"数量"副。兼四类的有 1 种只能是多音节词:兼名形副连。

3)单多都有。有的兼类类型在单音节词和多音节词中都有,又分三种:

A.单音节词多于多音节词。兼两类的有 4 种:兼名量、兼动介、兼动叹、兼代连。兼三类的有 6 种:兼名动量、兼名动介、兼名形量、兼动形副、兼动副介、兼代副连。

B. 单音节词少于多音节词。兼两类的有 11 种：兼名动、兼名形、兼名副、兼动形、兼动副、兼动连、兼动助、兼形副、兼数副、兼副连、兼介连。兼三类的有 3 种：兼名动副、兼名动连、兼名形副。

C. 单音节词和多音节词相等。兼两类的有 5 种：兼名代、兼动代、兼动拟、兼代副、兼副助。兼三类的有 1 种：兼名动形。

6.2.2 各词类的兼类类型和词数

表 6-1　各词类的兼类类型和词数

兼类 词类	兼两类		兼三类		兼四类		兼五类		合计	
	单音节	多音节	单音节	多音节	单音节	多音节	单音节	多音节	单音节	多音节
名	307	1 569	93	47	8	1	4	0	412	1 617
动	363	1 554	111	45	10	0	4	0	488	1 599
形	147	845	58	42	7	1	3	0	215	888
数	8	4	4	0	0	0	0	0	12	4
量	135	16	55	2	2	0	4	0	196	18
代	12	9	3	1	0	0	1	0	16	10
副	80	237	40	25	8	1	4	0	132	263
介	35	11	13	3	6	0	4	0	58	14
连	25	36	8	4	2	1	1	0	36	41
助	9	3	3	1	1	0	0	0	13	4
叹	9	1	1	0	0	0	0	0	10	1
拟	8	15	1	0	0	0	0	0	9	15
数量	0	10	0	1	0	0	0	0	0	11
合计	1 138	4 310	390	171	44	4	25	0	715[1]	2 213[2]

6.2.2.1 各兼类类型的词类和词数排行榜

1）兼两类各词类的词数排行榜。单音节词 12 类：动＞名＞形＞量＞副＞

---

　[1]　这是《现汉》单音节词的兼类词总数。单音节词的各词类兼两类词数 1 138 除以 2，加上兼三类词数 390 除以 3，加上兼四类词数 44 除以 4，再加上兼五类词数 25 除以 5 的和等于这个数目。

　[2]　这是《现汉》多音节词的兼类词总数。多音节词的各词类兼两类词数 4 310 除以 2，加上兼三类词数 171 除以 3，再加上兼四类词数 4 除以 4 的和等于这个数目。

介＞连＞代＞助／叹＞数／拟。多音节词 13 类：名＞动＞形＞副＞连＞量＞拟＞介＞"数量"＞代＞数＞助＞叹。

2）兼三类各词类的词数排行榜。单音节词 12 类：动＞名＞形＞量＞副＞介＞连＞数＞代／助＞叹／拟。多音节词 10 类：名＞动＞形＞副＞连＞介＞量＞代／助／"数量"。

3）兼四类各词类的词数排行榜。单音节词 8 类：动＞名／副＞形＞介＞量／连＞助。多音节词 4 类：名、形、副、连各 1 个。

4）兼五类的都是单音节词，8 个词类的词数排行榜：名／动／量／副／介＞形＞代／连。

5）各词类的兼类总词数排行榜。单音节词 12 类：动＞名＞形＞量＞副＞介＞连＞代＞助＞数＞叹＞拟。多音节词 13 类：名＞动＞形＞副＞连＞量＞拟＞介＞"数量"＞代＞数／助＞叹。

6.2.2.2　单音节词和多音节词在各兼类类型里的词类词数比较

1）"数、量、代、介、助、叹" 6 种词类在各种兼类类型中都是单音节词多于多音节词。

2）"名、动、形、副、连、拟" 6 种词类在兼两类中多音节词多于单音节词，但在兼三类、兼四类中单音节词多于多音节词。

3）单音节词没有与数量词有关的兼类词。

6.2.3　兼类率

6.2.3.1 多义词兼类率

兼类词在多义词中所占比例就是多义词兼类率。从统计数据可得出以下五点：

1）单音节词的多义词兼类率几乎达到了 50%，约是多音节词的一倍。

2）单音节词各词类的多义词兼类率由高到低依次是：介＞量＞拟＞连＞副＞形＞数＞名＞叹＞动＞代＞助。

3）多音节词各词类的多义词兼类率由高到低依次是：助＞连＞量＞副＞介＞数量＞拟＞数＞形＞叹＞动＞代＞名。

4）各词类的平均多义词兼类率由高到低依次是：量＞介＞连＞副＞数量＞数／拟＞叹＞形＞动＞助＞代＞名。

5）单音节词和多音节词各词类的多义词兼类率相比可分两种：

A. 单音节词多义词兼类率＞多音节词多义词兼类率：名、动、形、数、量、代、副、介、叹、拟。

B. 单音节词多义词兼类率＜多音节词多义词兼类率：连、助、数量。

表6-2　兼类率

		名	动	形	数	量	代	副	介	连	助	叹	拟	数量	合计
兼类词	单	412	488	215	12	196	16	132	58	36	13	10	9	0	715
	多	1 617	1 599	888	4	18	10	263	14	41	4	1	15	11	2 213
	总	2 029	2 087	1 103	16	214	26	395	72	77	17	11	24	11	2 928
单类多义词	单	207	378	41	3	10	19	23	2	5	25	6	1	0	720
	多	3 597	2 154	731	3	2	20	61	4	4	0	1	8	4	6 589
	总	3 804	2 532	772	6	12	39	84	6	9	25	7	9	4	7 309
词汇	单	2 107	1 749	562	44	334	66	247	65	53	64	45	94	2	5 431
	多	26 327	16 088	4 909	18	103	98	851	29	157	19	8	110	38	48 755
	总	28 434	17 837	5471	62	437	164	1098	94	210	83	53	204	40	54 186
多义词兼类率（%）	单	66.6	56.4	84	80	95.1	45.7	85.2	96.7	87.8	34.2	62.5	90	0	49.8
	多	31	42.6	54.9	57.1	90	33.3	81.2	77.8	91.1	100	50	65.2	73.3	25.1
	均	34.8	45.2	58.8	72.7	94.7	40	82.5	92.3	89.5	40.5	61.1	72.7	73.3	28.6
词汇兼类率（%）	单	19.6	27.9	38.3	27.3	58.7	24.2	53.4	89.2	67.9	20.3	22.2	9.6	0	13.2
	多	6.1	9.9	18.1	22.2	17.5	10.2	30.9	48.3	26.1	21.1	12.5	13.6	28.9	4.5
	均	7.1	11.7	20.2	25.8	49	15.9	36	76.6	36.7	20.5	20.8	11.8	27.5	5.4

6.2.3.2　词汇兼类率

兼类词在词汇中所占比例就是词汇兼类率。从统计数据可得出以下四点：

1）各词类的单音节词汇兼类率由高到低依次是：介＞连＞量＞副＞形＞动＞数＞代＞叹＞助＞名＞拟。

2）各词类的多音节词汇兼类率由高到低依次是：介＞副＞数量＞连＞数＞助＞形＞量＞拟＞叹＞代＞动＞名。

3）各词类的平均词汇兼类率由高到低依次是：介＞量＞连＞副＞数量＞数＞叹＞助＞形＞代＞拟＞动＞名。

4）单音节词和多音节词各词类的词汇兼类率相比较可分两种：

A.单音节词汇兼类率＞多音节词汇兼类率：名、动、形、数、量、代、副、介、连、叹。

B.单音节词汇兼类率＜多音节词汇兼类率：助、拟、数量。

6.2.4 兼类对

兼类对指的是兼类词的两个不同词类配成的对，兼两类的都是兼类对，兼三类、兼四类、兼五类的都包含着兼类对，可以换算出兼类对来，比如兼名动形可换算成名动、名形、动形三个兼类对。表 6-3 中，在兼两类、兼三类、兼四类里，单音节词和多音节词都有的兼类对分别用 A、B、C 标示，仅单音节词有的兼类对分别用 A_1、B_1、C_1 标示，仅多音节词有的兼类对分别用 A_2、B_2、C_2 标示；兼五类的兼类对都是单音节词，用 D 标示。

表 6-3 显示，A 有 20 个，A_1 有 13 个，A_2 有 8 个，B 有 18 个，B_1 有 13 个，B_2 有 4 个，C 有 5 个，C_1 有 16 个，C_2 有 1 个，D 有 23 个。"AA_1A_2"、"BB_1B_2"、"CC_1C_2"、"D"的组配比较复杂，共有 25 种 51 个：①2 个 A：动代、数副；②4 个 A_1：数助、量助、代叹、助叹；③5 个 A_2：名拟、名"数量"、形拟、形"数量"、数代；④2 个 B_1：名助、形数；⑤2 个 B_2：动"数量"、形助；⑥2 个 D：量代、代介；⑦1 个 AB：代连；⑧2 个 AB_1：动叹、动拟；⑨5 个 A_1B_1：名数、动数、代助、连助、叹拟；⑩1 个 A_2B_2：副"数量"；⑪1 个 AC_1：副助；⑫1 个 AD：名代；⑬1 个 B_1D：量副；⑭1 个 C_1D：量介；⑮1 个 ABC_1：动助；⑯1 个 $A_1B_1C_1$：介助；⑰1 个 A_2BC：名连；⑱1 个 ABD：代副；⑲1 个 BC_1D：名介；⑳1 个 B_1C_1D：形介；㉑4 个 ABCD：名形、名副、形副、副连；㉒6 个 ABC_1D：名动、名量、动形、动副、动介、动连；㉓1 个 AB_1C_1D：介连；㉔3 个 A_1BC_1D：动量、形量、副介；㉕1 个 $A_2B_2C_2D$：形连。可见，兼两类、兼三类、兼四类、兼五类的兼类对并不能互相涵盖，单音节词和多音节词的兼类对也不能互相涵盖。

表6-3　兼类对 [1]

兼类对	名	动	形	数	量	代	副	介	连	助	叹	拟
动	$1374ABC_1D$ 253:1121											
形	506ABCD 86:420	$546ABC_1D$ 135:411										
数	$7A_1B_1$ 7:0	$4A_1B_1$ 4:0	$2B_1$ 2:0									
量	$163ABC_1D$ 145:18	$96A_1BC_1D$ 95:1	$15A_1BC_1D$ 14:1									
代	3AD 2:1	2A 1:1		$1A_2$ 0:1	1D 1:0							
副	118ABCD 26:92	$153ABC_1D$ 72:81	136ABCD 52:84	5A 2:3	$7B_1D$ 7:0	12ABD 7:5						
介	$12BC_1D$ 10:2	$56ABC_1D$ 47:9	$6B_1C_1D$ 6:0		$4C_1D$ 4:0	1D 1:0	$16A_1BC_1D$ 15:1					
连	$10A_2BC$ 3:7	$25ABC_1D$ 13:12	$5A_2B_2C_2D$ 1:4			9AB 6:3	33ABCD 17:16	$14AB_1C_1D$ 9:5				
助	$1B_1$ 1:0	$7ABC_1$ 4:3	$1B_2$ 0:1	$1A_1$ 1:0	$1A_1$ 1:0	$3A_1B_1$ 3:0	$3AC_1$ 2:1	$3A_1B_1C_1$ 3:0	$2A_1B_1$ 2:0			
叹		$4AB_1$ 3:1				$1A_1$ 1:0				$1A_1$ 1:0		
拟	$2A_2$ 0:2	$7AB_1$ 4:3	$10A_2$ 0:10							$6A_1B_1$ 6:0		
数量	$3A_2$ 0:3	$1B_2$ 0:1	$1A_2$ 0:1				$7A_2B_2$ 0:7					

下面再把单音节词和多音节词的兼类对综合起来比较一下，大致有三种情况：

1）单多都有的共25个，分别是：名动、名形、名量、名代、名副、名介、名连、动形、动量、动代、动副、动介、动连、动助、动叹、动拟、形量、形副、形连、数副、代副、代连、副介、副连、副助、介连。

2）单有多无的共18个，分别是：名数、名助、动数、形数、形介、数助、

---

[1]　表6-3中，字母前面的数字表示这个兼类对的词数，线下边是这个兼类对的单音节和多音节词的词数之比。

量代、量副、量介、量助、代介、代助、代叹、介助、连助、助叹、叹拟。

3）单无多有的共 8 个，分别是：名拟、名"数量"、动"数量"、形助、形拟、形"数量"、数代、"数量"副。

表 6-3 还能反映出单音节词和多音节词各词类所兼词类的情况：

1）名词能和 11 类词兼类，词数排序：动＞形＞量＞副＞介＞连＞数＞代 / 数量＞拟＞助。单音节名词能和 9 类词兼类，词数排序：动＞量＞形＞副＞介＞数＞连＞代＞助。多音节名词能和 9 类词兼类，词数排序：动＞形＞副＞量＞连＞数量＞介 / 拟＞代。

2）动词能和 12 类词兼类，词数排序：名＞形＞副＞量＞介＞连＞助 / 拟 / 数 / 叹＞代＞数量。单音节动词和 11 类词兼类，词数排序：名＞形＞量＞副＞介＞连＞数 / 助 / 拟＞叹＞代。多音节动词能和 11 类词兼类，词数排序：名＞形＞副＞连＞介＞助 / 拟 / 量 / 数量 / 代 / 叹。

3）形容词能和 10 类词兼类，词数排序：动＞名＞副＞量＞拟＞介＞连＞数＞助 / 数量。单音节形容词能和 7 类词兼类，词数排序：动＞名＞副＞量＞介＞数＞连。多音节形容词能和 8 类词兼类，词数排序：名＞动＞副＞拟＞连＞量 / 助 / 数量。

4）数词能和 6 类词兼类，词数排序：名＞副＞动＞形＞代 / 助。单音节数词能和 5 类词兼类，词数排序：名＞动＞形 / 副＞助。多音节数词能和 2 类词兼类，词数排序：副＞代。

5）量词能和 7 类词兼类，词数排序：名＞动＞形＞副＞介＞代 / 助。单音节量词能和 7 类词兼类，词数排序：名＞动＞形＞副＞介＞代 / 助。多音节量词能和 3 类词兼类，词数排序：名＞动 / 形。

6）代词能和 9 类词兼类，词数排序：副＞连＞名 / 助＞动＞数 / 量 / 介 / 叹。单音节代词能和 8 类词兼类，词数排序：副＞连＞助＞名＞动＞量 / 介 / 叹。多音节代词能和 5 类词兼类，词数排序：副＞连＞名 / 动＞数。

7）副词能和 10 类词兼类，词数排序：动＞形＞名＞连＞介＞代＞量 / 数量＞数＞助。单音节副词能和 9 类词兼类，词数排序：动＞形＞名＞连＞介＞量 / 代＞数 / 助。多音节副词能和 9 类词兼类，词数排序：名＞形＞动＞连＞数量＞代＞数＞介 / 助。

8）介词能和 8 类词兼类，词数排序：动＞副＞连＞名＞形＞量＞助＞代。单音节介词能和 8 类词兼类，词数排序：动＞副＞名＞连＞形＞量＞助＞代。多音节介词能和 4 类词兼类，词数排序：动＞连＞名＞副。

9）连词能和 7 类词兼类，词数排序：副＞动＞介＞名＞代＞形＞助。单音节连词能和 7 类词兼类，词数排序：副＞动＞介＞代＞名＞助＞形。多音节连词能和 6 类词兼类，词数排序：副＞动＞名＞介＞形＞代。

10）助词能和 10 类词兼类，词数排序：动＞代/副/介＞连＞名/形/数/量/叹。单音节助词能和 9 类词兼类，词数排序：动＞代/介＞副/连＞名/数/量/叹。多音节助词能和 3 类词兼类，词数排序：动＞形/副。

11）叹词能和 4 类词兼类，词数排序：拟＞动＞代/助。单音节叹词能和 4 类词兼类，词数排序：拟＞动＞代/助。多音节叹词只能和动词兼类。

12）拟声词能和 4 类词兼类，词数排序：形＞动＞叹＞名。单音节拟声词能和 2 类词兼类，词数排序：叹＞动。多音节拟声词能和 3 类词兼类，词数排序：形＞动＞名。

13）数量词能和 4 类词兼类，都是多音节词，词数排序：副＞名＞动/形。

表 6-4　各词类兼类的词类数汇总

	名	动	形	数	量	代	副	介	连	助	叹	拟	数量
单音节词兼类词类数	9	11	7	5	7	8	9	8	7	9	4	2	0
多音节词兼类词类数	9	11	8	2	3	5	9	4	6	3	1	3	4
总兼类数	11	12	10	6	7	9	10	8	7	10	4	4	4

13 个词类所兼词类数排序：动＞名＞形/副/助＞代＞介＞量/连＞数＞叹/拟/"数量"。单音节词 12 个词类所兼词类数排序：动＞名/副/助＞代/介＞形/量/连＞数＞叹＞拟。多音节词 13 个词类所兼词类数排序：动＞名/副＞形/连＞代＞介/"数量"＞量/助/拟＞数＞叹。单音节词和多音节词各词类所兼数比较，有三种情况：①单音节词＞多音节词：数、量、代、介、连、助、叹。②单音节词＜多音节词：形、拟、"数量"。③单音节词＝多音节词：名、动、副。

6.2.5　兼类序

兼类序指的是《现汉》中兼类词所兼词类的顺序，如"成就"的兼类序是

"名＋动"，"报告"的兼类序是"动＋名"。有的兼类词所兼词类在义项中出现不止一次，兼类序取其最前面的一次，如"包装"有三个义项，所属词类分别是动词、名词、动词，"包装"是兼名动，兼类序是"名＋动"。下面用"类₁"、"类₂"、"类₃"、"类₄"等表示兼类序的词类，分析各种兼类类型的兼类序。

6.2.5.1　兼两类的兼类序

6.2.5.1.1　兼两类的兼类序分布

单音节词的 33 种兼两类共有 45 列兼类序，多音节词的 28 种兼两类共有 43 列兼类序，比较起来有五种情况：

1）单有多无：共 21 列。有的兼类序属于单有多无的兼两类，包括 14 种 16 列，如："名＋数"、"数＋名"、"介＋副"、"连＋助"等。还有 5 列属于单多都有的兼两类，但是多音节词没有这样的兼类序，如："名＋代"、"动＋叹"等。

2）单无多有：共 19 列。有的兼类序属于单无多有的兼两类，包括 8 种 12 列，如："名＋连"、"连＋名"、"数量＋副"等。还有 7 列属于单多都有的兼两类，但是单音节词没有这样的兼类序，如："动＋代"、"代＋名"、"副＋名"等。

3）单多都有，单＞多：共有 5 列，如："名＋量"、"量＋名"等。

4）单多都有，单＜多：共有 15 列，如："名＋动"、"动＋名"、"名＋形"、"形＋名"等。

5）单多都有，单＝多：共有 4 列，如："动＋拟"、"代＋副"等。

6.2.5.1.2　兼两类的同类异序

有些兼类类型所兼词类相同，兼类序不同，可叫作同类异序，比如兼名动可能是"名＋动"或"动＋名"。单音节词的兼两类有 12 种同类异序，多音节词的兼两类有 15 种同类异序。比较起来大体有三种情况：

1）单多都有。从词数对比来看，有 6 种是一致的，包括兼名形、兼名量、兼动副、兼形副、兼动拟、兼副连，有 2 种不一致，包括兼名动、兼动形。

2）单有多无。共 4 种：兼名数、兼动量、兼动介、兼形量。

3）单无多有。共 7 种：兼名副、兼名连、兼名拟、兼动连、兼介连、兼形拟、兼"数量"副。

表 6-5　单音节词兼两类的兼类序

$类_1$	$类_2$	4 名	7 动	4 形	2 数	3 量	1 代	7 副	1 介	4 连	7 助	3 叹	2 拟	$类_1$数
6	名		98	28	2	78	1	6						213
10	动	67		26	1	41	○[1]	28	26	6	1		1	199
4	形	14	55			2		19						90
3	数	2	○					2			1			5
4	量	11	1	1							1			14
5	代	○	1					4		3	2	1		11
4	副	○	5	2	○		○		○	8	1			16
4	介		2					2		4	1			9
2	连		○				○	3	○		1			4
1	助		○		○	○	○	○	○	○		1		1
1	叹		○				○				○		5	5
1	拟		2									○		2
$类_2$数		94	164	57	3	121	1	64	26	21	8	4	6	569

表 6-6　多音节词兼两类的兼类序

$类_1$	$类_2$	8 名	6 动	4 形	0 数	1 量	2 代	8 副	2 介	6 连	1 助	0 叹	3 拟	2 数量	$类_1$数
6	名		229	217		15	○	51		3		1		○	516
8	动	856		198			1	48	6	8	2	○		1	1 120
6	形	167	182					45		2			1	1	398
2	数						1	3							4
1	量	1													1
3	代	1	○		○			4		2					7
5	副	23	19	23	○		○			12	○			1	78
1	介		○							4					4
4	连	1	1	○			○	2	1						5
1	助		○					1							1
1	叹		1												1
3	拟	1	2	9											12
2	数量	3		○				5							8
$类_2$数		1 053	434	447	0	15	2	159	7	31	2	0	3	2	2 155

---

[1]　"○"标示不具有同类异序，如单音节词兼动代只有"代＋动"，没有"动＋代"。

6.2.5.1.3　兼两类的类₁

1）兼两类的类₁和词数。单音节词兼两类的类₁有 12 类，词数由多到少依次是：名＞动＞形＞副＞量＞代＞介＞数／叹＞连＞拟＞助。多音节词兼两类的类₁有 13 类，词数由多到少依次是：动＞名＞形＞副＞拟＞数量＞代＞连＞数／介＞量／助／叹。

2）兼两类的类₁后加类₂。单音节词兼两类的类₁后加类₂可分七等：①动能后加 10 类；②名能后加 6 类；③代能后加 5 类；④形、量、副、介都能后加 4 类；⑤数能后加 3 类；⑥连能后加 2 类；⑦助、叹、拟都能后加 1 类。多音节词兼两类的类₁后加类₂可分七等：①动能后加 8 类；②名、形都能后加 6 类；③副能后加 5 类；④连能后加 4 类；⑤代、拟都能后加 3 类；⑥数、"数量"都能后加 2 类；⑦量、介、助、叹都能后加 1 类。

6.2.5.1.4　兼两类的类₂

1）兼两类的类₂和词数。单音节词兼两类的类₂有 12 类，词数由多到少依次是：动＞量＞名＞副＞形＞介＞连＞助＞拟＞叹＞数＞代。多音节词兼两类的类₂有 11 类，词数由多到少依次是：名＞形＞动＞副＞连＞量＞介＞拟＞代／"数量"／助。

2）兼两类的类₂前加类₁。单音节词兼两类的类₂前加类₁可分五等：①动、副、助都能前加 7 类；②名、形、连都能前加 4 类；③量、叹都能前加 3 类；④数、拟都能前加 2 类；⑤代、介都能前加 1 类。多音节词兼两类的类₂前加类₁可分六等：①名、副都能前加 8 类；②动、连都能前加 6 类；③形能前加 4 类；④拟能前加 3 类；⑤代、介、"数量"都能前加 2 类；⑥量、助都能前加 1 类。

6.2.5.2　兼三类的兼类序

6.2.5.2.1　兼三类的兼类序分布

单音节词的 25 种兼三类共有 51 列兼类序，多音节词的 13 种兼三类共有 27 列兼类序，比较起来有五种情况：

1）单有多无：共 34 列。有的兼类序属于单有多无的兼三类，包括 15 种 19 列，如："名＋量＋副"、"名＋副＋量"、"动＋副＋连"等。还有 7 种 15 列是单多都有的兼三类，但是多音节词没有这样的兼类序，如"名＋动＋形"，"名＋动＋量"，"名＋量＋动"等。

2）单无多有：共10列。有的兼类序属于单无多有的兼三类，包括3种3列："动＋形＋助"，"动＋形＋连"，"副＋动＋数量"。还有6种7列是单多都有的兼三类，但是多音节词没有这样的兼类序，如："副＋名＋形"，"名＋副＋动"，"副＋动＋名"等。

3）单多都有，单＞多：共4列，如："名＋形＋动"，"形＋动＋名"等。

4）单多都有，单＜多：共8列，如："动＋名＋形"，"动＋形＋名"，"形＋名＋动"等。

5）单多都有，单＝多：共5列，如："动＋形＋副"，"动＋副＋形"等。

表 6-7　单音节词兼三类的兼类序

序数	6						5					4				4				3			3		
类₁	名	名	动	动	形	形	名	名	动	动	量	动	动	形	形	名	名	形	形	名	动	动	名	动	介
类₂	动	形	名	形	动	名	动	量	名	量	名	形	副	动	副	形	副	名	副	动	名	副	动	名	动
类₃	形	动	形	名	名	动	量	动	量	名	动	副	形	副	动	副	形	副	名	副	名	副	介	介	名
词数	6	7	1	2	6	2	11	11	18	2	2	3	11	1	1	4	1	1	1	1	1	1	1	1	1

序数	3			2		2		2		2		1	1	1	1	1	1	1	1	1	1	1
类₁	名	形	量	名	名	动	形	名	动	动	动	动	动	动	动	形	形	代	副	介	介	介
类₂	形	名	名	副	量	形	动	动	数	副	介	副	连	名	副	介	介	助	拟	名	动	连
类₃	量	量	形	量	副	量	量	数	名	介	副	连	副	连	量	连	助	名	叹	数	数	助
词数	2	1	1	1	1	2	1	1	1	2	3	1	1	1	2	1	1	1	1	1	1	2

表 6-8　多音节词兼三类的兼类序

序数	5					5					5					3			1	1	1	1	1	1	1	1	1
类₁	名	动	动	形	形	名	名	形	形	副	名	名	动	动	副	动	动	形	名	动	动	量	动	代	介	副	
类₂	形	名	形	动	名	形	副	名	副	名	动	副	名	副	动	形	副	副	量	形	介	名	动	形	副	名	动
类₃	动	形	名	名	动	副	形	副	名	形	副	动	形	名	名	副	形	动	形	助	副	连	名	连	连	动	数量
词数	6	3	7	5	3	4	2	2	1	1	2	1	1	1	1	3	1	1	1	1	1	1	2	1	1	1	2	1

6.2.5.2.2　兼三类的同类异序

单音节词的兼三类有 12 种同类异序，多音节词的兼三类有 4 种同类异序，比较起来大体有三种情况：

1）单有多无。共 8 种。其中 4 种是多音节词没有的兼三类，包括兼名动数、兼名量副、兼动形量、兼动副连，还有 4 种是多音节词有的兼三类，但是没有异序现象，包括兼名动量、兼名动介、兼名形量、兼动副介。

2）单多都有，单音节词的异序多。共 2 种：一种是兼名动形，单音节词多出"名＋动＋形"；另一种是兼动形副，单音节词多出"形＋动＋副"。

3）单多都有，多音节词的异序多。共 2 种：一种是兼名形副，多音节词多出"副＋名＋形"；另一种是兼名动副，多音节词多出"名＋副＋动"、"副＋动＋名"。

6.2.5.2.3　兼三类的类 $_1$

1）兼三类的类 $_1$ 和词数。单音节词兼三类的类 $_1$ 有 7 类，词数由多到少依次是：动＞名＞形＞介＞量＞副＞代。多音节词兼三类的类 $_1$ 有 7 类，词数由多到少依次是：动＞名＞形＞副＞介＞量／代。

2）兼三类的类 $_1$ 后加类 $_2$ 类 $_3$。单音节词兼三类的类 $_1$ 后加类 $_2$ 类 $_3$ 可分六等：①动能后加 21 类；②名能后加 12 类；③形能后加 10 类；④介能后加 4 类；⑤量能后加 2 类；⑥代和副都能后加 1 类。多音节词兼三类的类 $_1$ 后加类 $_2$ 类 $_3$ 可分五等：①动能后加 10 类；②名能后加 6 类；③形能后加 5 类；④副能后加 3 类；⑤量、代、介都能后加 1 类。

6.2.5.2.4　兼三类的类 $_2$

1）兼三类类 $_2$ 的词类和词数。单音节词兼三类的类 $_2$ 共有 10 类，词数由多到少依次是：动＞名＞形＞量＞副＞介／连＞数／助／拟。多音节词兼三类的类 $_2$ 共有 6 类，词数由多到少依次是：形＞名＞动＞副＞量／介。

2）兼三类的类 $_2$ 加类 $_1$ 和类 $_3$。单音节词兼三类的类 $_2$ 加类 $_1$ 和类 $_3$ 可分六等：①名、动都能加 11 类；②副能加 9 类；③形能加 7 类；④连能加 4 类；⑤量、介都能加 3 类；⑥数、助、拟都能加 1 类。多音节词兼三类的类 $_2$ 加类 $_1$ 和类 $_3$ 可分四等：①名、副都能加 7 类；②形能加 6 类；③动能加 5 类；④量、介都能加 1 类。

6.2.5.2.5　兼三类的类 $_3$

1）兼三类类 $_3$ 的词类和词数。单音节词兼三类的类 $_3$ 共有 11 类，词数由多到少依次是：量＞副＞动＞名＞形＞介＞数／连＞代／助＞叹。多音节词兼三类的类3共有7类，词数由多到少依次是：名＞动／副＞形＞连＞"数量"／助。

2）兼三类的类3加类1和类2。单音节词兼三类的类3加类1和类2可分八等：①副能加10类；②名能加9类；③量能加8类；④形能加6类；⑤动能加5类；⑥数、介、连都能加3类；⑦助能加2类；⑧叹、代都能加1类。多音节词兼三类的类3加类1和类2可分四等：①名、副都能加6类；②动、形都能加5类；③连能加3类；④助、"数量"都能加1类。

6.2.5.3 兼四类和兼五类的兼类序

单音节词的兼四类共有8种10列兼类序，多音节词的兼四类只有1种1列兼类序："名＋形＋副＋连"。

表6-9 单音节词兼四类的兼类序

序数	3	1	1	1	1	1	1	1	1	1
类1	名	形	形	名	名	名	动	动	动	形
类2	形	名	动	形	形	动	副	副	介	动
类3	动	副	名	量	介	介	介	连	副	副
类4	副	动	副	动	量	连	名	介	助	介
词数	1	1	2	1	1	1	1	1	1	1

兼五类都是单音节词，共有5种5列兼类序："名＋动＋形＋量＋副"，"名＋动＋介＋量＋副"，"动＋形＋名＋量＋介"，"形＋动＋副＋介＋连"，"量＋名＋副＋代＋介"。

6.3 小结

对《现汉》（第5版）的统计分析表明，现代汉语兼类词在兼属词类上共有四类83种，其中兼两类41种，兼三类28种，兼四类9种，兼五类5种，总体上兼属词类越多，兼类的种类和词数越少。单音节词和多音节词在兼类上是不平衡的，主要表现在五个方面：① 兼类类型及其词数不完全一致；②各词类的兼类类型和词数不对称；③兼类率不相等；④兼类对不能互相涵盖；⑤兼类序不平行。

第 7 章　亲属名词组成的偏正结构

7.1　亲属名词的类型

亲属名词是表示亲属关系的指人名词，比如"父亲"、"女儿"、"妻子"、"哥哥"、"伯父"、"岳母"、"舅舅"、"姨父"等等。亲属名词可以分为两类：基本亲属名词和非基本亲属名词。

7.1.1　基本亲属名词

按照亲属关系的不同，可以分为四种：

1）具有生育关系的基本亲属名词。包括"父亲"、"母亲"。

2）具有被生育关系的基本亲属名词。包括"儿子"、"女儿"。

3）具有配偶关系的基本亲属名词。包括"丈夫"、"妻子"。

4）具有同胞关系的基本亲属名词。包括"哥哥"、"姐姐"、"弟弟、"妹妹"。

7.1.2　非基本亲属名词

基本亲属名词以外的亲属名词属于非基本亲属名词，所指亲属都可以由基本亲属名词组成的偏正结构来表示。比如"祖父"是"父亲的父亲"，"父亲"是基本亲属名词。"岳父"是"妻子的父亲"，"妻子"和"父亲"是基本亲属名词。"舅舅"是"母亲的哥哥或弟弟"，"母亲"、"哥哥"、"弟弟"都是基本亲属名词。

7.2　基本亲属名词组成的偏正结构

基本亲属名词组成的偏正结构，从组成成分来看，可以由同一基本亲属名词组成，也可以由不同的基本亲属名词组成。

7.2.1　同一基本亲属名词组成偏正结构

7.2.1.1　不能组成偏正结构

包括"丈夫的丈夫"、"妻子的妻子"。这种亲属名词的特点是具有配偶关系。可见，具有配偶关系的亲属名词不能自相组成偏正结构。

7.2.1.2　能够组成偏正结构

又分两种情况：

1）偏正结构表示基本亲属。"哥哥的哥哥"表"哥哥"，"姐姐的姐姐"表"姐姐"，"弟弟的弟弟"表"弟弟"，"妹妹的妹妹"表"妹妹"。这种偏正结构表示的基本亲属可以用同一基本亲属名词表示，基本亲属名词具有同胞关系。

2）偏正结构表示非基本亲属。"父亲的父亲"表"祖父"，"母亲的母亲"表"外祖母"，"儿子的儿子"表"孙子"，"女儿的女儿"表"外孙女"。这种基本亲属名词具有生育或被生育关系。

7.2.2　不同基本亲属名词组成偏正结构

7.2.2.1　不能组成偏正结构

即不能说"N1 的 N2"。包括"父亲的丈夫"、"母亲的妻子"、"儿子的丈夫"、"女儿的妻子"、"哥哥的丈夫"、"弟弟的丈夫"、"姐姐的妻子"、"妹妹的妻子"。这种偏正结构的 N2 都具有配偶关系，而且 N1 与 N2 的性别相同。

7.2.2.2　能够组成偏正结构

又分三情况：

1）偏正结构表示基本亲属。

A．表示具有生育关系的基本亲属。又分两种：

a."N1"具有同胞关系，"N2"具有生育关系。比如"哥哥的父亲"表"父亲"。包括"哥哥 / 弟弟 / 姐姐 / 妹妹的父亲 / 母亲"。

b."N1"具有生育关系，"N2"具有配偶关系，并且"N1"和"N2"是异性关系。比如"父亲的妻子"表"母亲"，"母亲的丈夫"表"父亲"。

B. 表示具有被生育关系的基本亲属。又分两种：

a."N1"具有配偶关系，"N2"具有被生育关系。比如"丈夫的女儿"表"女儿"。包括"丈夫 / 妻子的儿子 / 女儿"。

b."N1"具有被生育关系、"N2"具有同胞关系。比如"儿子的弟弟"表"儿子"，"儿子的姐姐"表"女儿"。包括"儿子 / 女儿的哥哥 / 弟弟 / 姐姐 / 妹妹"。

C. 表示具有同胞关系的基本亲属。"N1"、"N2"是异性同胞关系，并且都为年长或都为年幼。比如"哥哥的姐姐"表"姐姐"。还有"姐姐的哥哥"、"妹妹的弟弟"、"弟弟的妹妹"。

D. 表示具有配偶关系的基本亲属或者表示具有生育关系的基本亲属本人。"N1"具有被生育关系，"N2"具有生育关系。比如"儿子的父亲"表丈夫或者表父亲本人，"儿子的母亲"表妻子或者表母亲本人，还有"女儿的父亲 / 母亲"。

E. 表示具有配偶关系的基本亲属本人。"N1"、"N2"具有配偶关系，并且是异性，"N1 的 N2"表"N2"本人。"丈夫的妻子"表妻子本人，"妻子的丈夫"表丈夫本人。

F. 表示具有同胞关系的基本亲属或者表示具有同胞关系的基本亲属本人。"N1"和"N2 有长幼之别，"N1 的 N2"表示与"N2"同性别的同胞或者表"N2"本人。比如"哥哥的弟弟"，可表"哥哥"、"弟弟"或者表"弟弟"本人；"弟弟的姐姐"，可表"姐姐"、"妹妹"或者表"姐姐"本人。包括"哥哥 / 姐姐的弟弟 / 妹妹"、"弟弟 / 妹妹的哥哥 / 姐姐"。

G. 表示具有同胞关系的基本亲属或者表示具有被生育关系的基本亲属本人。"N1"和"N2"分别具有生育关系和被生育关系，"N1 的 N2"表示与"N2"同性别的同胞或者表"N2"本人。比如"父亲的儿子"可表"哥哥"、"弟弟"或者表"儿子"本人，"母亲的女儿"可表"姐姐"、"妹妹"或者表"女儿"本人。包括"父亲 / 母亲的儿子 / 女儿"。

综上可知，基本亲属名词组成的偏正结构可以表示各种基本亲属，也就是说，基本亲属还可以由某些基本亲属名词组成的偏正结构表示。

2）偏正结构表示非基本亲属。有以下七种情况：

A．"N1"、"N2"都具有生育关系，并且是异性关系。"父亲的母亲"表"祖母"，"母亲的父亲"表"外祖父"。

B．"N1"、"N2"都具有被生育关系，并且是异性关系。"儿子的女儿"表"孙女"，"女儿的儿子"表"外孙子"。

C．"N1"具有生育关系，"N2"具有同胞关系。比如"父亲的哥哥"表"伯父"，"母亲的姐姐"表"姨母"。包括"父亲／母亲的哥哥／弟弟／姐姐／妹妹"。

D．"N1"具有同胞关系，"N2"具有被生育关系。比如"哥哥的儿子"表"侄子"，"姐姐的儿子"表"外甥"。包括"哥哥／姐姐／弟弟／妹妹的儿子／女儿"。

E．"N1"具有配偶关系，"N2"具有同胞关系。比如"丈夫的弟弟"表"小叔子"，"妻子的弟弟"表"小舅子"。包括"丈夫／妻子的哥哥／弟弟／姐姐／妹妹"。

F．"N1"具有同胞关系，"N2"具有配偶关系。比如"哥哥的妻子"表"嫂子"，"姐姐的丈夫"表"姐夫"。包括"哥哥／弟弟的妻子"、"姐姐／妹妹的丈夫"。

G．"N1"具有配偶关系，"N2"具有生育关系。比如"丈夫的父亲"表"公公"。包括"丈夫／妻子的父亲／母亲"。

7.3 多个基本亲属名词组成的偏正结构

三个或三个以上的基本亲属名词也可以组成偏正结构。

7.3.1 多个基本亲属名词组成的偏正结构可以表示基本亲属，也可以表示非基本亲属

以三个基本亲属名词组成的偏正结构为例。我们知道，两个基本亲属名词组成的偏正结构可以表示各种基本亲属，再和第三个基本亲属名词组合，实际上相当于基本亲属名词之间的组合。比如："哥哥的父亲的妻子"，也就是"父亲的妻子"，表"母亲"。"女儿的哥哥的父亲"，也就是"儿子的父亲"，可以表示"丈夫"等等。

如果两个基本亲属名词组成的偏正结构表示非基本亲属，那么再和一个基本

亲属名词组成偏正结构，可以表示基本亲属，比如："儿子的儿子的父亲"表"儿子"，"女儿的丈夫的妻子"表"女儿"，等等；也可以表示非基本亲属，比如"儿子的儿子的妻子"表"孙媳妇"，"儿子的妻子的儿子"表"孙子"，"父亲的哥哥的儿子"表"堂兄弟"，等等。

7.3.2　多个基本亲属名词组成的偏正结构的层次比较自由

例如：

父亲的父亲的父亲

＝（父亲的父亲）的父亲＝祖父的父亲

＝父亲的（父亲的父亲）＝父亲的祖父

哥哥的妻子的妹妹

＝（哥哥的妻子）的妹妹＝嫂子的妹妹

＝哥哥的（妻子的妹妹）＝哥哥的小姨子

儿子的儿子的儿子的儿子

＝（（儿子的儿子）的儿子）的儿子＝（孙子的儿子）的儿子＝曾孙的儿子

＝（儿子的（儿子的儿子））的儿子＝（儿子的孙子）的儿子＝曾孙的儿子

＝儿子的（（儿子的儿子）的儿子）＝儿子的（孙子的儿子）＝儿子的曾孙

＝儿子的（儿子的（儿子的儿子））＝儿子的（儿子的孙子）＝儿子的曾孙

＝（儿子的儿子）的（儿子的儿子）＝孙子的孙子

儿子的妻子的弟弟的妻子

＝（（儿子的妻子）的弟弟）的妻子＝（儿媳妇的弟弟）的妻子

＝（儿子的（妻子的弟弟））的妻子＝（儿子的小舅子）的妻子

＝儿子的（（妻子的弟弟）的妻子）＝儿子的（小舅子的妻子）

＝儿子的（妻子的（弟弟的妻子））＝儿子的（妻子的弟媳）

＝（儿子的妻子）的（弟弟的妻子）＝儿媳妇的弟媳

7.3.3　表示配偶关系的基本亲属名词的前面不能出现同性别的基本亲属名词

表示配偶关系的基本亲属名词的前面不能出现同性别的基本亲属名词，否则，偏正结构不成立。例如：

父亲的妻子的<u>弟弟</u>的丈夫的儿子

女儿的丈夫的<u>妹妹</u>的妻子的儿子

<u>哥哥</u>的丈夫的妹妹的<u>儿子</u>的丈夫

<u>姐姐</u>的妻子的哥哥的<u>女儿</u>的妻子

7.4 含有非基本亲属名词的偏正结构

除了基本亲属名词组成偏正结构外，基本亲属名词和非基本名词以及非基本名词之间也可以组成偏正结构。比如"父亲的祖父"、"祖父的祖父"等。

7.4.1 含有非基本亲属名词的偏正结构与基本亲属名词组成的偏正结构可以互相转换

例如：

父亲的哥哥的妻子

（父亲的哥哥）的妻子＝伯父的妻子

父亲的（哥哥的妻子）＝父亲的嫂子

7.4.2 含有非基本亲属名词的偏正结构可以表示基本亲属，也可以表示非基本亲属

例如：

儿子的祖父＝妻子的公公＝孙子的曾祖父＝父亲

母亲的小叔子＝孙子的祖母的小叔子＝叔父

7.4.3 不成立的偏正结构都可以分解出具有配偶关系的同性组合

例如：

岳母的岳母＝<u>岳母</u>的妻子的母亲＝妻子的<u>母亲</u>的妻子的母亲

岳母的岳父＝<u>岳母</u>的妻子的父亲＝妻子的<u>母亲</u>的妻子的父亲

公公的公公＝<u>公公</u>的丈夫的父亲＝丈夫的<u>父亲</u>的丈夫的父亲

公公的婆婆＝<u>公公</u>的丈夫的母亲＝丈夫的<u>父亲</u>的丈夫的母亲

伯父的公公＝伯父的丈夫的父亲＝父亲的哥哥的丈夫的父亲

姨父的婆婆＝姨父的丈夫的母亲＝母亲的姐姐或妹妹的丈夫的丈夫的母亲

7.5 小结

非基本亲属都可以由基本亲属名词组成的偏正结构来表示。

亲属名词组成的偏正结构可以用来表示基本亲属，也可以用来表示非基本亲属。

亲属名词组成的偏正结构的结构层次比较自由，不同的层次分析不会影响整个结构的所指。

配偶关系的基本亲属名词的前面一个亲属名词不能与之性别相同，否则，不能组成偏正结构。

表 7-1 两个基本亲属名词组成偏正结构的所指

	父亲	母亲	儿子	女儿	丈夫	妻子	哥哥	弟弟	姐姐	妹妹
父亲	祖父	祖母	哥哥、弟弟、儿子本人	姐姐、妹妹、女儿本人		母亲	伯父	叔父	姑母	姑母
母亲	外祖父	外祖母	哥哥、弟弟、儿子本人	姐姐、妹妹、女儿本人	父亲		舅父	舅父	姨母	姨母
儿子	丈夫、父亲本人	妻子、母亲本人	孙子	孙女	儿媳妇		儿子	儿子	女儿	女儿
女儿	丈夫、父亲本人	妻子、母亲本人	外孙子	外孙女	女婿		儿子	儿子	女儿	女儿
丈夫	公公	婆婆	儿子	女儿		妻子本人	大伯子	小叔子	大姑子	小姑子
妻子	岳父	岳母	儿子	女儿	丈夫本人		大舅子	小舅子	大姨子	小姨子
哥哥	父亲	母亲	侄子	侄女		嫂子	哥哥	哥哥、弟弟、弟弟本人	姐姐	姐姐、妹妹、妹妹本人
弟弟	父亲	母亲	侄子	侄女		弟媳	哥哥、弟弟、哥哥本人	弟弟	姐姐、妹妹、姐姐本人	妹妹
姐姐	父亲	母亲	外甥	外甥女	姐夫		哥哥	哥哥、弟弟、弟弟本人	姐姐	姐姐、妹妹、妹妹本人
妹妹	父亲	母亲	外甥	外甥女	妹夫		哥哥、弟弟、哥哥本人	弟弟	姐姐、妹妹、姐姐本人	妹妹

第8章 "整整"与整数和非整数的配搭

"整整"，《现汉》的解释是：达到一个整数的：整整忙活了一天 | 到北京已经整整三年了。《大词典》的解释是：达到一个整数的，实足的。那么，"整整"与整数是怎样搭配的呢？"整整"能和整数以外的数目搭配吗？

8.1 "整整"与定数配搭

"整整"能够和确定的数目搭配。确定的数目，就是定数。

8.1.1 "整整"与定统数配搭

有的统数是定统数，包括定基数、定倍数、定分数和定小数。

先说"整整"与定基数搭配。例如：

（1）《黄河大合唱》至今已传唱了整整六十年。（《人民日报》1999 年 5 月 14 日）

（2）我这里面存有化肥两吨，整整四千斤！（张炜《秋天的愤怒》第 7 章）

（3）整整一百零八天，他们没有离开过靶场。（《人民日报》2000 年 5 月 13 日）

（4）十三年，整整四千七百四十五天……（可军《情人隐私》第 10 章）

例（1）、（2），"六十"、"四千"都是没有零头的定基数，[1] 也就是通常所说的整数。例（3）、（4），"一百零八"、"四千七百四十五"是含有零头的

---

[1] 这种不含零头的定基数，在数学上属于正整数，朱德熙（1982）称之为系数和系位构造。

定基数。[1]

再说"整整"与定倍数搭配。例如：

（5）它竟比颐和园还大整整一倍……（余秋雨《一个王朝的背影》）

（6）过去邮一封信只花八分，现在涨到八毛，整整十倍。（田东照《跑官》第 3 章）

（7）现在，这枚小全张……整整涨了六千倍啊！（矫健《红印花》第 6 章）

上例，"一倍"、"十倍"、"六千倍"都是定倍数。

再说"整整"与定分数搭配。例如：

（8）……薪水却整整被砍去了二分之一。（阿蛮《豆芽小姐》第 7 章）

（9）工期比同类变电所缩短了整整三分之二……（《人民日报》1999 年 7 月 20 日）

上例，"二分之一"、"三分之二"都是定分数。有的定分数采取百分数的形式，例如：

（10）纳斯达克指数一个月里上涨了整整15%。（《人民日报》2001 年 5 月 2 日）

（11）广告经费增加了整整百分之三十……（《人民日报海外版》2000 年 5 月 30 日）

上例，"15%"、"百分之三十"也是定分数。有的定分数采取"（一）半"字形式或"成"字形式。

"半"就是二分之一，"成"就是十分之一。例如：

（12）他……生命中整整一半的时间是与中国相联系的。（《人民日报》1998 年 5 月 6 日）

（13）这是整整半斤肉，不多不少。（萧红《呼兰河传》第 5 章）

（14）比起全国总增长水平，江苏的这一增幅整整高出了两成。（《江南时报》2003 年 5 月 18 日）

再说"整整"与定小数搭配。例如：

（15）一条引水隧洞……整整挖了六点五公里！（《人民日报》1998 年 11 月 6 日）

（16）家里的债务顶了天——整整2.5万元！（《人民日报》1997 年 12 月 19 日）

---

[1]　这种含有零头的定基数，在数学上也属于正整数，朱德熙（1982）称之为系位组合，萧国政、李英哲（1997）称之为整零结构。

上两例，"六点五"、"2.5"是含有小数的定统数。有时，小数跟分数相结合，例如：

（17）调查结果亦显示港人上网比率在亚洲四小龙中排名最末，只有 29.5% 的人，与排第一位的新加坡相差整整 16.5%。（《法制日报》2003 年 9 月 13 日）

8.1.2 "整整"与定序数配搭

有的序数是定序数。"整整"和确定的序数搭配，例如：

（18）姚明现在还没到这份上，整整第四节都没上场。（"人民网"2003 年 11 月 29 日）

（19）这场比赛的胜利也是阿加西在 15 年的大满贯征战中所获得的整整第 200 场胜利。（"人民网"2003 年 9 月 4 日）

有时，大序数套小序数，例如：

（20）前两个（爱情故事）稍稍与旅行的结局有联系，占据了整整第 2 幕的第 3 个……（"人民网"2003 年 6 月 26 日）

有时，用"是＋定序数"的格式。例如：

（21）从第三次大高潮至今，整整是第六个年头。（《中国商报》2003 年 6 月 3 日）

有时，用"V 到＋定序数"的格式，表示截止到定序数所指的段点。例如：

（22）整整等到第 5 天，黄丛维才打电话来……（《天津日报》2003 年 2 月 13 日）

（23）这样一来，我当车夫的任务就整整排到了初七。（《深圳法制报》2004 年 2 月 1 日）

（24）这天，银环同小叶整整谈到深夜下一点……（李英儒《野火春风斗古城》第 14 章）

8.1.3 定数合用

主要有两种类型：定统数合用和定统数和定序数合用。

8.1.3.1 定统数合用

有时是定统数加合。也就是按加法计算合用的定统数。例如：

（25）在野外整整三天四夜的游历中……大自然的壮美把他深深地吸引住了。（《人民日报》1997 年 2 月 5 日）

（26）运动员斯特列什涅夫以前创造的记录，被库尔却托夫以缩短整整三秒又十分之八秒的时间打破了。（曾卓《胜利者》）

有时，计量单位分属上下等级。例如：

（27）《鸦片战争》……前后经历了整整 6 个月零 26 天的拍摄时间。（《人民日报》1997 年 6 月 14 日）

（28）一时我想不出任何反驳的言辞，只好听着，挂上手机一看整整 25 分零 14 秒……（《京华时报》2003 年 11 月 21 日）

有时，定统数合用表示换算或复指。例如：

（29）在近 60 万字的篇幅中，著者以整整九章 27 节文字，极为翔实地论述了中国"五四"新文学与印度……等国在内的"被损害的民族"的文学之间的密切联系。（《人民日报》1997 年 4 月 4 日）

（30）那时我刚刚从自惹的一个大麻烦中脱身，坐了整整半年 186 天的冤狱。（周舵《当年最好的朋友》，廖亦武主编《沉沦的圣殿》新疆青少年出版社 1999 年版）

例（29），"九章 27 节"，是说用章计是九章，用节计是 27 节；例（30），"半年 186 天"，是说用年计是半年，用天计是 186 天。

有时，定统数合用表示选择。常用"定统数 1 ＋或＋定统数 2"的格式。计量单位往往是同一等级的。例如：

（31）他们比我整整早上十年或五年来到了这儿……（张炜《柏慧》第 1 章）

（32）每次整整要费去我两天或一天半功夫。（苏雪林《抗战末期生活小记》

8.1.3.2 定统数和定序数合用

一般用"一个＋定序数"的格式，表示定序数所指的整体。例如：

（33）林家保营的 3 连，整整一个第 3 排，死的死，伤的伤，基本打光。（《云南日报·大观周刊》2000 年 9 月 30 日）

上例，"整整一个第 3 排"表示"第 3 排"的全体人员，大体相当于"整个第 3 排"。又如：

（34）我有意回避这个题材，在整整一个 1995 年，没有在写作中涉及我熟悉也是我感情所系的中国回民及其宗教。（张承志《墨浓时惊无语》之二）

（35）（烈焰红妆）花了整整一个四月才写完。（洛炜《烈焰红妆》后记）

例（34），"整整一个1995年"，表示1995年的全部日子，大体相当于"整个1995年"；例（35），"整整一个四月"，表示四月份的全部日子，大体相当于"整个四月"。

8.2 "整整"与概数配搭

"整整"不仅能和定数搭配，还能和概数搭配。概数就是不确定的数目，包括概统数和概序数。

8.2.1 "整整"与概统数

首先，"整整"能同一般的概基数搭配。例如：

（36）他这样地坐了整整两个多钟头。（巴金《家》第6章）

（37）我在桌旁已整整呆坐了几个小时……（佚名《爱的日记——玖月荡气回肠》）

上两例，"两个多钟头"、"几个小时"含有概基数。

其次，"整整"还能同概倍数、概分数搭配。例如：

（38）5年间，我国网络带宽从几百千比特增长到1 200多兆，整整翻了数千倍。（《人民日报海外版》2000年10月10日）

（39）（大闸蟹）比去年同期的行情整整下跌两三成。（《江南时报》2002年11月23日）

（40）中国人民整整奋斗了近半个世纪。（《人民日报》1997年3月6日）

例（38），"数千倍"是含"数"的概倍数；例（39），"两三成"是含"成"的概分数；例（40），"近半个世纪"是含"半"的概分数。

顺带指出："半"本是定数，然而，在使用中，不一定不多不少刚好二分之一，因此往往表示的是概数。比如前面所举的例子："每次整整要费去我两天或一天半功夫"，其中的"一天半"其实只是概数。请看两个近代白话作品里的例子：

（41）这郑屠整整自切了半个时辰，用荷叶包了，道："提辖，教人送去？（施耐庵《水浒传》第2回）

（42）这天，整整踌躇了半夜。（李宝嘉《官场现形记》第48回）

显然，"半"尽管是二分之一，但上例的"半个时辰"和"半夜"其实都是概数。

8.2.2　"整整"与概序数

"整整"偶尔也同概序数搭配使用。例如：

（43）等了几乎整整一个八月，WR 没有接到任何一所大学的录取通知。（史铁生《务虚笔记》之八《人群》）

"一个八月"是"一个＋定序数"的格式，前边有"几乎"，定序数转为概序数，与"整整"搭配。近代白话文作品里可以看到这样的用例：

（44）我们包大爷也在旁边，帮着学上菜，整整闹到四更多天，才下来打了个吨。（李宝嘉《官场现形记》第 7 回）

"四更多"，"四更"是定序数，后边加上"多"表示概序数。

8.2.3　"整整＋概数"中概数词语之组造

从组造方式看，能同"整整"搭配的概数大体有以下四类。"整整＋概数"是相当特殊的用法，了解以下情况，对于深入认识这种特殊用法大有好处。

8.2.3.1　含标志性语素的概数词语

有的，含"多"。例如：

（45）你的信在我的抽屉里整整放了一年多……（巴金《家》序）

（46）……他已在水中漂了整整 4 个多小时。（《人民日报》1998 年 8 月 16 日）

有的，含"几"或"好几"。例如：

（47）整整几个月的时间都在折腾那一件事。（张炜《柏慧》第 10 章）

（48）我整整地伏在栏杆上站了几个钟头。（冰心《京戏和演京戏的孩子》）

（49）高四君花了整整好几年。（李国文《垃圾的故事》）

（50）那天 T 城市中心的交通为此整整阻塞了好几个小时。（蒋韵《完美的旅行》之三《童话的由来》）

有的，含"数"。"数"即"几"。例如：

（51）整整数月避不见人的嘉月，突然来造访他。（东月《魔心狂魅》第 9 章）

（52）二人整整在西湖流浪了十数日。（马荣成、丹青《风云系列·搜神篇》第 1 章）

（53）一匹马怕整整有数百斤重……（周显《五胡战史》第 27 回）

（54）步惊云这一昏，竟整整昏了数日数夜。（马荣成《风云系列·九天箭神》第 2 章）

有的，含"余"或"有余"。例如：

（55）用光了整整 30 余瓶白药，血才止住。（《人民日报海外版》2000 年 1 月 19 日）

（56）左小星在这条邮路上整整走了 10 万余公里。（《人民日报》1996 年 10 月 4 日）

（57)B 股市场创设至今整整 7 年有余。(《人民日报海外版》1999 年 8 月 21 日）

（58）香港回归祖国，整整盼了百年有余。（《人民日报》1997 年 6 月 29 日）

有时，含"来"或"把"。例如：

（59）整整 10 来天都没跟家里联系！（《江南时报》2003 年 1 月 27 日）

（60）他绕过水整整搜寻了十来遍……（天宇《灭世九绝》第 9 回）

（61）整整折腾了年把，才算料理妥当。（柳残阳《大雪满弓刀》第 1 章）

有时，含"大半"、"多半"、"小半"。例如：

（62）康伟业冒着风雪……走了整整大半天。（池莉《来来往往》第 4 章）

（63）整整追了大半程山路。（严沁《午夜吉他》第 6 章）

（64）她反复苦思着，整整想了多半夜……（杨沫《青春之歌》第 23 章）

（65)许凤那天黑夜整整在院里立了多半夜……（雪克《战斗的青春》第 1 章）

（66）两位……竟傻帽儿似地整整站了小半晌午。（冯荃植《猫腻》第 3 章）

8.2.3.2　数字连用构成的概数词语

有的，概数词语由邻近数字直接连用形成。例如：

（67）……整整两三天晨昏颠倒。（《人民日报海外版》2001 年 1 月 10 日）

（68）他整整七八年都没有拍片。（《江南时报》2001 年 8 月 20 日）

（69）那股价……不到几个月的时间整整涨了七八倍。（文夕《海棠花》第 13 章）

有的，概数词语表示一种区间概数。所谓区间概数，是由两个数词确定下来的某个范围的数目。例如：

（70）一个上午至少可以在大书桌边整整消磨六到七小时。（沈从文《一张大字报稿》）

（71）南通每辆车的价格要比上海、苏南、浙江等地整整高出 5 000 元到 6 000 元不等。（《江南时报》2003 年 5 月 26 日）

（72）农民的消费水平和购买力与城市相比整整差了 10—15 年。（《人民日报》1998 年 10 月 29 日）

8.2.3.3　界指词语构成的概数词语

有的，带上"左右"、"以上"之类。例如：

（73）我躲在防空洞中，整整两小时左右。（茅盾《腐蚀》第 1 章）

（74）《流Ⅱ》收视率开高走低，整整下跌了一个百分点左右。（《江南时报》2002 年 11 月 19 日）

（75）水面观物常误远为近，两船相距整整两里以上。（云中岳《缚虎手》第 8 章）

（76）将军府的规模整整大了杜家三倍以上。（席绢《请你将就一下》第 1 章）

有的，用上"几乎"、"近"、"将近"、"快"、"不只"、"超过"、"逾"等。例如：

（77）在几乎整整一个世纪里，她把人民理解的桥梁艰苦修建。（《人民日报》1997 年 10 月 19 日）

（78）重获自由的他向记者讲述了他从 5 月 3 日至 5 月 11 日整整近 10 天的隔离日子。（《江南时报》2003 年 5 月 19 日）

（79）在学期结束时，她以《意外的收获与惊喜》为题，整整写了近 3 000 字的小结来诉说自己获取这份工作后的收获。（《人民日报》1998 年 4 月 16 日）

（80）价格也……整整提高了近一倍。（《市场报》2003 年 5 月 28 日）

（81）我整整昏睡了将近二十个小时。（范伟《我的倒儿爷生涯》第 19 章）

（82）韩谓立刻快步走向他们，自从她上山陪伴齐维以来，整整快半年没见到他们了。（孟华《男人像雾又像冰》第 5 章）

（83）赤天扬看账本的速度比她整整快了不只一倍。（丁千柔《顽皮少爷巧媳妇》第 5 章）

（84）陆远轩面无表情地盯视着她整整超过一分钟。（夏娃《爱上坏男人》第9章）

（85）一柄整整长逾二丈、重逾千斤的巨大镰刀！（马荣成《风云系列·魔渡众生》第17章）

有的，用上"约"、"大约"、"大概"、"差不多"等。例如：

（86）随后杨总又率人四下追殴他人，围殴过程整整延续了约10分钟。（《江南时报》2000年8月10日）

（87）梆子老太想到猪肉的那种无可比拟的味道，大约整整两年没有沾过了。（陈忠实《梆子老太》第3章）

（88）第二天早晨，江丽起来看见张俊臣还坐在那里一股劲写着呢，大概写了整整一晚。（雪克《战斗的青春》第8章）

（89）从山东有了第一盏电灯始，到1996年春节山东人民与最后一盏煤油灯告别，经历了差不多整整一个世纪。（《人民日报》1996年5月8日）

有的，一块儿用上"左右"与"将近"、"大约"等。例如：

（90）这句话，她已经告诉自己整整将近二个小时左右了。（黄若文《小不点的大情人》）

（91）小叫花一直在附近察看，大约整整有一个时辰左右，才安静下来。（司马翎《独行剑》第32章）

8.2.3.4　定数和概数合用构成的词语

有的是定数和概数加合。一般用"定数＋又＋概数"的格式。例如：

（92）他看着报上的日期……上面的日期显示日子已经整整过去了一年又一个多月！（黑洁明《傻瓜杀手VS千面保镖》第3章）

（93）等一下有个很特别的余兴节目，两点多开始，整整一个小时又十几分钟。（凯子《挪威森林》第35章）

有的是基数和概数合用表示换算或复指。例如：

（94）从此，她在祖国的蓝天整整安全飞行了十七年四千多小时……（《人民日报》1997年7月4日）

（95）经历了整整半个世纪、几代人的艰苦卓绝的奋斗，亘古荒原发生了翻

天覆地的变化。（《人民日报》1998 年 7 月 18 日）

8.3　两点观察

下面两点观察，有助于深化对"整整"入句的认识。

8.3.1　"整整"与主观大量

"整整"一般不用于表示主观小量的格式。比如，"只"、"仅"、"仅仅"、"刚"、"刚刚"等的语义辖域；"才"的右边；"短短"、"区区"、"寥寥"、"小小"等修饰的数量结构；"罢了"、"而已"煞尾的句子等等，都不大可能出现"整整"。

"整整"一般用于表示主观大量的格式。比方，与"整整"搭配的某些数目本身就表示主观大量，如含"好几"、"大半"等的概数。再比方，一些标记主观大量的词语或格式：①"连……都……"；②"比……还……"；③"竟/竟然/居然"。看两个实际用例：

（96）从提出贷款申请到取出"真金白银"，竟然花了整整一个月时间！（《人民日报》2002 年 4 月 12 日）

（97）600 元的外债居然背了整整 3 年。（《人民日报》1999 年 11 月 15 日）

有时"整整"见于带有铺张语气的"（可）……呢"句式。所要强调的，显然也是主观大量。例如：

（98）她等他求婚等了整整三年呢。（唐颖《糜烂》第 1 章）

（99）赶耗牛下来，要走整整一天呢。（《人民日报》1998 年 9 月 17 日）

上两例，"整整"与定数搭配。下两例，"整整"与概数搭配：

（100）我可是整整住了两年多呢。（杨沫《青春之歌》第 31 章）

（101）沙兰琪一听说你要到香港，整整兴奋了好几天呢！（尤羽《终极护卫》第 5 章）

有时，"整整"用于主观大量和主观小量两可的格式。这时，"整整"标示主观大量。比如："五年就写了十篇论文。"有两个意思：①"十篇论文"是小量，意思相当于"五年只写了十篇论文"。"整整"不能放在"十篇论文"或"写"的前边。②"十篇论文"是大量，意思相当于"五年竟写了十篇论文"。"整整"

可以放在"十篇论文"或"写"的前边："五年就写了整整十篇论文"；"五年就整整写了十篇论文"。再看一个实例：

（102）这里的榕树很多，也很大，往往一棵树的树冠就能覆盖住整整一座村庄。（白桦《"桃源"历险记》）

"整整"表示主观大量，这是"整整"能同概数搭配的心理基础。因为，当出现"整整＋概数"的说法的时候，说话人所注重的是一种"主观大量"。

8.3.2 "整整"与近代白话文作品

"整整"使用的多样性，特别是"整整＋概数"的说法，不是现当代才出现的。考察近代白话文作品，可以看到许多"整整＋概数"的说法。略举几个方面的例子。

首先，关于"整整"与含"多"概数搭配。如前面举的例（44），又如：

（103）（冯旭）整整忙了两个多月，方才安闲。（寄生氏《五美缘》第8回）

（104）众人各家轮流请酒，进忠、白洋也各复席，整整吃了个月多酒。（佚名《明珠缘》第9回）

其次，关于"整整"与含"几/数"概数搭配。例如：

（105）老身闻得贤婿府上凶信，整整的哭了几天，只因山遥路远，无法可施。（罗贯中《粉妆楼》第24回）

（106）姐姐，你只管不肯睡，却不想二位老人家为你我两个费了一年的精神，又整整劳乏了这几日，岂有此时还劳老人家悬念之理？（文康《儿女英雄传》第28回）

（107）那婆娘三四个把掌打醒，数说一回，打骂一回，整整闹了数日，下福脚影不敢出门。（冯梦龙《醒世恒言》第36卷）

第三，关于"整整"与含"余"概数搭配。例如：

（108）自此老翁整整直活到一百余岁，无疾而终。（凌濛初《二刻拍案惊奇》第10卷）

第四，关于"整整"与含"三四"之类概数的搭配。例如：

（109）只说武大郎自从武松说了去，整整的吃那婆娘骂了三四日。（施耐庵《水浒传》第24回）

（110）莫生无处申说,屈打成招,断成绞罪,整整坐了三四年牢。（醒世居士《八段锦》第 7 段）

（111）夫妻两个,整整的闹了三四天,令伯母便倒了下来。（吴研人《二十年目暗之怪现状》第 24 回）

可知，近代白话文作品中，"整整＋概数"的说法已经不是罕见现象。

8.4　小结

辞书上一般只讲"整整"和整数搭配。可是，就定数而言，除了整数，"整整"还能和定统数中的定倍数、定分数、定小数搭配，并且能和定序数搭配。

特别值得注意的是："整整"还能和概数搭配。一方面，与"整整"搭配的概数可以是概统数，也可以是概序数；另一方面，与"整整"搭配的概数有多种多样的组造方式。"整整"表示主观大量，这是"整整"能同概数搭配的心理基础。近代白话作品的用例证明，"整整＋概数"的说法自古有之。

"整整"与数目的搭配呈现多样性的分析，充分证明，站到"小句中枢"的观测站上，通过句管控的检视，才能全面深入地了解和认识语法事实。

第 9 章　谓宾动词及其带宾的认知解释

9.1　准谓宾动词

朱德熙（1982：59）最早提出了准谓宾动词的概念。朱先生按宾语的性质把带宾动词分为体宾动词和谓宾动词。体宾动词只能带体词性宾语，不能带谓词性宾语，如"骑（马）、买（票）、捆（东西）"等等。谓宾动词能带谓词性宾语，有的也能带体词性宾语。谓宾动词又分为真谓宾动词和准谓宾动词。真谓宾动词的宾语"可以是单个的动词或形容词，也可以是主谓结构、述宾结构、述补结构、连谓结构或由副词充任修饰语的偏正结构等"，如"觉得、认为、声称、扬言、以为"等等。准谓宾动词的宾语"不能是主谓、述宾、连谓等结构，只能是某些双音节动词或偏正结构，而且这种偏正结构里的修饰语只能是体词或形容词，不能是副词"，如"进行、加以、给以、予以"等等。高更生等（1984：117）把带宾动词三分为名宾动词、谓宾动词和名谓宾动词。谓宾动词只能带谓词性宾语，不能带名词性宾语，又分为真谓宾动词和准谓宾动词。名谓宾动词既能带名词性宾语又能带谓词性宾语，又分为名、真谓宾动词和名、准谓宾动词. 他们认为"准谓宾动词所带的宾语中的谓词，失去了谓词的部分语法特点，带有一定的名词性；宾语可以是定中词组，而不能是状中、中补、述宾词组"。马庆株（1998：79）认为准谓宾动词"只带体词性宾语，如果宾语是动词，那末这'动词'既不能带宾语，又不能带状语，因此还是改称为准体宾动词为好"。

我们看到的涉及准谓宾动词的论著中，大部分是探讨准谓宾动词中的少数几个形式动词（dummy verb）（吕叔湘 1981），又称傀儡动词（言久圣 1981）、无色动词（宋玉柯 1982）、虚义动词（袁杰、夏允贻 1984）、虚化动词（朱德熙 1985）、代动词（陈宁萍 1987）等。

早在五六十年代，有些学者就曾针对"进行、加以、予以"等几个形式动词展开过争论和探讨，如萧斧（1955）、王阳畔（1959）、东明（1959）、龚千炎（1961）、吕叔湘（1963）等。80 年代以来，对形式动词的研究逐渐深入和多角度化，如蔡文兰（1982）、周刚（1985、1987）、周小兵（1987）、贾为德（1995）等，对形式动词的句法特点、语义特点、语用功能、与其他语言中的同类现象的比较等做了较全面、深入的研究。另外，有些论著不是专门讨论准谓宾动词，但是其中有关准谓宾动词的论述值得参考，如吴为章（1981）、孙继善（1981）、蔡文兰（1986）、袁毓林（1989）、杨成凯（1992）、沈阳（1994）等。

到目前为止，对准谓宾动词的研究已取得许多成果。同时，我们也清楚地看到，准谓宾动词中的许多重要问题还没有得到较好的解决，如汉语中准谓宾动词的数量，准谓宾动词在整个汉语动词系统中的比重和地位，准谓宾动词的句法、语义特点，准谓宾动词的语用功能，准谓宾动词动宾结构特点的认知动因，准谓宾动词的历史演变和发展规律，准谓宾动词对汉语的作用和影响等等一系列问题都需要做认真的考察和研究。系统地研究准谓宾动词，揭示其语法规律，将有助于正确认识、使用这类动词，有助于对汉语动词系统做较全面、深入、细致的研究。

我们考察了《现汉》等 12 部具有代表性的词书，并通过大量语料验证，发现准谓宾动词 108 个，通过定量分析，就准谓宾动词在动宾搭配上的句法、语义特点，准谓宾动词动宾结构特点的认知动因做一些探讨。

9.1.1　定义和特点

9.1.1.1　准谓宾动词的宾语

准谓宾动词是根据带宾动词所带宾语的性质划分出来的一类动词，准谓宾动词的宾语不能是主谓、动宾、状中、中补、连谓、兼语等词组，也不能是复句形式，只能是谓词，或者是以谓词性词语为中心语的定中词组，有的还可以是谓词或以谓词性词语为中心语的定中词组等构成的联合词组，体词性词语等。例如：

（1）她的活动是通过老李的眼睛看到的，她的迟疑动作又为他的心理提供波动。（《老舍的语言艺术》）（宾语是动词）

（2）大家都心甘情愿为旁人提供方便，因为大家都是为了同一个目的而来。（宗璞《弦上的梦》）（宾语是形容词）

（3）你是一个不合格的引水员，不能给船舶里提供良好的协作。（柯岩《船长》）（宾语是以动词为中心语的定中词组）

（4）《微神》和《月牙儿》的第一人称写法，为景物描写的感情化提供了一定的方便。（《老舍的语言艺术》）（宾语是以形容词为中心语的定中词组）

（5）一位叫伊丽娜的菲籍姑娘在一年轻夫妇家已当了3年保姆，除雇主免费提供吃住外，目前每月工资700迪尔汉。（安国章《阿联前保姆好难当》）（宾语是两个动词构成的联合词组）

（6）有关部门要多为作家提供方便和指导，最好作为一项重点工程，纳入文化建设的总体规划。（赵苏《李雪峰呼吁：加强抗战题材文学创作》）（宾语是形容词和动词构成的联合词组）

（7）摘编的内容要为改革开放和现代化建设提供思想保证和舆论支持。（宾语是两个以动词为中心语的定中词组构成的联合词组）

（8）闻先生罹难后，清华不再提供住宅。（宗璞《星镇三的晚餐》（宾语是体词）

9.1.1.2　跟有关动词的区别

9.1.1.2.1　跟体宾动词的区别

体宾动词的宾语只能是体词性词语，不能是谓词性词语。例如：掰（玉米）、炒（花生）、出版（画册）、驾驶（汽车）、建筑（桥梁）、晒（粮食）、踢（球）、捂（蚂蚱）、种（西瓜）等，准谓宾动词的宾语可以是谓词性词语，有的也可以是体词性词语。

9.1.1.2.2　跟真谓宾动词的区别

真谓宾动词的宾语可以是主谓、动宾、状中、中补、连谓、兼语等词组，复句形式，有的还可以是谓词、体词性词语等，但不能是以谓词性词语为中心语的定中词组。例如：

（9）白兰度免服兵役，他后来承认是由于假装心脏衰弱。（严敏《真实的马龙•

白兰度》）（宾语是主谓词组）

（10）康正平以记者的敏锐，一下子辨认出这些均是便衣特务，他马上放下相机，假装欣赏梧桐树上的新叶。（沈飞德、秦维宪《茅盾先生处危不惊》）（宾语是动宾词组）

（11）他们当着你的面假装对你好，背地里却巴不得你早点完蛋。（沙河《世界名模幕后辛酸泪》）（宾语是状中词组）

（12）林株打开锦盒看到了康伟业送给她的礼物，"哇"的一声惊叹，高兴地扑倒在地上，假装晕了过去。（池莉《来来往往》）（宾语是中补词组）

（13）瓦莱丽打开皮包假装寻找钱包付款，可是她心里明白钱包里的十几法郎只够付几瓶酸奶钱，不可能再找出149法郎。（刘莹《149法郎救了一位小姐》）（宾语是连谓词组）

（14）吕不韦就进献，假装让人告发他犯下了该受宫刑的罪。（张连科译《史记·吕不韦列传第二十》）（宾语是兼语词组）

（15）他假装没看见老师，也没听见老师招呼他，扭头转向，果断回避了。（宾语是复句形式）

（16）他在陈潭秋、毛泽民等同志的陪同下，与盛世才会面，重申我党统一战线方针、政策及原则立场，慷慨陈辞，据理力争，盛世才不得不表面上假装让步。（陈咏慷《黄埔女杰》）（宾语是动词）

（17）家政说这话时，假装粗放，实际上是在试探许燕。（江平《生死恋》）（宾语是形容词）

（18）到东京就要假装大脚，又何必带这些东西呢？（鲁迅《范爱农》）（宾语是体词性词语）

真谓宾动词和准谓宾动词的区别主要表现在两个方面：①真谓宾动词的宾语可以是主谓、动宾、状中、中补、连谓、兼语词组，复句形式，准谓宾动词的宾语不能是这些语法形式；②真谓宾动词的宾语不能是以谓词性词语为中心语的定中组，准谓宾动词的宾语没有这个限制。

9.1.1.2.3 跟真准谓宾动词的区别

真准谓宾动词兼有真谓宾动词和准谓宾动词的部分语法特点，真准谓宾动词的宾语可以是主谓、动宾、状中、中补、连谓、兼语词组、复句形式，也可以是以谓词性词语为中心语的定中词组，有的还可以是谓词、体词性词语等。例如：

（19）今天我就只提出这几个问题，当作引子，希望大家在这些问题及其他有关的问题上发表意见。（毛泽东《在延安文艺座谈会上的讲话》）（宾语是主谓词组）

（20）这个宣言希望得到友党友军和全国人民的赞同，而一切共产党员尤其必须认真地执行这个宣言中所示的方针。（毛泽东《团结到底》）（宾语是动宾词组）

（21）我们现在不希望在明年一年把全边区的几十万个全劳动力和半劳动力都组织到合作社里去，但是在几年之内是可能达到这个目的的。（毛泽东《组织起来》）（宾语是状中词组）

（22）她希望活得轻松些。（靳伟华《二十个弱智女的"妈妈"》）（宾语是中补词组）

（23）诗人是多么希望找到一个透风爽气的幽僻之处尽情地舒一口气。（倪邦文《朱自清名作欣赏·黑暗》）（宾语是连谓词组）

（24）希望中央和两省委多派连排以上的军官来。（毛泽东《井冈山的斗争》）（宾语是兼语词组）

（25）我们希望不但在陕甘宁边区实行，不但在敌后各抗日根据地实行，并且在全国也实行起来。（毛泽东《在陕甘宁边区参议会的演说》）（宾语是复句形式）

（26）我希望着新的社会的起来，但不知道这"新的"该是什么。（鲁迅《答国际文学社问》）（宾语是以动词为中心语的定中词组）

（27）大家都希望得到，可是很难得到，一向很少发给职员。（莫泊桑《项链》）（宾语是动词）

（28）大后方的人民都希望和平，需要民主。（毛泽东《关于谈判》）（宾语是形容词）

（29）不久就不再自夸了，只希望着国联，也是事实。（鲁迅《中国人失掉自信力了吗》）（宾语是体词）

真准谓宾动词和准谓宾动词的区别主要在于真准谓宾动词的宾语可以是主谓、动宾、状中、中补、连谓、兼语词组，复句形式，而准谓宾动词的宾语不能是这些语法形式。

9.1.2　宾语的性质

9.1.2.1　两种宾语性质的再探讨

准谓宾动词所能带的宾语中有些宾语的性质尚存争议,主要集中在两个方面:①动词、形容词宾语;②以谓词性词语为中心语的定中词组充任的宾语。

9.1.2.1.1　动词、形容词宾语

准谓宾动词所带的动词、形容词宾语的性质目前大致有三种看法:①谓词性(孟琮等 1987);②失去了谓词的部分语法特点,带有一定的体词性(高更生等 1984);③体词性(彭可君 1990)。大家注意到,准谓宾动词所带的动词、形容词宾语不能再作为直接成分扩展成主谓、动宾、状中、中补、连谓、兼语等词组,有的却能作为中心语构成定中词组。上述三种看法实际上来源于对这一语法现象的不同处理意见。汉语语法研究表明:谓词的典型语法特点是充任谓语或谓语中心;有的谓词也能充任主语、宾语、兼语、定语、定语修饰的中心语、状语、补语等,但受一定条件的限制。我们认为准谓宾动词所带的动词、形容词宾语是谓词性的,它们表现出来的语法特点主要是由准谓宾动词的句法、语义制约造成的。

9.1.2.1.2　以谓词性词语为中心语的定中词组充任的宾语

这个问题的争议实质上是对于以谓词性词语为中心语的定中词组的性质的不同看法,目前大致有三种意见:①体词性(朱德熙 1984);②谓词性(孟琮等 1987);③兼有体词和谓词的性质(陈庆汉 1996)。我们持第三种观点,以谓词性词语为中心语的定中词组兼有体词性和谓词性。说它具有一定的体词性是因为它不能作谓语或谓语中心,不具有谓词的典型语法特点,一般只能作主语、宾语、兼语等。例如:

(30)政治的变动,对于科员们,是饭碗又要破碎的意思……(老舍《离婚》)(主语)

(31)从失去的门环,他想象到明日生活的困苦……(老舍《四世同堂》)(宾语)

(32)科学的发展使电子计算机的应用越来越普遍。(高更生、王红旗等《汉

语教学语法研究》第 247 页）（兼语）

同时，以谓词性词语为中心语的定中词组具有一定的谓词性，这主要表现在这种词组作主语、宾语时谓语或谓语中心的条件限制与谓词性词语作主语、宾语时谓语或谓语中心的条件限制有相同之处。高更生等（1984）研究表明，谓词性词语作主语时谓语一般是判断性、使令性、描写性的；谓词性词语作宾语时，谓语中心常用心理活动动词、动作始终动词、感受动词、判断动词、客观证明动词等。近年来，对以谓词性词语为中心语的定中词组的研究表明，以谓词性词语为中心语的定中词组作主语、宾语时对谓语或谓语中心的条件限制类似于谓词性词语作主语、宾语时对谓语或谓语中心的条件限制。例如，据高更生、王红旗等（1996：224）考察，"X 的 V"作主语时，谓语或谓语中心主要有"判断"义动词，"使令"义动词，"影响"义动词，"导致"义动词，"有、无"义动词，"需求、依靠"义动词，"得、失"义动词，主谓词组，形容词等类型；"X 的 V"作动词宾语时，动词主要表示"得、受"，"有、无"，"引起"，"判断、说明"，感官、心理活动，言语活动，请求、禁止、避免，动作始终，事物的产生、发展、变化，教导，商讨，"给予"等，另外，还有虚化动词。陈庆汉（1996b）对"X 的 V"作主语、宾语时的谓语或谓语中心做了考察，类型与前者的考察结果大体相同。

值得注意，能带以谓词性词语为中心语的定中词组作宾语的动词基本上既能带体词性宾语又能带谓词性宾语。据我们考察，体宾动词和真谓宾动词都不能带这种词组作宾语，真准谓宾动词和大部分准谓宾动词能带这种词组作宾语。这说明以谓词性词语为中心语的定中词组不是典型的体词性词组或谓词性词组，可以说它正处于由谓词性词语向体词性词语转化的状态，兼有谓词性和体词性。

9.1.2.2　宾语的基本性质类型

准谓宾动词带谓词、以谓词性词语为中心语的定中词组、体词性词语作宾语的能力有所不同，大致分四类：

9.1.2.2.1　宾语可以是谓词、以谓词性词语为中心语的定中词组、体词性词语

又可分三类：

第一，宾语可以是动词，形容词，以动词、形容词等为中心语的定中词组，

体词性词语。这类准谓宾动词共32个，包括"倍增、搀杂、呈现、充满、带$_{(3)}$、发$_{(8)}$、发挥$_{(1)}$、发泄、犯$_{(2)}$、给、给以、给予、含$_{(3)}$、混杂、解$_{(3)}$、流露、笼罩、满足$_{(1)}$、闹$_{(4)}$、排$^2_{(1)}$、排泄$_{(2)}$、破$_{(4)}$、倾泻、上$_{(13)}$、提供、透$_{(3)}$、行$_{(6)}$、宣泄$_{(2)}$、与（yǔ）$_{(1)}$、予以、孕育、增长"。以"充满"为例：

（33）我觉得郭老对大自然的一切都充满热爱。（刘白羽《雷电颂》）（宾语是动词）

（34）她们唱着，歌声曼妙、舒展，充满欢愉。（叶蔚林《菇母山风情》）（宾语是形容词）

（35）对未来充满甜密的憧憬。（《汉语常用词搭配词典》）（宾语是以动词为中心语的定中词组）

（36）屋子里充满了闺房的温存。（《汉语常用词搭配词典》）（宾语是以形容词为中心语的定中词组）

（37）我回顾五十年来所走过的路，今天我对读者仍然充满感激之情。（巴金《把心交给读者》）（宾语是体词性词组）

第二，宾语可以是动词、以动词为中心语的定中词组、体词性词语。这类准谓宾动词共43个，包括"充实、打$_{(4)}$、打$_{(20)}$、端正、断$_{(2)}$、断$_{(3)}$、发表$_{(1)}$、发动$_{(1)}$、发挥$_{(2)}$、繁荣、丰富、付予、改进、干$_{(1)}$、革新、患$_{(2)}$、活跃、寄托$_{(2)}$、寄予$_{(1)}$、寄予$_{(2)}$、寄寓$_{(2)}$、加$_{(4)}$、加以、进行$_{(1)}$、举行、开$_{(5)}$、开展$_{(1)}$、密切、倾注$_{(2)}$、施$_{(2)}$、施加、提高、投入$_{(1)}$、退$_{(3)}$、完善、下$_{(8)}$、压$_{(2)}$、有$_{(4)}$、展开$_{(2)}$、致$_{(1)}$、致以、遵守、作出$_{(2)}$"。以"发动$_{(1)}$"为例：

（38）敌人在目前还是有力量的，它还可能向解放军发动$_{(1)}$进攻。（毛泽东《论联合政府》）（宾语是动词）

（39）在目前条件下，解放军的军队应向一切被敌伪占领而又可能攻克的地方，发动$_{(1)}$广泛的进攻……（毛泽东《论联合政府》）（宾语是以动词为中心语的定中词组）

（40）敌人气没喘匀，我们紧接着发动$_{(1)}$了五次战役。（杨朔《三千里江山》）（宾语是体词性词组）

第三，宾语可以是形容词、以形容词为中心语的定中词组、体词性词语。这类准谓宾动词共9个，包括"吃$_{(1)}$、出$_{(6)}$、除$_{(1)}$、清$_{(1)}$、惹$_{(1)}$、撒（sā）$_{(2)}$、散（sàn）(2)、送(2)、着（zháo）(1)"。以"撒(2)"为例：

（41）我在摩梭人中停留一个多月，住了好些村子和农户，没有发现孩子们撒(2)野，打架。（李世义《并非海外奇谈》）（宾语是形容词）

（42）你在这儿撒(2)什么野？真丢人！（《现代汉语离合词用法词典》）（宾语是以形容词为中心语的定中词组）

（43）他完全相信王顶坤，这个人什么事都敢干就是不敢撒(2)谎。（郭松元《停产之后》）（宾语是名词）

9.1.2.2.2　宾语可以是谓词、体词性词语

又可分三类：

第一，宾语可以是动词、体词性词语。这类准谓宾动词共6个，包括"打(22)、动(4)、化(1)、开(4)、落（luò）(3)、松"。以打(22)为例：

（44）耳朵里放着砒霜，出气是绿气炮，一挤眼便叫人一命呜呼，更是叫外国男女老少从心里打(22)哆嗦的。（老舍《二马》）（宾语是动词）

（45）一边打(22)着手势一边说。（《汉语动词用法词典》）（宾语是名词）

第二，宾语可是是形容词、体词性词语。这类准谓宾动词共12个，包括"传(4)、导(2)、泛(2)、拉¹(6)、拉²、卖(4)、弄(4)、搔、套(5)、务、献(2)、抓(2)"。例如：

（46）假如我早知道，我是说什么也不会到美术学院来献(2)丑的呀！（张笑天《错过太阳和群星的人》）（宾语是形容词）

（47）你应该献(2)出自己的全部本领。（《汉语动词用法词典》）（宾语是体词性词组）

第三，宾语可以是动词、形容词、体词性词语。这类准谓宾动词共2个，包括"投(6)、脱(3)"。例如：

（48）她离开细纱间，脱(3)产专门搞党的和工会的工作。（周而复《上海的早晨》）（宾语是动词）

（49）黄兴在长沙脱(3)险后，很快又逃到了日本。（任光椿《辛亥风云录》）（宾语是形容词）

（50）你要想办法立刻脱(3)身。（《汉语动词用法词典》）（宾语是名词）

9.1.2.2.3　宾语可以是以谓词性词语为中心语的定中词组、体词性词语

这样的准谓宾动词只有"报答、侵犯 (1)"。例如：

（51）我要以实际行动报答团组织对我的培养。（《汉语常用词搭配词典》）（宾语是以动词为中心语的定中词组）

（52）他至少可以买赵姑父一点货物，以报答他的和蔼。（老舍《老张的哲学》）（宾语是以形容词为中心语的定中词组）

（53）他为了报答他，竟不惜把自己的精心研究都奉献给了罗。（郭沫若《鲁迅与王国维》）（宾语是体词）

9.1.2.2.4　宾语是谓词

又可分两类：

第一，宾语是形容词。这类准谓宾动词只有"发 (7)"。例如：

（54）小草发 (7) 绿了。（《汉语动词用法词典》）

第二，宾语可以是动词、形容词。这类准谓宾动词只有"发 (9)"。例如：

（55）西北风扑面吹来，那四人却冷得发 (9) 抖。（茅盾《残冬》）（宾语是动词）

（56）身上发 (9) 冷。（《汉语动词用法词典》）（宾语是形容词）

以上根据准谓宾动词带谓词、以谓词性词语为中心词的定中词组、体词性词语作宾语的具体情况，把准谓宾动词及其宾语分为 4 大类 9 小类。108 个准谓宾动词中，能带谓词作宾语的准谓宾动词共 107 个，约占 99%，其中能带动词宾语不能带形容词宾语的共 49 个，约占 45%，能带形容词宾语不能带动词宾语的共 27 个，约占 25%，既能带动词宾语又能带形容词宾语的共 31 个，约占 29%；能带以谓词性词语为中心语的定中词组作宾语的准谓宾动词 86 个，约占 80%；能带体词性词语作宾语的准谓宾动词共 106 个，约占 98%。

9.1.3　宾语的表述功能

朱德熙（1982）首先提出并运用指称（designation）、陈述（assertion）的概念分析谓词性主语、宾语的表述功能。指称即有所指，陈述即有所谓。有的谓词性主语、宾语"本身虽然仍旧表示动作、行为、性质等等，可是跟谓语联系起来看，这些动作、行为、性质、状态等等已经事物化了，即变成了可以指称的对象"，属于"指称性"的谓词性主语、宾语，一般可以用"什么"指代；有的谓词性主

语、宾语"没有事物化"，"不是指称的对象，而是对于动作、行为、性质、状态的陈述"，属于"陈述性"的谓词性主语、宾语，一般可以用"怎么样"指代。郭锐（1997）对指称和陈述的定义、区分做了些补充，并对其他几种类型的表述功能做了考察。一般认为，充任宾语的词语的表述功能是指称或陈述，具体类型取决于充任宾语的词语的性质和谓语或谓语中心的特点。例如，充任体宾的体词性词语只能表示指称，不会表示陈述；只能带谓宾的真谓宾动词"懒得、难于、忍心、认为、妄图"等等一般只能带陈述性的谓词性宾语，不能带指称性的谓词性宾语等。准谓宾动词能带体词性宾语、谓词性宾语、体谓性宾语，下面分两类考察：①体宾的表述功能；②谓宾的表述功能（包括谓词性宾语和体谓性宾语）。

9.1.3.1　体宾的表述功能

准谓宾动词有 106 个能带体宾，所带体宾都表示指称。有的体宾可以用"什么"、"谁"、"哪儿/哪里"等提问。例如：

（57）a. 大自然向我们提供了多少好材料啊！（艾芜《边城》）

　　　b. 大自然向我们提供了什么？

（58）a. 三个妈妈把同样的慈爱给予大鸾。（苏叔阳《大地的儿子》）

　　　b. 三个妈妈把同样的慈爱给予谁？

（59）a. 把冰化$_{(1)}$碗里。（《汉语动词用法词典》）

　　　b. 把冰化$_{(1)}$哪儿/哪里？

有的准谓宾动词和某些体宾结合得比较紧密，体宾一般不能作为单独成分提问，通常用"怎么样"、"干什么"等来提问整个动宾结构。例如：

（60）a. 老王在登山途中落$_{(3)}$伍了。（《现代汉语离合词用法词典》）

　　　b. 老王在登山途中怎么样了？

（61）a. 他常常在公园里散$_{(3)}$心。（《现代汉语离合词用法词典》）

　　　b. 他常常在公园里干什么？

类似的动宾结构还有"出$_{(6)}$面、惹$_{(1)}$事、撒（sā）$_{(2)}$谎、施$_{(2)}$礼、脱$_{(3)}$缰、行$_{(6)}$礼"等。

9.1.3.2　谓宾的表述功能

准谓宾动词所带谓宾的表述功能有所不同，大致可分三类：

9.1.3.2.1　只能是指称性谓宾，不能是陈述性谓宾

"报答、端正、丰富、孕育"等 100 个准谓宾动词只能带指称性谓宾，不能带陈述性谓宾，约占 93％。有的准谓宾动词所带指称性谓宾可以用"什么"提问。例如：

（62）a. 在他的忌日里，雪泥鸿爪，倍增怀念。（萧三《记起我俩年轻的岁月》）

　　　b. 在他的忌日里，雪泥鸿爪，倍增什么？

（63）a. 一望无垠的苍天，寄托$_{(2)}$着一个爱国青年要飞出牢笼，挣脱羁缚的渴望和追求。（袁鹰《飞》）

　　　b. 一望无垠的苍天，寄托$_{(2)}$着什么？

有的准谓宾动词和所带的指称性谓宾结合比较紧密，有些已成为习惯性搭配，通常不能直接提问宾语。例如"出$_{(6)}$丑、传$_{(4)}$热、散$_{(3)}$热、献$_{(2)}$丑、着（zháo）$_{(1)}$凉"等。

9.1.3.2.2　只能是陈述性谓宾，不能是指称性谓宾

这类准谓宾动词共 6 个，约占 5％，包括"打$_{(22)}$、发$_{(7)}$、发$_{(8)}$、发$_{(9)}$、加$_{(4)}$、加以"。只有"加$_{(4)}$、加以"的谓宾勉强可以用"怎样"提问。例如：

（64）a. 发现问题要及时加以解决。（《汉语动词用法词典》）

　　　b. 发现问题要及时加以怎样？

（65）a. ……对于他们的好作品，都加以严酷而不正确的批评……（鲁迅《中国文坛上的鬼魅》）

　　　b. 对于他们的好作品，都加以怎样？

9.1.3.2.3　既可以是指称性谓宾，也可以是陈述性谓宾

这类准谓宾动词包括"给以、予以"2 个，约占 2％。"给以、予以"表示"给予"时，可以带指称性谓宾，这种情况下，"给以、予以"可以用"给予"替换，谓宾勉强可以用"什么"指代。例如：

（66）a. 他有困难，我们应给以帮助。（《汉语动词用法词典》）

　　　b. 他有困难，我们应给予帮助。

　　　c. 他有困难，我们应给以什么？

（67）a. 对于工作中有成绩的同志，我们应当给以一定的物质奖励。（《汉语动词用法词典》）

  b. 对于工作中有成绩的同志，我们应当给予一定的物质奖励。

  c. 对于工作中有成绩的同志，我们应当给以什么？

（68）a. 同时，它的兄弟部队八路军各部，决不坐视它陷于夹击，必能采取相当步骤，予以必要的援助，这是我可以率直地告诉她们的。（毛泽东《为皖南事变发表的命令和谈话》）

  b.……给予必要的援助……

  c.……予以什么？

"给以、予以"表示如何处置所提及的人或事物时，可以带陈述性谓宾，"给以、予以"可以用"加以"替换，"予以"所带谓宾勉强可以用"怎样"指代。例如：

（69）a. 我们党的军事战略的变化问题，值得给以研究。（毛泽东《战争和战略问题》）

  b. 我们党的军事战略的变化问题，值得加以研究。

（70）a. 如果乱说乱动，立即取缔，予以制裁。（毛泽东《再克济阳后给济阳前线指挥部的电报》）

  b. 如果乱说乱动，立即取缔，加以制裁。

  c. 如果乱说乱动，立即取缔，予以怎样？

9.1.4　宾语的语义格

  菲尔墨（1968）提出了"格语法"的概念。它不同于传统语言学用来分析某些屈折语的"格"，它是反映成分间的"语义关系"的"深层格"。语言学界通常把"深层格"理解为谓词和体词之间的及物关系，如动作与施事、受事等的关系。广义的"深层格"包括句子内部、句子之间的各种语义关系。下面我们尝试着分析一下准谓宾动词所带宾语的语义格，包括体宾和谓宾的语义格。体宾的语义格分析我们主要参考了《汉语动词用法词典》所采用的语义格系统，有的做了调整。谓宾中的指称性谓宾已经"事物化"，语义格可以参照体宾的语义格类型进行分析；陈述性谓宾有的可以采用某些体宾的语义格，有的需要另立新格。

9.1.4.1　体宾的语义格

  能带体宾的准谓宾动词可以分为单系、双系、三系、四系体宾的准谓宾动词。

它们所带体宾的语义格需分别考察。

9.1.4.1.1　单系体宾的语义格

单系体宾的准谓宾动词 80 个，它们所带体宾的语义格类型包括：受事、致使、对象、结果、处所、杂类等。

第一，受事体宾。这类准谓宾动词共 49 个，包括"搀杂、充满、除(1)、传(4)、打(20)、带(3)、导(2)、动(5)、断(3)、发(8)、发表(1)、发动(1)、发挥(2)、发泄、给以、革新、含(3)、混杂、寄托(2)、寄予(2)、寄寓(2)、加(4)、加以、解(3)、进行(1)、举行、开展(1)、卖(4)、闹(4)、弄(4)、排泄、破(4)、清(1)、倾泻、倾注(2)、撒（sā）(2)、施(2)、施加、提供、务、下(8)、献(2)、行(6)、宣泄(2)、压(2)、予以、致以、遵守、作(2)。例如：

（71）许许多多故旧新交，向我倾注(2)真挚、亲切、浓烈的感情。（臧克家《五十二年友情长》）

第二，致使体宾。这类准谓宾动词共 16 个，包括"倍增、充实、端正、发挥(1)、繁荣、丰富、改进、活跃、开(5)、满足(1)、密切、提高、脱(3)、完善、增长、展开(2)"。例如：

（72）和人民结合，充实自己的生活，这在今天，大家都承认是最重要的了。（茅盾《关于文艺修养》）

第三，结果体宾。这类准谓宾动词共 11 个，包括"呈现、打(22)、犯(1)、泛(2)、患(2)、流露、惹(1)、上(13)、透(3)、有(4)、孕育"。例如：

（73）儿童喜欢在草地上踢球、打(22)滚儿、做游戏。（蒋子龙《过海日记》）

第四，对象体宾。这类准谓宾动词包括"报答、侵犯(1)"2 个。例如：

（74）这呼号是报答郭先生的。（叶圣陶《抗争》）

第五，处所体宾。这类准谓宾动词共 2 个，包括"落（luò）(3)、投(6)"。例如：

（75）他投考音乐学院附中落(3)榜。（从维熙《北国草》）

第六，杂类体宾。这类准谓宾动词指"打(4)"。例如：

（76）吕建国说："不行就跟他打(4)官司吧。"（谈歌《工厂》）

9.1.4.1.2　双系体宾的语义格

双系体宾的准谓宾动词共 21 个，语义格类型包括：受事、对象，受事、目的，受事、处所，受事、等同，受事、杂类，致使、处所，致使、杂类，致使、当事，处所、当事。

第一，受事、对象体宾。这类准谓宾动词共 7 个，包括"付予、给、给予、寄予(2)、送(2)、与（yǔ）(1)、致(1)"。例如：

（77）这本书出版以后，出版社给不了几本书。（《汉语动词用法词典》）（受事体宾）

（78）优胜红旗给了一组。（《汉语动词用法词典》）（对象体宾）

这类准谓宾动词可以带双宾，近宾表示对象，远宾表示受事。例如：

（79）芳官出来，春燕方悄悄的说给他蕊官之事，并给了他硝。（曹雪芹《红楼梦》）

有时，这类准谓宾动词直接带对象体宾，受事用介词"以"引出。例如：

（80）第一次世界大战曾经在一个时期内给了日本帝国主义以独霸中国的机会。（毛泽东《论反对日本帝国主义的策略》）

第二，受事、目的体宾。这类准谓宾动词 2 个，包括"拉^1(6)、套(5)"。例如：

（81）他到处拉^1(6)人。（《汉语动词用法词典》）（受事体宾）

（82）他跟我拉^1(6)过交情。（《汉语动词用法词典》）（目的体宾）

第三，受事、处所体宾。这类准谓宾动词 3 个，包括用"排^2(1)、投入、着（zháo）(1)"。例如：

（83）我看还要多投入一些力量，才能把这座工厂建成。（《汉语动词选解》）（受事体宾）

（84）它开始投入严肃的实际生活中了。（法布尔《蝉》）（处所体宾）

第四，受事、等同体宾。"干(1)"能带受事、等同体宾。例如：

（85）这同某一农民身着西装，打好领带，到田中干(1)活，同样让人感到不那么舒服。（季羡林《衣着的款式》）（受事体宾）

（86）他又干(1)开秘书了。（《汉语动词用法词典》）（等同体宾）

第五，受事、杂类体宾。"出(6)"能带受事、杂类体宾。

（87）为了避免第一次出(6)洋相，我只好特邀妹妹的男朋友小胡为我作陪助阵。（龙玉纯《我的相亲戏剧》）（受事体宾）

（88）他又出(6)上风头了。（《汉语动词用法词典》）（杂类体宾）

第六，受事、处所体宾。"松"能带受事、处所体宾。例如：

（89）渐渐，他终于明白过来，不管怎么磨蹭，迟早总得松手将我放行。（朱增泉《减削人生》）（受事体宾）

（90）松这边。（《汉语动词用法词典》）（处所体宾）

第七，致使、杂类体宾。"散（sàn）$_{(3)}$"能带致使、杂类体宾。

（91）他正用鼓风机往外散$_{(3)}$着烟呢。（《汉语动词用法词典》）（致使体宾）

（92）临分手，我改换话题说："您光在这绿地散$_{(3)}$心，不到那边街上逛呀？"（刘心武《眼净》）（杂类体宾）

第八，致使、当事体宾。"断$_{(2)}$、开$_{(4)}$退$_{(3)}$"能带致使、当事体宾，例如：

（93）把新瓷器埋在土里退$_{(3)}$、退$_{(3)}$光。（《汉语动词用法词典》）（致使体宾）

（94）来到风光如画的西雅图海边，海水正欲退$_{(3)}$潮。（映山红《在西雅图拆螃蟹》）（当事体宾）

第九，处所、当事体宾。"笼罩"能带处所、当事体宾。例如：

（95）冬季日短，又是雪天，夜色早已笼罩了全市镇。（鲁迅《祝福》）（处所体宾）

（96）虽然姨父尚在人世，家里已经笼罩着令人压抑的悲哀气氛。（小皮《贵妇的画像》）（当事体宾）

9.1.4.1.3　三系体宾的语义格

三系体宾的准谓宾动词共 3 个，包括"搔、抓$_{(2)}$、化$_{(1)}$"。"搔、抓$_{(2)}$"能带受事、结果、处所体宾。例如：

（97）这只猫抓$_{(2)}$人。（《汉语动词用法词典》）（受事体宾）

（98）脸上抓$_{(2)}$了几道口子。（《汉语动词用法词典》）（结果体宾）

（99）她抓$_{(2)}$过人家的脸。（《汉语动词用法词典》）（处所体宾）

"化$_{(1)}$能带结果、致使、处所体宾。例如：

（100）你看，那块肥肉化$_{(1)}$出不少油。（《汉语动词用法词典》）（结果体宾）

（101）他化$_{(1)}$得好胶吗？（《汉语动词用法词典》）（致使体宾）

（102）雪水化$_{(1)}$地里了。（《汉语动词用法词典》）（处所体宾）

9.1.4.1.4　四系体宾的语义格

四系体宾的准谓宾动词共 2 个，包括"吃$_{(1)}$、拉^2"。"吃$_{(1)}$"能带受事、工具、方式、处所体宾。例如：

（103）我小时候哪吃$_{(1)}$得着白馒头呀。（《汉语动词用法词典》）（受事体宾）

（104）吃$_{(1)}$大碗｜吃$_{(1)}$小碗（《汉语动词用法词典》）（工具体宾）

（105）吃$_{(1)}$大锅饭｜吃$_{(1)}$小灶（《汉语动词用法词典》）（方式体宾）

（106）吃$_{(1)}$全聚德｜吃$_{(1)}$饭馆（《汉语动词用法词典》）（处所体宾）

"拉^2"能带受事、原因、处所、杂类体宾。例如：

（107）派出所半掩着的大门前，一只肥猪正在拉^{2}屎，热腾腾的白气升起老高。（刘醒龙《分享艰难》）（受事体宾）

（108）他又拉^{2}开痢疾来了。（《汉语动词用法词典》）（原因体宾）

（109）拉^{2}盆里了。（《汉语动词用法词典》）（处所体宾）

（110）这几环天他正拉^{2}肚子呢。（《汉语动词用法词典》）（杂类体宾）

106 个能带体宾的准谓宾动词中，68 个准谓宾动词能带受事体宾，约占 64%；22 个准谓宾动词能带致使体宾，约占 20%；15 个准谓宾动词能带结果体宾，约占 13%；13 个准谓宾动词能带处所体宾，约占 12%；9 个准谓宾动词能带对象体宾，约占 8%；另外，有的准谓宾动词还能带杂类、当事、目的、工具、等同、方式、原因体宾。

9.1.4.2　谓宾的语义格

准谓宾动词所带的指称性谓宾和陈述性谓宾的语义格需要分别考察。

9.1.4.2.1　指称性谓宾的语义格

能带指称性谓宾的准谓宾动词共 102 个，约占 94%，可以分为单系、双系指称性谓宾的准谓宾动词。

第一，单系指称性谓宾的语义格。单系指称性谓宾的准谓宾动词共 98 个，所带指称性谓宾的语义格包括受事、致使、结果、处所、对象、目的、杂类。

"搀杂、吃$_{(1)}$、充满、出$_{(6)}$、除$_{(1)}$、传$_{(4)}$、打$_{(20)}$、带$_{(3)}$、导$_{(2)}$、断$_{(3)}$、动$_{(4)}$、发表$_{(1)}$、发动$_{(1)}$、发挥$_{(2)}$、发泄、付予、干$_{(1)}$、革新、给以、给、给予、含$_{(3)}$、混杂、寄托$_{(2)}$、寄予$_{(1)}$、寄$_{(2)}$、寄寓$_{(2)}$、解$_{(3)}$、进行$_{(1)}$、

举行、破 (4)、开展 (1)、拉 2、卖 (4)、闹 (4)、弄 (4)、排 2 (1)、排泄、清 (1)、倾泻、倾注 (2)、撒（sā）(2)、送 (2)、施 (2)、施加、提供、务、下 (8)、献 (2)、行 (6)、宣泄 (2)、压 (2)、与（yǔ）(1)、予以、着（zháo）(1)、致 (1)、致以、遵守、作 (2)" 等 59 个准谓宾动词能带受事指称性谓宾。例如：

（111）对于起义加入本军的蒋军部队和公开或秘密为本军工作的人们，则给予奖励。（毛泽东《中国人民解放军宣言》）

（112）新党员非常之多，但是没有给予必要的马克思列宁主义的教育。（毛泽东《〈共产党人〉发刊词》）

"倍增、充实、端正、发挥 (1)、繁荣、丰富、改进、化 (1)、活跃、开 (5)、满足 (1)、密切、散（sàn）(3)、松、提高、脱 (3)、完善、增长、展开 (2)" 等 19 个准谓宾动词能带致使指称性谓宾。例如：

（113）要化大力气鼓励和组织作家、艺术家、青年作者深入生活，繁荣创作。（郭沫若《衷心的祝愿》）

（114）小乙努力发挥 (1) 他的想象，实际上是在追回他那失去的童年。（陆文夫《一路平安》）

"呈现、犯 (2)、泛 (2)、患 (2)、流露、惹 (1)、上 (13)、透 (3)、有 (4)、孕育" 等 10 个准谓宾动词能带结果指称性谓宾。例如：

（115）这孩子老实，惹 (1) 不了麻烦。（《汉语动词用法词典》）

"落（luò）(3)、搔、投 (6)、投入、抓 (2)" 等 5 个准谓宾动词能带处所指称性谓宾。例如：

（116）他要等待刘体纯的大队骑兵赶到，所以不急于投入战斗。（姚雪垠《李自成》）

"报答、侵犯 (1)" 2 个准谓宾动词能带对象指称性谓宾。例如：

（117）为了报答党的委托和信任，内线工作需要作出成绩来。（李英儒《野火春风斗古城》）

"拉 1 (6)、套 (5)" 2 个准谓宾动词能带目的指称性谓宾。例如：

（118）那个人正和老王套 (1) 着近乎，老张就进来了。（《汉语动词用法词典》）

"打 (4)" 可以带杂类指称性谓宾。例如：

（119）罗求知想，"我可以打 (4) 赌，她是盲目跟着他们跑，她实在不知道

他们是干什么的！"（茅盾《锻炼》）

第二，双系指称性谓宾的语义格。

双系指称性谓宾的准谓宾动词共 4 个，能带致使、当事，处所、当事指称性谓宾。

"断$_{(2)}$、开$_{(4)}$、退$_{(3)}$"能带致使、当事指称性谓宾。例如：

（120）你有退$_{(3)}$烧的药吗？（《现代汉语离合词用法词典》）（致使指称性谓宾）

（121）他已经退$_{(3)}$烧了。（《现代汉语离合词用法词典》）（当事指称性谓宾）

"笼罩"能带处所、当事指称性谓宾。例如：

（122）……这圣树曾经用它稀疏的树阴笼罩过基督一生的最大的痛苦，他一生中仅有的一次软弱。（莫泊桑《橄榄园》）（处所指称性谓宾）

（123）重庆笼罩着恐怖，我的身后有特务盯梢。（艾青《我的创作生涯》）（当事指称性谓宾）

综合上述分析，能带指称性谓宾的准谓宾动词中，59 个能带受事指称性谓宾，约占 58%，22 个能带致使指称性谓宾，约占 21%；10 个能带结果指称性谓宾，约占 9%；6 个能带处所指称性谓宾，约占 5%；另外，有的准谓宾动词能带当事、对象、目的、杂类指称性谓宾。

9.1.4.2.2 陈述性谓宾的语义格

能带陈述性谓宾的准谓宾动词共 8 个，约占 7%，其中"给以、予以"也能带指称性谓宾。准谓宾动词所能带的陈述性谓宾主要表示处置或结果。

"给以、加$_{(4)}$、加以、予以"等 4 个准谓宾动词和所带的陈述性谓宾组成的动宾词组往往表示对人或事物如何对待或处置，我们把这类准谓宾动词所带的陈述性谓宾叫作"处置"陈述性谓宾。例如：

（124）如有乘机破坏，偷盗，舞弊，携带公款、公物、档案潜逃，或拒不交代者，则须予以惩办。（毛泽东《中国人民解放军布告》）

（125）对于这种错误，必须迅速加以纠正。（毛泽东《矛盾论》）

"打$_{(22)}$、发$_{(7)}$、发$_{(8)}$、发$_{(9)}$"等 4 个准谓宾动词能带结果陈述性谓宾。例如：

（126）华老五虽然吃了点王法，可是气得发$_{(9)}$抖，从此就有手颤的毛病。

（张天翼《畸人手记》）

9.1.5　语义类型

我们参考《同义词词林》采用的语义系统对准谓宾动词的语义特点做了考察，发现准谓宾动词的语义类型主要有施加、处置，从事、处置，致使、变化，去除、破除，发生、呈现或显现等，另外还有某种现象、事态、始末、状态，某些社会活动，某种影响，个别动作等。

9.1.5.1　施加、处置

"付予、给、给以、给予、寄托（2）、寄予（1）、舒（2）、寄寓（2）、加（4）、加以、施（2）、施加、送（2）、提供、与（yǔ）（1）、予以、致（1）、致以"等 18 个准谓宾动词表示施加、处置，即把事物、动作、行为、性状等加在某人或某事物上，以表示如何对待或处置。例如：

（127）对于叛徒，除罪大恶极者外，在其不继续反共的条件下，予以自新之路；如能回头革命，还可予以接待，但不准重新入党。（毛泽东《论政策》）

（128）我们还没有对革命实践的一切问题，或重大问题，加以考察，使之上升到理论的阶段。（毛泽东《整顿党的作风》）

9.1.5.2　从事、处置

"打（4）、打（20）、干（1）、进行（1）、举行、开展（1）、闹（4）、弄（4）、务、下（8）、行（6）、展开（2）、作（2）"等 13 个准谓宾动词表示从事、处置。它们主要表示从事某种活动，有时带有如何对待或处置某人或某事物的意思。例如：

（129）这些地方的党委，在纠正这种错误的时候，必须从领导方针和领导方法两方面认真地进行（1）检查。（毛泽东《关于工商政策》）

（130）中间派的态度是容易动摇的，并且不可避免地要发生分化；我们应当针对着他们的动摇态度，向他们进行（1）适当的说服和批评。（毛泽东《目前抗日统一战线中的策略问题》）

9.1.5.3　致使、变化

"倍增、充实、端正、断（2）、发挥（1）、繁荣、丰富、改进、革新、化（1）、活跃、开（4）、满足（1）、密切、提高、松、退（3）、完善、增长"等 20 个准谓宾动词表示致使、变化，即使人或事物发生某种变化、呈现某种状态。例如：

（131）人们不断地总结经验，端正前进的步伐。（柯灵《历史老人摊了牌

（132）我们写小说的，想叫自己劝人劝得不错，就得先端正自己的认识。（赵树理《随〈下乡集〉寄给农村读者》）

9.1.5.4　去除、破除

"除(1)、断(3)、发泄、解(3)、开(5)、拉²、排²(1)、排泄、破(4)、清(1)、倾泻、倾注(2)、散（sàn）(3)、宣泄(2)"等14个准谓宾动词表示去除、破除。它们一般表示主体去除、破除自身或客体的某种事物、动作、行为、活动、性状等。例如：

（133）解(3)了职以后就回家务农去了。（《汉语动词用法词典》）

（134）有些人为了解(3)恨，使用了激将法。（莫应丰《猩子和凤子》）

9.1.5.5　发生、呈现或显现

"呈现、充满、出(6)、打(22)、带(3)、动(4)、发(7)、发(8)、发(9)、发表(1)、发动(1)、发挥(2)、犯(2)、泛(2)、含(3)、流露、卖(4)、撒（sā）(2)、上(13)、透(3)、献(2)、孕育、有(4)"等23个准谓宾动词表示发生、呈现或显现。例如：

（135）封雨以校学生会名义出(9)面，替他们借了活动场地。（黄蓓佳《请与我同行》）

（136）要我上台唱歌，你不是要出(9)我的丑吗？（《现代汉语离合词用法词典》）

9.1.5.6　某种现象、事态、始末、状态等

"搀杂、传(4)、笼罩、导(2)、患(2)、混杂、落（luò）(3)"等7个准谓宾动词表示某种现象、事态、始末、状态等。例如：

（137）马蹄声，车轮声，机翼声，搀杂在一起。（鲁彦《听潮》）

（138）只有柳泉的呜咽，搀杂着哭告无门的委曲、苦楚和无奈，在这房间里回荡。（张洁《方舟》）

9.1.5.7　某些社会活动

"报答、拉¹(6)、侵犯(1)、套(5)、投(6)、投入(1)、遵守"等7个准谓宾

动词表示某些社会活动。例如：

（139）冯玉祥在库伦亦发通电，正式加入国民政府，遵守总理遗嘱，实行三民主义了。（《鲁迅全集·第二集》）

（140）他忠实地遵守着朋友的嘱托，每一个星期来看她。（雁翼《迎春赋》）

9.1.5.8　某种影响

"惹$_{(1)}$、压$_{(2)}$、着（zháo）$_{(1)}$" 3 个准谓宾动词表示某种影响。例如：

（141）这双鞋着$_{(1)}$过水，鞋底就变形了。（《汉语动词用法词典》）

（142）坚持锻炼，着$_{(1)}$不了凉。（《汉语动词用法词典》）

9.1.5.9　个别动作

"吃$_{(1)}$、搔、抓$_{(2)}$"表示个别动作。例如：

（143）她抓$_{(2)}$过人家的脸。（《汉语动词用法词典》）

（144）小猫儿又抓$_{(2)}$上痒痒了。（《汉语动词用法词典》）

9.2　真准谓宾动词

9.2.1　什么是真准谓宾动词

朱德熙先生（1982：59）把谓宾动词分为真谓宾动词和准谓宾动词。真谓宾动词的宾语"可以是单个的动词或形容词，也可以是主谓结构、述宾结构、述补结构、连谓结构或由副词充任修饰语的偏正结构等"，如"打算、觉得、认为、以为"等。准谓宾动词的宾语"不能是主谓、述宾、连谓等结构，只能是某些双音节动词或偏正结构，而且这种偏正结构里的修饰语只能是体词或形容词，不能是副词"，如"进行、有、作、加以、予以"等。我们注意到，语言事实中有些动词兼有上述两类谓宾动词的语法特点，我们把这样的动词叫作真准谓宾动词。例如：

（1）为了不妨碍打麦，按习惯是把初运回来的麦子垛在场边上，而且是穗朝里垛成一排。（赵树理《老定额》）

（2）自修的时候，尤其应该吟诵；只要声音低一点，不妨碍他人的自修。（叶圣陶《〈精读指导举隅〉前言》）

我们考察了《汉语动词用法词典》等 6 部具有代表性的辞书，并参考了 CSC 多媒体教参（高中语文版），发现真准谓宾动词 146 个。本节在上述统计材料的基础上对这 146 个真准谓宾动词做了定量分析。

9.2.2 从宾语看真准谓宾动词

真准谓宾动词有两类：①只能带谓宾的真准谓宾动词；②能带体宾的真准谓宾动词。

9.2.2.1 只能带谓宾的真准谓宾动词

146 个真准谓宾动词中有 8 个只能带谓宾，约占 6%。它们带的真谓宾有 3 种类型：

第一，谓宾一般是主谓词组、复句形式。这类真准谓宾动词只有"失悔"，例如：

（3）他现在多少有点失悔自己做了糊涂事情。（沙江《在其香居茶馆里》）

（4）她甚至失悔自己的任性，在车站时对他大凶了。（谌容《弯弯的月亮》）

第二，真谓宾可以是动词性词语、主谓词组、复句形式。这类真准谓宾动包括"惊叹、痛感、有助于"，例如：

（5）你们的访问，将有助于进一步加强我们两国人民之间的友谊和团结。（《常用词用法例释》）

（6）激光的研究和应用，有助于我门进一步揭开物质结构的奥秘。（《常用词用法例释》）

（7）这次比赛，必将有助于亚洲蓝球运动水平的提高。（《常用词用法例释》）

第三，真谓宾可以是动词性词语、形容词性词语、主谓词组、复句形式。这类真准谓宾动词包括"开始②、说明②、意味着、争取②"，例如：

（8）用酒精制造纸浆意味着出现一种清洁、无污染的技术。（1978 年高考语文试题）

（9）不过，成熟也意味着圆滑、胆怯（朱自清《论无话可说》）

（10）这意味着一场暴风雨就要来临。（《常用词用法例释》）

（11）在资本主义国家，长期的干旱，将意味着食物和燃料的涨价。（《常用词用法例释》）

9.2.2.2　能带体宾的真准谓宾动词

146 个真准谓宾动词中有 138 个能带体宾，约占 94％。它们的真谓宾有 4 种类型。

第一，真谓宾一般是动词性词语。这类真准谓宾动词包括"参加①、参与、发动①、继续、扩大②、企求、热中、限制、执行、指导、制止、准许、着手、阻止"，例如：

（12）他老人家亲自参与规划停车场的方位。（《汉语常用词搭配词典》）

（13）读者可以根据自己的生活经验去补充它，去参与诗人的创造。（罗洛《诗的随想录》）

（14）他怎么配参与这样的大事。（曹禺《王昭君》）

第二，真谓宾一般是主谓词组、复句形式。这类真准谓宾动词包括"鄙薄、标志、惭愧、称赞、扶植、感应、顾虑、窥见、默祷、目睹、佩服、评价、挑剔、想象、欣赏②、坐等②"，例如：

（15）他很喜欢被叫做"老三"，想象着自己是张飞。（老舍《牛天赐传》）

（16）从失去的门环，他想象到明日生活的困苦……（老舍《四世同堂》）

（17）我可以想象那街道上的汽车来往不绝的情景。（方令孺《信》）

第三，真谓宾可以是动词性词语、主谓词组、复句形式。例如：

（18）他们妄图封锁、孤立中国的阴谋宣告彻底破产。（《常用词用法例释》）

（19）一九四九年十月一日，毛泽东同志在天安门上向全世界庄严宣告：中华人民共和国成立了。（《常用词用法例释》）

（20）作家感情的衰退，就宣告着艺术灵泉的枯竭。（柯灵《给人物以生命》）

（21）门外传来一声震耳的枪响，宣告了这个忠心的仆人的结局。（鲁恩正《遭珊瑚岛上的死风光》）

"饱受、表演①、博得、耽误、等①、等候、抵制、发展、反对、反映①、反映②、防备、分析、讽刺、否认、扶持、高兴②、观察、怀疑①、欢迎②、回答、激起、结束、经过①、拒绝、考虑、克服、留心、满意、明白、瞥见、庆祝、热心（于）、听②、同意、痛恨、推测、显示、小心、宣布、议论、有待于、预备、照料、证明、证实、支持②、指④、指望、治①"等也是这样的动词。

第四，真谓宾可以是动词性词语、形容词性词语、主谓词组、复句形式。例如：

（22）他不满地出去，童翻译预感到有什么事情要发生，也紧跟着出去。（周而复《白求恩大夫》）

（23）金莲预感着不祥，怀着局促不安的心情，一口气读完了徐天华的来信。（叶永烈《并蒂莲》）

（24）母亲全身一阵紧张，他预感到，一场暴风雨就要降临了。（冯德英《苦菜花》）

（25）他仿佛正预感着那失恋的来临。（丁玲《韦护》）

（26）殷老大不明白，心里预感到一种祸事，不觉愕在那儿。（杨朔《大旗》）

"伴随、保证、避免、表示①、表示②、表现①、表彰、尝、担心、导致、得到①、等待、躲避、防止、妨碍、感受、鼓励、关心、恨、后悔、忽视、获得、靠③、控制、评论、期待、期望、企望、取得、是①、受①、透露、忘、忘记、希望、习惯、喜欢①、向往、象征、需要、掩饰、依靠、引起、影响、预防、预见、预料、赞成、赞美、造成、招致①、知道、重视、注意、追求、着眼于"等也是这样的动词。

146 个真准谓宾动词中约有 94% 能带体宾，这足以说明真准谓宾动词有带体宾的强烈倾向。

9.2.3　谓宾的语义功能

朱德熙先生（1982：124）指出，根据"什么、怎么样"指代谓宾的情况可以区分出指称性谓宾和陈述性谓宾。我们运用这一理论考察了 146 个真准谓宾动词，大体分三种类型：

第一，只能带指称性谓宾，不能带陈述性谓宾，包括"标志、参与、抵制、分析、关心、评论、象征"等 132 个，约占 90%，例如：

（27）他明白老者话很实在。（老舍《骆驼祥子》）| 他明白什么？|* 他明白怎么样？

第二，既能带指称性谓宾，又能带陈述性谓宾，包括"表示①、同意、需要"等 11 个，约占 8%，例如：

（28）喜欢干净 | 喜欢什么

（29）喜欢干干净净的 | 喜欢怎么样？（朱德熙《语法讲义》）

第三，谓宾一般不能用"什么、怎么样"指代，只有"痛感、推测、造成"3

个，约占 2%，如：

（30）造成旷课 |* 造成什么 |* 造成怎么样

真准谓宾动词的谓宾有两个突出的语义特点：①指称性谓宾占优势。据彭可君（1990）抽样统计，真谓宾动词中有 58% 只能带指称性谓宾；而本节统计的真准谓宾动词中只能带指称性谓宾的多达 90%。②以谓词性词语为中心用语的定中词组作宾语基本上都可以用"什么"指代，语义上表示指称。

9.2.4　真准谓宾动词的语义类型

按《同义词词林》采用的语义系统，真准谓宾动词主要表示心理，社会活动，影响、联系，始末、事态、变化，疏状、情况、意识、动作等。

9.2.4.1　表示心理的真准谓宾动词共 47 个，约占 32%

其中，"满意、热心"等 8 个表示心理状态；"考虑、明白、推测"等 39 个表示心理活动。例如：

（31）他没有把灯点燃，因为担心会打扰妻子的睡眠……（沙汀《青桐坡》）

（32）他担心别人是不会这样看的，他无法向别人解释。（莫应丰《美神》）

（33）见此信，你务必乘船即刻离埠，我担心你的安全。（萧乾《梦之谷》）

（34）父亲既然病着，母亲自然更担心我的事。（朱自清《择偶记》）

9.2.4.2　表示社会活动的真准谓宾动词共 46 个，约占 31%

其中，"等待、回答、照料"等 26 个表示社交活动；"尝、预备"等 6 个表示生活活动；"宣告、宣布"等 9 个表示行政管理活动；"指导"等 5 个表示科教活动。例如：

（35）意思是庆祝国运方兴。（鲁迅《以脚报国》）

（36）教堂的钟声响了起来，也像在庆祝壁画的完成似的。（秦牧《壁画》）

（37）他要是能再活两年，我们要庆祝金婚了。（胡思升《萧三的最后岁月》）

9.2.4.3　表示影响、联系的真准谓宾动词共 34 个，约占 23%

其中，"饱受、获得、影响、需要"等 23 个表示影响；"象征、意味着、证明"等 11 个表示联系。例如：

（38）于是乎办定了，因为这位"大剑"先生已经用名字自己证实，是"大

刀王五"一流人。（鲁迅《忽然想到》）

（39）镜子证实了桩号位置正确。（马加《刘家峡截流记》）

（40）斗争继续下去，各种倾向逐渐显明起来，终于证实了鲁迅先生的批评的正确。（唐弢《断片》）

（41）我的眼睛证实了你的话，我当然高兴。（巴金《纪念一个善良的友人》）

9.2.4.4　表示始末、事态、变化的真准谓宾动词共 8 个，约占 6%

其中，"继续、结束、开始②、着手"表示始末；"耽误、执行"表示事态；"发展、扩大②"表示变化。例如：

（42）扩大派出留学人员。（《汉语常用词搭配词典》）

（43）扩大泡桐的种植，对于发展国民经济具有重要意义。（初一语文《一个好树种——泡桐》）

（44）慢慢在扩大它的范围，加强它的亮光。（巴金《海上日出》）

9.2.4.5　表示疏状、情况、意识、动作等的真准谓宾动词有"见、感受"等 11 个，约占 8%

例如：

（45）少年时代，他目睹豪绅地主横行乡里，贪官污吏鱼肉人民，广大农民哀哀无告，产生了对现实强烈不满的情绪。（《常用词用法例释》）

（46）在旧中国，我们目睹反动政权的腐朽没落。（《常用词用法例释》）

（47）在那兵荒马乱的年月，他目睹了很多令人愤慨的事情。（《常用词用法例释》）

9.3　谓宾动词带谓宾的距离象似性

9.3.1　距离象似性和谓宾动词

距离象似性最早是由传统语言学家对个别语言做细致考察时发现的。Jesperson（1924）提出过"粘合原则"，Behaghel（1932）在探讨德语语序时提出了"概念接近原则"，后人称之为"Behaghel 第一定律"。当代功能语言学家解释人类语言的共性时又重新发现并发展了这条规律。Haiman（1983）指出，语言成分之间的距离反映了它们所表达的概念成分之间的距离。Givón（1990）把距离象似动因归结为"相邻原则"（the proximity principle）：在功能上、概念上或认知上更接近的实体在语码的层面也放得更近。Givón（1990）考察了多种语言动词带补足语的结构，发现不同约束尺度上的动词和不同"约束层级"（binding hierarchy）的补足语搭配。约束尺度上位置较高的主句动词和"约束层级"较高的补足语搭配，它们之间的语义距离较近，反映在句法层面上，它们之间的句法距离较近。下列补足语的"约束层级"由低到高：直接引语，间接引语，表示相信、懂得、怀疑的动词的补足语，感情动词的补足语，表示企图或操纵的动词（如命令、请求等）的补足语，使役动词或导致成功结果的动词的补足语。

　　谓宾动词可以三分为真谓宾动词、准谓宾动词和真准谓宾动词。真谓宾动词的宾语可以是主谓、动宾、状中、中补、连谓、兼语等词组，复句形式，有的还可以是谓词、体词性词语等，但不能是以谓词性词语为中心语的定中词组。准谓宾动词的宾语不能是主谓、动宾、状中、中补、连谓、兼语等词组，也不能是复句形式，只能是谓词，或者是以谓词性词语为中心语的定中词组，有的还可以是谓词或以谓词性词语为中心语的定中词组等构成的联合词组，体词性词语等。真准谓宾动词兼有真谓宾动词和准谓宾动词的部分语法特点，真准谓宾动词的宾语可以是主谓、动宾、状中、中补、连谓、兼语词组，复句形式，也可以是以谓词性词语为中心语的定中词组，有的还可以是谓词、体词性词语等。

9.3.2　谓宾动词和谓宾之间的语义距离

　　谓宾动词和谓宾之间的语义距离与谓宾动词和谓宾的约束层级有关，约束层级越高，语义距离越近。

9.3.2.1　谓宾动词的约束层级

　　动词在约束尺度上的位置高低与动词的语义特征密切相关。一般的，动词具有的高及物特征越多，动词在约束尺度上的位置就越高。王惠（1997）总结出了（＋动作）（＋完成）（＋瞬时）（＋自主）（＋肯定）等五个动词的高及物特征，并按及物性高低划分了五类动词。V0（如：是、等于、像、能、值得、企图等）＜ V1（如：喜欢、知道、相信、希望等）＜ V2（如：关心、进行、找等）＜ V3（如：回答、买、写等）＜ V4（如：增加、消除、完成等）。真谓宾动词主要表示心理活动，如"打算、料想、以为"等；言语活动，如"断言、试问、宣称"等。它们一般至少具有（－动作）（－完成）（－瞬时）等低及物特征，在约束尺度上的位置较低。真准谓宾动词主要表示心理活动，如"关心、回忆、了解、明白、重视"等；联系，如"表示、标志着、象征、意味着"等；存在，如"包含保持、发生"等；影响，多为消极影响，如"达到、导致、接受、控制、影响"等；社会活动，如"承认、回答、解释、祝贺"等。它们中有的具有（－动作）（－完成）（－瞬时）（－自主）的低及物特征，如"等于、属于、是"等；有的能具有两个高及物特征，如"达到、结束"等具有（＋完成）（＋瞬时）的高及物特征等等。真准谓宾动词在约束尺度上的位置要比真谓宾动词高。准谓宾动词主要表示施加、处置，从事、处置，致使、变化，去除、破除，发生、呈现、显现等；大部分至少具有（＋完成）（＋瞬时）（＋自主）的高及物特征。从动词的语义特征看，三类谓宾动词的约束层级由低到高依次是：真谓宾动词＜真准谓宾动词＜准谓宾动词。

9.3.2.2　谓宾的约束层级

谓宾的约束层级可以通过表述功能和语义格来观察。

9.3.2.2.1　谓宾的表述功能

指称性谓宾表示的动作、行为、活动、性状等已经事物化，在某种程度上时间性减弱，空间性增强，比较容易成为动作、行为等直接施及的对象或施控的内容，因此，在约束层级上一般要高于陈述性谓宾。据我们考察，只能带谓宾不能带体宾的真谓宾动词的谓宾基本上都是陈述性谓宾，能带体宾的真谓宾动词的谓宾约有 40％是陈述性谓宾；真准谓宾动词的谓宾约有 10％是陈述性谓宾；准谓宾动词的谓宾除少数是陈述性谓宾外，绝大部分是指称性谓宾。从谓宾的表述功能来看，三类谓宾动词的谓宾的约束层级由低到高依次是：真谓宾动词谓宾＜真准谓宾动词的谓宾＜准谓宾动词的谓宾。

9.3.2.2.2　谓宾的语义格

指称性谓宾的语义格类型与体宾的语义格类型大体相同。陈平（1994）根据受事性强弱提出了宾语的语义角色的优先序列：受事＞对象＞地点＞系事＞工具＞感事＞施事。张国宪（1997）提出的典型宾语的优选过程是：受事＞对象＞结果＞

处所＞时间＞施事。本节参考了《汉语动词用法词典》采纳的语义格系统，我们测定的部分语义格的受事性强弱序列是：方式＞结果＞受事＞致使＞对象＞目的＞原因＞处所＞时间＞同源＞工具＞等同＞施事。方法有二：第一，参照一般主谓句的及物性确定充任宾语的词语的语义格的受事性。及物性高的一般主谓句中宾语的受事性强。我们选取不同的语义格宾语的单系体宾动词构成的一般主谓句，运用王惠（1997）提出的 11 项测定句子及物性的及物特征拟测出各类一般主谓句的及物性，相应的，也就得出了各类宾语的语义格的受事性强度。例如："教育"能带对象体宾，它构成的一般主谓句满足 11 项及物特征的情况是：谓语动词，（－动作）（±完成）（±瞬时）（＋自主）（±肯定）；宾语，（±有指）（±有定）（±完全受作用）；主语，（＋施动力）；句子，（＋2 个参与者）（±直陈语气）。这样，"教育"构成的一般主谓句的及物性在 3 到 10 之间，及物度是 6.5。"对象"的受事性强度也就记作 6.5。再如："处所"的受事性强度是 5 等等。第二，根据不同语义格成分在一般主谓句中的配位情况测定不同语义格的受事性强度。"施事性或受事性很强的语义成分，一般固定地充任主语或宾语。另外，同时出现的两个名词性成分，如果在施事性或受事性方面强弱程度相差过大，也就是说在序列一上较远，它们在同句子成分的配位上，一般也只能有固定的格局。"（陈平 1997）在一般主谓句中，如果两个或两个以上语义成分在句中共现，受事性强的语义成分往往优先占据宾语位置，受事性较弱的语义成分则被排挤到主语、状语等位置。

真谓宾动词所能带的指称性谓宾主要表示受事（约占 54%）、对象（约占 14%）、目的（约占 7%）、等同（约占 6%）、杂类（约占 6%）；另外，有的指称性谓宾表示原因、结果、致使、工具等。真准谓宾动词的指称性谓宾主要表示受事（约占 50%）、对象（约占 31%）、致使（约占 7%）、目的（约占 3%）；另外，有的指称性谓宾表示结果、杂类、原因、等同、处所、当事、方式、施事等。准谓宾动词所带的指称性谓宾主要表示受事（约占 58%）、致使（约占 21%）、结果（约占 9%）、处所（约占 5%）等。从谓宾动词带指称性谓宾的情况看，谓宾的约束层级由低到高依次是：真谓宾动词的谓宾＜真准谓宾动词的谓宾＜准谓宾动词的谓宾。

关于陈述性谓宾的语义格有两种情况：一是只能带谓宾的真谓宾动词，陈述性谓宾主要表示内容、情况、补充等。有的陈述性谓宾表示内容，包括心理活动内容、言语活动内容等，如"料想、企图、试问"等带的陈述性谓宾。有的陈述性谓宾表示情况，如"敢于、羞于、勇于"等带的陈述性谓宾。二是能带体宾的真谓宾动词，陈述性谓宾主要表示内容，包括心理活动内容、言语活动内容、社会活动内容，如"舍得、声明、假装"等带的陈述性谓宾。真准谓宾动词带的陈述性谓宾主要表示心理活动内容、社会活动内容，如"继续、需要、准备"等带的陈述性谓宾。准谓宾动词所能带的陈述性谓宾主要表示处置、结果。它们往往表示谓语动词的主体发出的动作、行为或主体自身呈现的性状、发生的性状变化等。因此，从谓宾动词带陈述性谓宾的情况看，谓宾的约束层级由低到高依次是：真谓宾动词的谓宾＜真准谓宾动词的谓宾＜准谓宾动词的谓宾。

9.3.3　谓宾动词和谓宾之间的句法距离

真谓宾动词、真准谓宾动词的谓宾可以是主谓、动宾、状中、中补、连谓、兼语词组，复句形式，谓语动词和谓宾中心之间的句法空间比较宽松，这就使得它们相对有较大的句法自由。比如，有时它们之间可以停顿；有时，真谓宾动词或真准谓宾动词与宾语可以句化。

准谓宾动词的谓宾不能是主谓、动宾、状中、中补、连谓、兼语词组，也不能是复句形式，只能是谓词或以谓词性词语为中心语的定中词组等。这说明准谓宾动词和谓宾之间的句法空间非常狭窄，它们之间的句法距离比较近。单音节的准谓宾动词基本都能和谓宾构成"离合词"，两个构成成分经常结合在一起使用，功能近于一个谓词。有的准谓宾动词和谓宾在词典中往往作为词条收录。如"打赌、献丑"等。单音节的准谓宾动词大部分都能构成"离合词"，约占准谓宾动词的一半。"给以、加以、予以"等准谓宾动词不能独立作谓语，必须和宾语构成复合语义体共同充任谓语，有时它们所表达的语义内容需要另加补充才能完整、充实。

可见，在句法距离上，三类谓宾动词和谓宾的句法距离由小到大是：准谓宾动词和谓宾＜真准谓宾动词和谓宾＜真谓宾动词和谓宾。

9.3.4　小结

谓宾动词和谓宾之间的搭配，存在着认知动因，其中很重要的一种就是距离象似动因。

谓宾动词一般可分为真谓宾动词、真准谓宾动词和准谓宾动词，它们和谓宾之间的语义距离是由大到小的。这主要与谓宾动词和谓宾的约束层级有关，约束层级越高，语义距离越小。谓宾动词的约束层级主要表现在高及物性特征的多少上，谓宾的约束层级主要表现在谓宾的表述功能和语义格上。

谓宾动词和谓宾的句法距离与语义距离有象似性。真谓宾动词、真准谓宾动词和准谓宾动词与它们的谓宾之间的句法距离也是由大到小的。真谓宾动词、真准谓宾动词和与它们的谓宾之间的句法距离相对宽松，它们有更大的句法自由，比如停顿、倒置、句化等等，而准谓宾动词和谓宾之间的句法距离相对狭小，一般不能停顿、倒置、句化，但好多可以形成离合词。

第 10 章　特殊的双宾结构"给 $O_n O_v$"

"给 $O_n O_v$"是"给"带双宾语的一种类型，"O_n"表示由名词性成分充当的间接宾语，"O_v"表示由动词性成分充当的直接宾语。例如：

（1）给小王一顿批评

（2）给司机巧妙的暗示

（3）给友军有效的配合

（4）给侵略者沉重的打击

为了细致地研究"给 $O_n O_v$"，我们对孟琮等主编的《汉语动词用法词典》和王砚农、焦庞颙编著的《汉语常用动词搭配词典》做了定量分析，发现根据"给 $O_n O_v$"能否转换成"VN"，可以把"给 $O_n O_v$"分为两类：给 $O_n O_v \longrightarrow$ VN 和给 $O_n O_v \longrightarrow/ \rightarrow$ VN。

10.1　给 $O_n O_v \longrightarrow$ VN

10.1.1　VN 的宾语类

大致有四类：

第一，N 是致使宾语。例如：

（5）给观众很大的震动 (2) —/ → 很大地震动 (2) 了观众

（6）给读者深深的感动 → 深深地感动了读者

　　两部词典中属此类的动词很少，有 "方便、震动 $_{(2)}$、感动" 等。

　　第二，N 是处所宾语。例如：

　　（7）给敌人的指挥所猛烈的攻击 $_{(1)}$ ——→ 猛烈地攻击 $_{(1)}$ 敌人的指挥所

　　（8）给中间轻轻的一点 $_{(2)}$ ——→ 轻轻地点 $_{(2)}$ 一下中间

　　两部词典中属此类的动词比较少，有 "点 $_{(1)}$、点 $_{(2)}$、点 $_{(5)}$、顶 $_{(3)}$、攻击 $_{(1)}$" 等。

　　第三，N 是受事宾语。例如：

　　（9）给大脑一下儿刺激 $_{(2)}$ ——→ 刺激 $_{(2)}$ 一下儿大脑

　　（10）给侵略者狠狠的打击 ——→ 狠狠地打击侵略者

　　两部词典中属此类的动词有 "保护、刺激 $_{(1)}$、刺激 $_{(2)}$、答复、打 $_{(3)}$、打击、顶 $_{(2)}$、顶 $_{(3)}$、回答、骂、启发、伤害、束缚、损害、袒护、掩护、招呼 $_{(2)}$、折磨、照料、指导" 等。

　　第四，N 是对象宾语。例如：

　　（11）给孩子们一番表扬 ——→ 表扬孩子们一番

　　（12）给轮船公司严厉的处罚 ——→ 严厉地处罚轮船公司

　　（13）给读者极大的启发 ——→ 极大地启发了读者

　　两部词典中属此类的动词较多，有 "爱 $_{(1)}$、爱护、安慰、暗示、抱怨、帮助、报复、表扬、补助、补充、惩罚、称赞、处罚、宠爱、答应 $_{(1)}$、攻击 $_{(2)}$、鼓励、鼓舞、关心、回答、奖励、警告、教育、救济、拒绝、款待、考验、恐吓、夸奖、理解、弥补、勉励、赔偿、批判、配合、批评 $_{(1)}$、批评 $_{(2)}$、偏爱、评论、启发、迁就、体贴、抬举、提示、同情、袭击、突击 $_{(1)}$、威胁、慰问、限制、信任、响应、协助、压制、压迫、影响、优待、招待、照顾 $_{(2)}$、支持 $_{(2)}$、支援、指导、指点、指教、重视、尊重、嘱咐、责备、祝贺、交待 $_{(1)}$、交待 $_{(2)}$、满足" 等。

　　极少数动词能带双种性质的宾语。"攻击 $_{(1)}$、顶 $_{(3)}$" 等能带处所宾语或受事宾语；"答复、回答、打 $_{(3)}$、指导" 等能带受事宾语或对象宾语。例如：

　　（14）给敌人猛烈的攻击 $_{(1)}$ ——→ 猛烈地攻击 $_{(1)}$ 敌人（对象宾语）

　　（15）给敌人的阵地猛烈的攻击 $_{(1)}$ ——→ 猛烈地攻击 $_{(1)}$ 敌人的阵地（处所宾语）

　　（16）给学生细心的指导 ——→ 细心地指导学生（对象宾语）

　　（17）给学生的论文细心的指导 ——→ 细心地指导学生的论文（受事宾语）

以上四类动词所带宾语的性质不同，逆向转换的能力也有所不同。"感动、震动$_{(2)}$、方便"等带致使宾语，"点$_{(1)}$、点$_{(2)}$、点$_{(5)}$、顶$_{(3)}$、攻击$_{(1)}$"等带处所宾语和第三类动词带受事宾语都能逆向转换，第四类动词带对象宾语一般能逆向转换，但有例外。例如：

（18）*给和平爱$_{(1)}$←／—爱$_{(1)}$和平（对象宾语）

其他情况都不能逆向转换。例如：

（19）*给注意力集中←／—集中注意力（致使宾语）

（20）给记号大大的一点$_{(1)}$←／—大大地点$_{(1)}$了个记号（结果宾语）

（21）给点儿钱帮助←／—帮助点儿钱（工具宾语）

（22）给粮食救济←／—救济粮食（受事宾语）

"集中"虽然能带致使宾语，但是不属于第一类动词，不能说"给注意力集中"，类似的动词如"恢复、积累、加强、减、减少、降、结束、解放、解决、解散、纠正、开动、贯彻、丰富、改变"等等。"大大地点$_{(1)}$了个记号"显然与"给记号大大的一点$_{(1)}$"表达的意思不同，前者指点$_{(1)}$的结果是个记号，后者指在记号上再点$_{(1)}$。"给点儿钱帮助"、"给粮食救济"是连动式而不是双宾式。

10.1.2 "O_V"的语义类

根据"O_V"的语义特征，可以把"O_V"分为四类：

第一，"遭到"类。给O_nO_V——→N遭到V。例如：

（23）给小王一顿批评——→小王遭到一顿批评

（24）给侵略者沉重的打击——→侵略者遭到沉重的打击

两部词典中属此类的动词有"抱怨、报复、惩罚、处罚、刺激$_{(2)}$、打$_{(3)}$、打击、顶$_{(3)}$、讽刺、攻击$_{(1)}$、攻击$_{(2)}$、警告、拒绝、恐吓、骂、批判、批评$_{(2)}$、伤害、束缚、损害、突击$_{(1)}$、威胁、限制、袭击、压制、压迫、折磨、责备"等。

上面所列动词都能逆向转换，其他动词虽然有的也能进入"N遭到V"，但是不能说"给O_nO_V"。例如：

（25）*给小明极大的怀疑←／—小明遭到极大的怀疑

（26）*给经理一次抢劫←／—经理遭到一次抢劫

（27）*给顾客残忍的敲诈←／—顾客遭到残忍的敲诈。

第二，"得到"类。给 O_nO_V ——→ N 得到 V。例如：

（28）给非洲人民大力的支援——→非洲人民得到大力的支援

（29）给方老师衷心的感谢——→方老师得到衷心的感谢

两部词典中属此类的动词较多，有"爱 $_{(1)}$、爱护、安慰、暗示、帮助、保护、表扬、补助、补充、称赞、刺激 $_{(1)}$、刺激 $_{(2)}$、宠爱、答应 $_{(1)}$、答复、督促、方便、奉承、感谢、鼓励、鼓舞、关心、回答、奖励、教育、救济、款待、夸奖、理解、弥补、勉励、赔偿、配合、批评 $_{(1)}$、偏爱、启发、迁就、体贴、抬举、提示、同情、袒护、慰问、信任、响应、协助、掩护、优待、招待、招呼 $_{(2)}$、照顾 $_{(2)}$、照料、支持、支援、指导、指点、指教、重视、尊重、嘱咐、祝贺、交待 $_{(1)}$、交待 $_{(2)}$、满足"等。

以上动词都能逆向转换，其他动词即使能进入"N 得到 V"，也不能逆向转换成"给 O_nO_V"。例如：

（30）*给身体全面的恢复←/—身体得到全面的恢复

（31）*给政策坚决的贯彻←/—政策得到坚决的贯彻

第三类可以称"中性"类。给 O_nO_V ——→ N 遭到 V 或 N 得到 V。例如：

（32）给这位作家不公正的评论——→这位作家遭到不公正的评论

（33）给这位作家公正的评论——→这位作家得到公正的评论

类似的动词还有"点 $_{(1)}$、点 $_{(2)}$、点 $_{(5)}$、顶 $_{(2)}$、考验"等。它们往往根据表达的需要而呈现出不同的色彩义。这些动词都能逆向转换。有的动词能进入"N 遭到 V"和"N 得到 V"，但不能进入"给 O_nO_V"，如"控制、处理 $_{(1)}$"等。例如：

（34）*给下岗职工妥善的处理 $_{(1)}$ ←/—下岗职工得到妥善的处理 $_{(1)}$

（35）*给违纪分子严肃的处理 $_{(1)}$ ←/—违纪分子遭到严肃的处理 $_{(1)}$

第三，"非遭到、非得到"类。给 O_nO_V —/→ N 遭到 V 或 N 得到 V。此类动词有"感动、震动 $_{(2)}$、影响"等。例如：

（36）给校长巨大的震动 $_{(2)}$ —/→ *校长遭到巨大的震动 $_{(2)}$ ｜ *校长得到巨大的震动 $_{(2)}$

（37）给学生深远的影响—/→ *学生遭到深远的影响 ｜ *学生得到深远的影响

以上三类动词主要是根据"给 O_nO_V"与"N 遭到 V"和"N 得到 V"的关

系划分出来的。我们还可以从别的角度划分"O_V"，如根据"给O_nO_V"与"N
受到V"的关系，把动词分为"受到"类和"非受到"类。例如，"惩罚、打击、
批评$_{(2)}$、伤害、威胁、表扬、鼓舞、教育、考验、点$_{(2)}$、感动、震动$_{(2)}$、影响"
等属"受到"类；"方便、爱$_{(1)}$"等属"非受到"类。从上面的分析来看，"N
遭到V"和大部分的"N得到V"能转换成"N受到V"，而只有部分"N受到V"
能转换成"N遭到V"或"N得到V"。

10.1.3　给$O_nO_V \longrightarrow$ VN 中的"给O_nO_V"基本上是个施加过程

一般认为"给予本身可以看作是一个转移过程"[1]。"我给他一幅画"中，
"我"是"起点"，"他"是"终点"，"一幅画"是"可供给予之物"，整个
过程是个转移过程。我们再来看"老师给小王一顿批评"，这里很难说什么是"起
点"，什么是"终点"，什么是"可供给予之物"。我们一般把它理解为老师把
批评加到小王身上，整个过程是个施加过程。

实际上，"给$O_{n1}O_{n2}$"、"给O_nO_a"中也不乏"施加过程"的例子。如：

（38）给他一记耳光（名词）

（39）给他点儿厉害（形容词）

有人把"给他一记耳光"中的"给"解释为代替一般动词"打"；我们认为
把整个过程看作施加过程，"给"表示"施加"就讲通了。再说"给他点儿厉害"
中的"给"也很难找到一个一般动词代替它。我们认为"给O_nO_V"在表示施加
过程时"给"仍然具有"给予"义，只不过已由具体的动作"赠、献、支付、供"
等抽象为"施加"义了。"O_n"是施加对象，一般由表示专指的人或事物充当；[2]
可能是受益者，也可能是受害者或其他性质的对象。"O_V"一般由表示确指的行为、
动作、态度充当。有褒义的，如"表扬、奖励"等；有贬义的，如"批判、打击"
等；有中性的如"影响、评论"等。"O_V"很少是单音节的光杆动词，动词前
往往有量词词组或形容词等形容词性成分（有的必须加"的"）。

---

[1]　李炜：《句子给予义的表达》，《中山大学学报（社科版）》1995 年第 2 期。

[2]　这里的专指和下面的确指是就词的所指特征而言。

10.2　给 O_nO_v—/ → VN

两部词典中属此类的动词很少，有 "交待 (3)、解释、介绍、设计" 等。从所带宾语的性质来看，前三者只能带受事宾语，"设计" 只能带目的宾语。例如：交待 (3) 问题｜解释原理｜介绍情况｜设计图案。

上述动词能进入 "给 O_nO_v"，但不能转换成 "VN"；因为 "O_n" 表示 "给" 的 "对象"，它很难做这类 "V" 的宾语，即使能做，"VN" 的意思也与 "给 O_nO_v" 的意思不同了。例如：

（40）给公安局详细的交待 (3) —/ → *详细地交待 (3) 公安局

（41）给我们全面的介绍—/→全面地介绍我们

（42）给领导巧妙的设计—/ → *巧妙地设计领导

"*交待 (3) 公安局"、"*设计领导" 都不能搭配。"全面地介绍我们" 指把我们全面地介绍一下；"给我们全面的介绍" 指向我们全面地介绍某人或某事物。

此类动词一般不能逆向转换；因为这类 "VN" 中的 "N" 很难充当 "给 O_nO_v" 中 "给" 的对象的 "O_n"，即使能充当，"给 O_nO_v" 与 "VN" 的意思也不一样了。例如：

（43）*给情况详细的介绍← /—详细地介绍情况

（44）*给大楼精心的设计← /—精心地设计大楼

（45）*给罪行老实的交待 (3) ← /—老实交待 (3) 罪行

（46）给我们全面的介绍← /—全面地介绍我们

"交待 (3)、解释、介绍" 等充当 "O_v" 时，"给 O_nO_v" 是施加过程；"设计" 充当 "O_v" 时，"给 O_nO_v" 可以看作转移过程，此时 "给" 的动作性比较强、比较具体。

10.3　小结

"给" 可以构成一种特殊的双宾结构，间接宾语是名词性词语，直接宾语一般是以动词性词语为中心语的偏正结构。从是否变换为 "VN" 可把 "给 O_nO_v" 分为两类：一类是能变换为 "VN"，另一类是不能变换为 "VN"。能变换为 "VN" 的 "N" 的语义角色大致有四类：致使、受事、处所、对象；"O_v" 的语义可以分为"遭到类"、"得到类"和"非遭到非得到"类；"给 O_nO_v"基本上是个施加过程。不能变换为"VN"的"给 O_nO_v"，"O_v"的动词一般可以带受事或目的宾语。

第 11 章　目的宾语动词

动词中有一小类能带目的宾语，表示为实现某一目的而主动发出的动作、行为，我们称之为目的宾语动词，如"合作一个科研项目｜逼债｜协商分工问题"。我们考察了孟琮等主编的《汉语动词用法词典》，发现该词典共收了 31 个体宾目的宾语动词和 27 个体谓宾目的宾语动词。该词典未对谓宾作语义分析，我们通过句法、语义的分析、比较，判定 23 个体谓宾目的宾语动词能带谓词性目的宾语，未发现其他体谓宾动词和谓宾动词能带谓词性目的宾语。

11.1　体宾目的宾语动词

11.1.1　根据体宾目的宾语动词带目的宾语时的变换式特点，可以把它们分为三类

第一，"VN ←→ 为 / 为了（V'）N 而 V"。例如：

（1）跑$_{(3)}$材料 ←→ 为 / 为了（弄到）材料而跑$_{(3)}$

（2）请示住房问题 ←→ 为 / 为了（解决）住房问题而请示

这类体宾目的宾语动词共有 23 个：奔（bèn）$_{(2)}$、合作、活动$_{(3)}$、叫[1]$_{(3)}$、接洽、寻找、争夺、磨（mó）$_{(4)}$、逼、催、联络、求$_{(1)}$、请示、翻$_{(2)}$、挤$_{(2)}$、淘[1]$_{(1)}$、跑$_{(3)}$、找[1]、钻$_{(1)}$、摇、掘、掏$_{(2)}$、排[1]$_{(1)}$。

第二，"VN ←→ * 为 / 为了 N 而 V"，"VN ←→ 为 / 为了 V' N 而 V"。

例如：

（3）捂汗 ←→ *为 / 为了汗而捂

（4）捂汗 ←→ 为 / 为了出 / 发汗而捂

这类体宾目的宾语动词包括"说 (3)、捂、赶 (2)、照 (1)、选 (1)、选 (2)、招 [1] (1)"等 7 个。

第三，"VN ←→ *为 / 为了（V'）N 而 V"，"请 (3)"属这种情况。例如：

（5）请 (1) 假 ←→ *为 / 为了（得到）假而请 (1)

通过以上变换分析可以看出，这些动词虽然都有（＋有目的）的语义特征，但是仍有细微的差别。第一类动词表示为得到某客体或解决某问题而主动发出的动作、行为，有"VN ←→ 为 / 为了（V'）N 而 V"多种变换式：第二类动词主要表示为了得到有益结果或解决某问题而主动发出的动作、行为，第二类只有"VN ←→ 为 / 为了 V' N 而 V"，第三类"请 (1)"很难进入"为 / 为了……而 V"格式。

11.1.2 体宾目的宾语动词所带宾语的语义类型有所不同

"奔 (2)、合作、活动 (3)、叫 [1] (3)、接洽、说 (3)、寻找、争夺"所带体宾都是目的宾语。其他体宾目的宾语动词除带目的宾语外还能带其他语义类型的宾语："磨（mó）(4)、请 (1)、选 (1)、选 (2)、招 [1] (1)"还能带受事宾语；"逼、催、联络、求 (1)、请示"还能带对象宾语；"翻 (2)、赶 (2)"还能带处所宾语；"挤 (2)、淘 [1] (1)"还能带受事、处所宾语；"跑 (3)"还能带处所、方式宾语；"找 [1] (1)、钻 (1)"还能带处所、结果宾语；"摇"还能带致使、结果宾语；"照 (3)"还能带受事、处所、工具宾语；"掘、掏 (2)"还能带受事、处所、结果宾语；"排 [1] (1)"还能带受事、方式、结果宾语；"捂"还能带受事、处所、工具、结果宾语。

11.1.3 体宾目的宾语动词的兼语式

"逼、催、挤 (2)、叫 [1] (3)、磨（mó）(4)、求 (1)、选 (2)、招 [1] (1)、找 [1]"等具有（＋致使）的语义特征时能构成兼语式，兼语不能省略（邢欣 1995）。有些兼语式可分化成两个动宾结构，其中有个宾语是目的宾语，例如：

（6）逼佃户交租 ←→ 逼佃户（对象）＋逼租（目的）

（7）磨（mó）$_{(4)}$领导批假←→磨（mó）$_{(4)}$领导（受事）＋磨（mó）$_{(4)}$假（目的）

（8）找^{1}个理想的人作朋友←→找^{1}个理想的人（目的）＋找^{1}朋友（结果）

11.1.4　体宾目的宾语动词与非目的宾语的体宾动词

非目的宾语的体宾动词没有变换式"VN←→为/为了（V'）N 而 V"；体宾原因宾语动词虽有"VN←→为 N 而 V"或"VN←→为 V' N 而 V"，但在深层语义上与体宾目的宾语动词又有差异。

先说体宾原因宾语动词。这种动词变换式中的"为"表示介绍动作、行为的原因，意思相当于"因为、由于"。例如：

（9）计较$_{(2)}$一件小事←→为/因为/由于一件小事而计较$_{(2)}$

（10）逃$_{(2)}$荒←→为/因为/由于闹荒而逃$_{(2)}$

这类动词表示的动作、行为是被迫（如"躲雨"）或是自然（如"抽^2$_{(1)}$水"）发出的。这与体宾目的宾语动词表示主动发出的动作、行为有区别。两者在动词和宾语所指之间的语义关系上也有差别。原因宾语的所指是动作、行为的原因，诱发动作、行为；有的已经发生或存在，有的只是预料，如"躲雨"。而目的宾语的所指是动作、行为的目的，往往表示动作、行为所要得到的客体、有益结果或所要解决的问题；它的实现往往要晚于动作、行为的发生或完成。

有时，"原因"和"目的"很难划清界限，如"请示住房问题"、"奔波衣食问题"，宾语既可说是原因又可说是目的。"为……而……"可以表示原因或目的；有时二者兼而有之，如"为衣食问题而奔波"。[1]

部分体宾对象宾语动词、体宾施事宾语动词、体宾受事宾语动词、体宾结果宾语动词有"为 N 而 V"，但表示"施益"，"为"的意思相当于"替、给"；它们的"为/为了 V' N 而 V"可表目的，但与"VN"的意思不同。例如：

（11）歌唱祖国（对象）←/→为祖国而歌唱

（12）歌唱祖国（对象）←/→为/为了赞美祖国而歌唱

有些体宾同源宾语动词、体宾致使宾语动词、体宾时间宾语动词没有"为/为了 N 而 V"；它们的"为/为了 V' N 而 V"也可表示目的，但与"VN"的

---

[1]　北京大学中文系 1955、1957 级编：《现代汉语虚词例释》，商务印书馆 1996 年版，第 430—432 页。

意思不同，例如：

（13）喘气（同源）←/→*为/为了气而喘

（14）喘气（同源）←/→为/为了吐气而喘

有些体宾动词可以用"为/为了（V'）N而V"表示目的，但没有相应的"VN"。例如：

（15）*承担领导者←→为/为了（协助）领导者而承担（任务/责任）

部分体宾等同宾语动词、体宾工具宾语动词、体宾处所宾语动词、体宾杂类宾语动词没有"为/为了（V'）N而V"。如：

（16）成为演员（等同）←/→*为/为了（当）演员而成为

有的体宾动词能带目的宾语和其他语义类型宾语，它们的变换式和语义不同。例如：

（17）翻$_{(2)}$书（目的）←→为/为了（找）书而翻$_{(2)}$

（18）翻$_{(2)}$书（处所）←→在书中翻$_{(2)}$

"翻$_{(2)}$书（目的）"表示为了找需要的书而翻$_{(2)}$所在物品；"翻$_{(2)}$书（处所）"表示在书中找所需要的东西。

11.2 体谓宾目的宾语动词

11.2.1 体宾只是目的宾语的体谓宾目的宾语动词

这类体谓宾目的宾语动词带体词性目的宾语时与体宾目的宾语动词的特征大体相同。"追$_{(2)}$、协商、想$_{(1)}$、申请、设计、交涉、等候、等待、等$_{(1)}$"等9个动词有"VN←→为/为了（V'）N而V"，"套$_{(5)}$"有"VN←→为/为了V'N而V"。这些动词带体词性目的宾语时表示为得到某客体或解决某问题而主动发出的动作、行为，也可记为（＋有目的）。例如：

（19）申请经费←→为/为了（获得）经费而申请

（20）协商会议的议程←→为/为了（安排）会议的议程而协商

这些动词带谓宾时句法、语义上稍有变化。"套$_{(5)}$"带形宾；"追$_{(2)}$"带小句宾；"协商、想$_{(1)}$、申请、设计、交涉、等候、等待、等$_{(1)}$"带动宾、小句宾。它们都有"VX←→为/为了（V'）X而V"（"X"代表谓宾词语）。例如：

（21）套（5）近乎←→为/为了（实现/达到）近乎而套（5）（关系）

（22）申请去北京←→为/为了（实现）去北京而申请

（23）申请全家迁居←→为/为了（实现/解决）全家迁居而申请

（24）协商怎样摊款←→为/为了（确知/解决）怎样摊款而协商

（25）协商这笔资金怎样使用←→为/为了（确知/解决）这笔资金怎样使用而协商

这些动词带谓宾时一般表示为实现某项活动、某种性状或确知某信息、解决某问题而主动发出的动作或行为，语义特征也可记为（＋有目的）。可见这部分动词所带谓宾都是目的宾语。

11.2.2　体宾包括目的宾语和其他语义类型宾语的体谓宾目的宾语动词

这类动词带体词性目的宾语时与体宾目的宾语动词相似。"筹备、联系、请求、查（2）、搜查、考、要求、查（3）、称²、谈"带目的宾语有"VN←→为/为了（V'）N 而 V"；"拉¹（6）、训练、办（1）、追求、学（1）、练、练习"有"VN←→为/为了 V' N 而 V"。它们都具有（＋有目的）的语义特征，表示为得到某客体或解决某问题而主动发出的动作、行为。例如：

（26）筹备展览会←→为/为了（举办）展览会而筹备

（27）训练急救技术←→为/为了掌握/精通急救技术而训练

这些动词所带体宾的语义类型有差异。"训练、筹备、办（1）、追求、要求、拉¹（6）、"能带目的、受事宾语；"查（2）、联系、请求"能带目的、对象宾语；"查（3）"能带目的、处所宾语；"练习、称²"能带目的、受事、处所宾语；"学（1）"能带目的、受事、对象宾语；"练"能带目的、受事、致使宾语；"谈"能带目的、同源、杂类宾语；"搜查"能带目的、对象、处所宾语；"考"能带目的、受事、结果、对象、方式、处所宾语。

这类动词带谓宾时和体宾只是目的宾语的体谓宾目的宾语动词又有差别。"训练、筹备、办（1）、联系、请求、学（1）、练、练习、要求"带动宾；"拉¹（6）"带形宾；"查（2）、查（3）、搜查、称²、考、谈"带动宾、小句宾；"追求"带动宾、形宾、小句宾。它们按变换式和语义特征可分三类：

第一，动词有"VX ←→ 为 / 为了（V'）X 而 V"，表示为实现某项活动、某种性状或确知某信息、解决某问题而主动发出的动作、行为，有（＋有目的）义；谓宾都是目的宾语。例如：

（28）查$_{(3)}$有没有作者姓名 ←→ 为 / 为了（确知）有没有作者姓名而查$_{(3)}$

（29）查$_{(3)}$这个字怎么念 ←→ 为 / 为了（确知 / 解决）这个字怎么念而查$_{(3)}$

（30）拉$^1_{(6)}$关系 ←→ 为 / 为了（实现）近乎而拉$^1_{(6)}$（关系）

这类动词包括"训练、筹备、办$_{(1)}$、联系、请求、拉$^1_{(6)}$、查$_{(2)}$、查$_{(3)}$、搜查、称^2、谈、要求、追求"等13个。

第二，动词没有"VX ←→ 为 / 为了（V'）X 而 V"，表示从事某项活动；谓宾表示动作、行为的活动内容，意义上近于受事宾语的特点。这类动词包括"学$_{(1)}$、练、练习"等3个。例如：

（31）练写毛笔字 ← / → ＊为 / 为了写毛笔字而练

第三，"考"比较特殊，带小句宾时和第一类相似，带动宾时和第二类相似，例如：

（32）考考你的知识掌握的怎么样 ←→ 为 / 为了（确知）你的知识掌握的怎么样而考考（你）

（33）考听写 ← / → ＊为 / 为了听写而考

11.2.3 体谓宾目的宾语动词构成兼语式和小句宾语式

"要求、请求、训练、拉$^1_{(6)}$"有（＋致使）的语义特征时能构成兼语式。"要求、请求、训练"能带动宾，因此兼语式可以省略兼语，能分化成两个动宾结构，有个宾语是动宾目的宾语。例如：

（34）训练（狗熊）蹬大球 ←→ 训练狗熊（受事）＋训练蹬大球（目的）

值得注意的是，"训练蹬大球"有歧义。"蹬大球"的语义可能指向"训练"的受事或"兼语"，"训练"有"致使"义。可见能构成兼语式的动宾动词带动宾时往往会有歧义。"拉$^1_{(6)}$"是非动宾动词，没有上述特点。

"查$_{(2)}$、查$_{(3)}$、搜查、称^2、谈、考、追求"能构成小句宾语式。由于这几个动词还能带动宾，因此它们构成的小句宾语式中的宾语可以省略主语，如"谈（小王）去北京"。这样看来，这些动词带动宾时会产生歧义。"谈去北京"中的"去北京"和"谈"可以同指（语义指向相同），如"我们谈（我们）去北京"；也可能异指（语义指向不同），如"我们谈（小王）去北京"。可见有些能带动宾、小句的动词带动宾时可能产生歧义。

第 12 章　复句句序和语气的关联功能

12.1　"句序"的关联功能

12.1.1　语序与句序

关于汉语语序的研究，从马建忠先生《马氏文通》（1898）以来，无论在语言事实描写上，还是在语言理论解释上，都有大量的研究成果，但是这些研究主要集中在词、短语和单句范围内。结构主义语序研究是在对句法成分的结构、意义详细分类的基础上，对句法成分序列进行详尽的描写，归纳出一些成分排列规则；功能主义主要从语言外部，运用认知策略、信息结构、论元结构等解释语序的制约原则、规律和动因及其竞争机制，如"时间原则"、"空间原则"、"信息新旧、信息量、话题—焦点结构"原则、"预想度序列"、"原型论元优先序列"、"语义接近、语序范围、信息量多原则竞争"等，其中"象似性原则"是核心原则，认为句法结构是人的经验世界在语言世界的投射。语言类型学中的语序研究自 Greenberg（1963）以来，长期以主动宾（S、V、O）的语序为类型参项，汉语的语序类型属于 SVO 还是 SOV，一直存有争议，目前一般认为汉语是一种不典型的 SVO 型语言。有学者借鉴认知语法、语法化、生成语法等理论提出了介词、动宾语序的类型参项来解释语序的共性原则，也有学者运用构事件结构理论和标记理论来解释汉语基本语序和标记度的关系，近来更有学者提出"可别度领前原理"对语序共性进行解释。

汉语复句句序的研究相对比较薄弱，也有一些研究成果。对于汉语复句的倒置句序，赵元任先生、王力先生都认为是"外来结构"。赵元任先生（1961）指出："除非说了一句话以后要补充一点意思，汉语的状语分句一般总是放在主句前面。现在在主句后面也可以读到预先设想好的以'如果''既然'之类的连词带领的修饰句。在我看来，这种句子肯定是外来结构。"王力先生（1989）也认为分句后置是新兴复句，他指出："'五四'以后，汉语受西洋语法的影响，复句中的分句的位置有了一些变化。从前汉语的条件句和让步句，都是从属分句在前，主要分句在后的。在西洋语言里，条件式和让步式的从属分句前置后置均可。'五四'以后，这种从属分句也有了后置的可能。"

较早对复句句序研究的是修辞学家，自陈望道先生《修辞学发凡》（1932）以来的修辞学论著，都把复句句序纳入句式修辞中，认为复句倒置句序是一种变式，并结合语境对其修辞效果做了说明，如强调补充、协调衔接等。也有学者结合逻辑、信息结构、语篇衔接连贯、认知原则等考察汉语的句序问题。

从语法的角度研究汉语的复句句序问题，开始也是针对倒置复句的，特别是自 20 世纪八九十年代以来，倒置复句逐步取得独立的语法结构和表达功能地位，陆续有部分汉语句序研究成果问世，主要涉及四个方面：一是偏句后置的制约条件研究；二是复句关系的包孕研究；三是结合关联词语的复句句序研究；四是以分句类型为基点的复句句序研究。下面来具体看看邢福义先生《汉语复句研究》中的句序研究。该书没有用专门的章节来谈句序问题，而是在一些复句问题研究当中进行了必要的句序分析，纵观全书，关于"句序"的研究可以归纳为两个方面：一是句序与关系词语；二是句序与特定结构分句。

12.1.2　句序与关系词语

句序是重要的复句联结手段，关系词语也是重要的复句联结手段，它们之间相互制约，可以配置成种种复句格式。主要表现在以下五个方面：

第一，能倒置与不能倒置。表示同一种复句关系的关系词语，有的能倒置，有的则不能倒置，这关系到复句格式的句序配置。比如，"因为"和"因"都能标示因果关系的原因，前者能倒置，但后者不能；"既然"和"既"都能标示推断性因果的推断依据，前者能倒置，但后者不能；"虽然"和"虽"都能标示容认性让步的让步前提，前者能倒置，但后者不能；"除非"和"只有"都能标示条件，前者能倒置，但后者不能。

第二，有的关系词语可以倒置，但需调配。比如"由于"，可以后置，但不能直接后置，必须在"由于"前加上"是／不是"等，例如：

（1）由于好奇，我接过她的身份证。

（2）*我接过她的身份证，由于好奇。

（3）我接过她的身份证，（那）是由于好奇。

第三，同一种复句关系的不同关系词语，虽能倒置，但倒置前后的语里同中有异。比如，"因为"和"由于"都能倒置，但是"因为"倒置后可表示解释原因和补充说明原因，因此有"析因式"和"补因式"两种倒置句序格式，而"由于"倒置后只能表示解释原因，只有"析因式"。例如：

（4）我抽烟，是因为想念孩子们。（析因式）

（5）我抽烟，因为想念孩子们。（补因式）

（6）我抽烟，是由于想念孩子们。（析因式）

第四，句序不同，关系词语形成的复句格式的语里、语表同中有异。比较：

（7）别说是嫁妆，连一双草鞋都没穿出来。

（8）连一双草鞋都没穿出来，别说是嫁妆！

首先，从语里来看，"别说……，连……都／也"和"连……都／也，别说……"都能表示递进关系，但是两种句序配置格式的递进类型不同，前者表示顺递，相当于"不但……，连……都／也"，后者表示反逼递进，相当于"尚且……，何况……"。上例可分别说成：

（9）不但没有什么嫁妆，连一双草鞋都没穿出来！

（10）草鞋尚且没穿出来，何况是嫁妆！

其次，从语表来看，"别说"后置，属于递进内容，可加上标示递进的关联副词"更"，又由于"别说"分句处于句末，从而能加上句末煞尾助词"了"，例（8）可说成：

（11）连一双草鞋都没穿出来，更别说是嫁妆了！

第五，配对关系词语的单用影响句序配置。成双配对的关系词语有时只单用一个，可前可后，这从句序上看，是有关系词语分句和无关系词语分句的不同排列次序。

例证一：

Ⅰ．一边 p，q。

Ⅱ．p，一边 q。

"一边"经常配对使用，说成"一边……一边……"，同时也有单用状况，造成两种句序配置。首先，它们的语表、语里有同有异。两种格式都能使用"在续式"、"过程式"和"说引式"。例如：

A．在续式：

（12）大娘一边笑着，连连点头。

（13）大娘连连点头，一边不停地笑 / 一边仍然笑着。

例（13）的后分句不能直接说"大娘笑着"，必须加上"不停"或"仍然"等。

B．过程式：

（14）一边挥着鲜花，他们飞也似的冲了过去。

（15）他们飞也似的冲了过去，一边挥着鲜花。

C．说引式：

（16）她一边采取措施止血，顺口问了句："怎么伤成这样？"

（17）她问道："怎么伤成这样？"，一边采取措施止血。

例（17）中"她问道……"在前分句，显然不能使用"顺口"之类的接续词语来修饰。

不同的是，"一边"前置式还可使用"已"字式、"突然"式和"内心"式。例如：

（18）一边吆喝，他已采取了守势。（"已"字式）

（19）一边表演，他突然变了花样。（"突然"式）

（20）一边朝里走，我内心越来越不安。（"内心"式）

其次，"一边"前置式和"一边"后置式的选用有语用原因。选用"一边"前置式，既能显示关系，又满足了句法变化的需要；选用"一边"后置式，前分句便于顺势叙述，后分句的"一边"又能显示与前分句的关系。例如：

（21）周用诚几步到门口，扶着哭得泪人似的七十四进来，一边让他坐了，说道："你先别伤心……"

（22）……林则从抽屉里取出现金，交给了她，一边庄重地说："夫人，愿我们不断发展我们两国之间的贸易关系。"

例证二：

Ⅰ．要么 p，q（要 / 既然 VP 就 VP）

Ⅱ．p，要么 q

"要么"经常配对使用，说成"要么……要么……"，同时，也有单用状况，造成两种句序配置，其中"p"和"q"都不能置换。"要么"前置式的后分句往往是"要 VP 就 VP"或"既然 VP 就 VP"结构，"要么"后置式可以表示并立式对立或者条件与结果的对立，例如：

（23）要么不来，既然来到长沙做官就一定要把旧游之地岳麓书院振兴起来……

（24）我想回油田去，要么就提前退休，回老家，放放牛。

（25）公社能看上叫我去迎接，咱便要知趣，要么，就失礼了。

12.1.3 句序与特定结构分句

复句是由小句分句化联结而成的，分句在语表、语里和语值上有不同的特性和类型，这些特性和类型相同或不同的分句相互联结，会形成种种配置格局，这里边自然包括句序的安排，以及句序框架下复句关系的表现和表述意旨的凸显。

例证一：定名结构充当分句

定名结构（AN）充当分句，与谓词性分句（VP）联结，句序有两种：

Ⅰ．AN，VP。

Ⅱ．VP，AN。

定名结构有不同的结构类型和表意功能，它们在与谓词性分句联结的时候，句序不尽相同。其中，"数量名"具有叙述性，"指代形（的）名"指明事实根据，"形名，形名"或"数量名，数量名"用于描写，这三种定名结构与谓词性分句联结时是前置的，在句序配置上是Ⅰ式；"程度形（的）名"具有咏叹性，"（好）数量形（的）名"表示申论，这两种定名结构与谓词性分句联结时是后置的，在句序配置上是Ⅱ式。

这六种定名结构与谓词性分句联结时的复句关系也不太一样。"数量名"前分句和谓词性后分句联结，可构成连贯关系和因果关系，例如：

（26）一阵汽笛，一队航船又沿着虎口滩的航标灯驶过来了。（连贯关系）

（27）半月春风，草绿了，桃花打苞了。（连贯兼因果关系）

"指代形（的）名"前分句和谓词性后分句联结，可以构成平列关系、因果关系和转折关系，例如：

（28）<u>这么黑的天，又下着雨</u>，也不带个手电筒。（平列关系）

（29）这么贵的票，咱们别看了吧。（因果关系）

（30）方伯伯，这么大的雪，您怎么出来了？（转折关系）

"形名，形名"或"数量名，数量名"前分句和谓词性后分句联结，可构成平列或分合关系，例如：

（31）黑沉沉的夜，黑沉沉的山、山……周围不断传来野兽的吼叫。（平列关系）

（32）蔚蓝的晴空，火红的彩霞，雪白的大地，苍绿的山林，炊烟袅袅的小燕村，山坡上蠕动的牛羊群，江山秀丽多姿。（分合关系）

"程度形（的）名"后分句和谓词性前分句联结，可构成申说关系，例如：

（33）我接过茶，喝了一口，多么香甜的罗汉茶啊！

"（好）数量形（的）名"后分句和谓词性前分句联结，可构成归总关系，例如：

（34）朝霞满山，泉流潺潺，好一个山区之晨！

例证二："NP 了"充当分句

"NP 了"是名词性结构加助词"了"，与其他分句联结，句序配置有两种：

Ⅰ．NP 了，S

Ⅱ．S，NP 了

这两种句序配置的复句关系同中有异。"NP 了"充当前分句，可以和后分句构成因果式和转折式；"NP 了"充当后分句，可以和前分句构成倒置因果式、倒置转折式和归结按注式。例如：

（35）大姑娘了，要注意整洁！（因果式）

（36）大姑娘了，一件像样的衣服都没有。（转折式）

（37）要注意整洁，大姑娘了！（倒置因果式）

（38）一件像样的衣服都没有，大姑娘了！（倒置转折式）

（39）渐渐到了市中心，十字大路了！（归结按注式）

12.1.4　小结

"句序"研究表明：第一，小句的排列次序不单单是语用表达的需要，在小句联结关系上、逻辑基础上，在关系词语的使用上都有条件限制；第二，句序和分句特性协调统一，这表现在小句的次序与小句的表、里、值特点是相互制约、相互协调的，是统一的；第三，小句的类型和小句的次序有联系，小句在结构、语气、功能等方面都有不同的类型，这些小句类型与句序配置是互动的，小句结构类型与句序的联系在《汉语复句研究》中已有所证明，分句语气类型与句序也有联系，比如祈使语气和陈述语气的小句相互组合可以表示因果关系，但是句序配置和因果式的类型有对应规律，"陈述＋祈使"型因果句是"因—果"式，而"祈使＋陈述"型因果句是"果—因"式；小句的表意功能与句序同样有联系，比如，肯定"是"字句和否定"是"字句联结，会产生"然—否"式和"否—然"式两种句序配置，但是它们表现出一系列的不对称性。

"句序"研究充分证明，不能机械地套用短语规则来解释句子，汉语的语序是重要的语法手段，但是短语的语序规律并不能完全解释复句的句序规律，复句作为小句分句化的联结实体，其分句基点是不容忽视的。

12.2　复句语气的关联功能：以"'祈使＋陈述'型因果复句"为例

关于复句的语气，邢福义先生指出："如果把前后分句联系起来进行考察，那么就可以发现，一个复句不一定只有一种语气，有时，前分句可以是甲语气，后分句可以是乙语气。这表明，包含两个或多个分句的复句，跟单句比较起来，在语气上也存在差异。"[1]

---

[1]　邢福义：《汉语复句研究》，商务印书馆 2001 年版，第 23 页。

12.2.1　语气组合

"祈使＋陈述"型因果复句，指祈使前分句和陈述后分句组成的因果复句。祈使有肯定和否定之分，陈述也有肯定和否定之分，因此一个祈使前分句和一个陈述后分句组成的因果复句有四种情况：①肯定祈使＋肯定陈述；②肯定祈使＋否定陈述；③否定祈使＋肯定陈述；④否定祈使＋否定陈述。例如：

（1）请您原谅我的直率吧，因为我只能说出自己的心里话。（张炜《柏慧》）

（2）你俩都去租别人家的地吧，我地不够种了。（周立波《暴风骤雨》）

（3）不要再邮寄拐杖了，因为父亲身边有我。（得林《不要再邮寄拐杖》，《读者》2002：13，25 页）

（4）请不要打开果酱瓶，因为那里没有防腐剂。（温宪《津巴布韦产供销一条龙》，《人民日报》1995.03.15）

"祈使＋陈述"型因果复句里边的"祈使"部分可以不止一个分句，"陈述"部分也可以不止一个分句。例如：

（5）你叫大嫂陪你去吧；因为我星期六有点事，不能够陪你去四姐那儿。（北京大学汉语语言学研究中心现代汉语语料库，以下简称北）

（6）九泉之下的妈妈呀，您放心吧，您安息吧，因为我有了一位好妈妈。（冰心《意外的收获》）

（7）不要浪费精力，要爱惜身体，"因为人民需要你"。（北）

（8）不要再写那些信和日记了，更不要在黑暗中边听音乐边胡思乱想了，因为你目前所经历的不是爱，只是一个傻孩子对异性的过分关注。（余秋雨《霜冷长河》之《灯下回信》）

例（5），"陈述"部分由一个肯定分句和一个否定分句组成，表示因果关系。例（6），"祈使"部分由两个肯定分句组成，表示平列关系。例（7），"祈使"部分由一个否定分句和一个肯定分句组成，表示对照关系。例（8），"祈使"部分由两个否定分句组成，表示递进关系；"陈述"部分由一个否定分句和一个肯定分句组成，表示对照关系。

12.2.2　因和果的配置

因果复句由原因分句和结果分句组成，在语序上有两种：先因后果和先果后因。那么，"祈使＋陈述"型因果复句的因和果是怎样配置的？据考察发现，"祈使＋陈述"型因果复句是先果后因，也就是说，祈使前分句表示果，陈述后分句表示因。

12.2.2.1 祈使表果

祈使前分句表果，可以是肯定式，也可以是否定式。肯定祈使主要用来表示命令，请求，劝告、敦促，商议，许可，提醒等，语表形式上句末有时用"吧"，句首用呼语或主语，有时也用"请"。

否定祈使主要用来表示禁止，劝阻等，主要标志是用否定性词语"不要"、"别"、"不能"等，句末一般不用"吧"，句首少用呼语或主语。

祈使前分句的谓语以自主性动词语为主，祈使的内容一般表示动作行为、言语活动、心理活动等。例如：

（9）滚一边去，这儿没你的事。（刘庆邦《少年的月夜》，《小说月报》2004：12，22 页）

（10）不要这样说，因为人活着必要有一个最美的梦想。（北）

（11）你放宽心吧，那个市的市委书记是我的同学。（张廷竹《盛世危情》，《小说月报》2005：增刊，75 页）

有时谓语也用形容词性词语，祈使的内容表示某种程度的性状。例如：

（12）菜肴口味不要太咸，因为过多的摄入盐分容易造成水液潴留而增加体重。（北）

（13）你声音轻一点，你不去喊叫就没有人会知道。（余华《许三观卖血记》）

值得注意的是，由于祈使是"以言行事"，因此祈使可以直白，也可以转述。直白祈使的对话双方是默认的，往往省略，但有时为了表明祈使行为及其发出者和对象，也用完整句。例如：

（14）我劝你还是莫要降魔的好，因为你绝不是我的对手！（北）

（15）我希望你不要焦躁，因为任何事都会好起来的。（北）

转述祈使，一般要表明祈使行为及其发出者和对象，要求用完整句，而且语气转化成了陈述。例如：

（16）小阮到这儿来请求我们不要处分他，因为他精神不正常不能控制自己

的行为。（王朔《痴人》）

（17）警方重点吁请吸烟者不要乱扔烟头，因为每年的火警中有 30％以上是由未熄灭的烟头引起的。（北）

（18）佐佐木敦子劝他不要抽烟，因为抽烟有害健康。（北）

12.2.2.2　陈述表因

比较：

> 快睡吧，天已经不早了。
>
> 快睡吧，睡觉可以养神。

这两例的前分句都是敦促"快睡吧"，后分句都表示原因，前一例的原因是"天已经不早了"，后一例的原因是"睡觉养神"。在事态的相继性上应该是"天已经不早了"→"睡"→"养神"。前一例使用祈使动作的前提作原因，可称为"前提式"，后一例用祈使内容动作的结果作原因，可称为"结果式"。

12.2.2.2.1　前提式

前提式主要使用下面几种句式：

第一，直陈式。直陈句表示已然、将然、固然的事实或者目前的状况，用来表明祈使的原因。例如：

（19）走吧，饭都打好了。（周克芹《许茂和他的女儿们》）

（20）我们回去吧，电视剧要开始了。（周宛润《五妹妹的女儿房》，《小说月报原创版》2005：2，124 页）

（21）把隐藏其中最崇高的精神因素写出来吧，因为最崇高的东西往往隐藏在自然界最偏远最微末的地方。（北）

（22）你可不要蒙我们，我爸爸就在金港工作。（张廷竹《盛世危情》，《小说月报》2005：增刊，50 页）

第二，判断式。判断句表示事物的特征或性状，用来表明祈使的原因。例如：

（23）不要怪他，因为他是直肠子。（北）

（24）不要自认倒霉而匆匆放弃，因为你的票据并不是废纸一张。（北）

（25）你说吧，我有思想准备。（戴来《一、二、一》，《人民文学》1999：5，51 页）

（26）你别急，又没有什么大的事情。（范小青《女同志》，《小说月报原创版》2005：3，18页）

（27）调到金港来吧，金港的好单位不少呢。（张廷竹《盛世危情》，《小说月报》2005：增刊，17页）

（28）不要购买三家咖啡馆销售的咖啡，因为他们的咖啡不合格。（北）

第三，能愿式。能愿句表示可能或意愿，用来表明祈使的原因。

（29）永远不要从你的通讯录中删除人名或地址，很可能你什么时候就会再需要他们。（《收发 E-mail 十准则》《读者》2002：9，55页）

（30）小刘老师，你放开讲，你能震得住场子。（王新军《俗世》，《小说月报》2004：增刊，164页）

（31）不要让别人注意到，因为现在连自己都不能接受自己。（北）

（32）别害怕，我不会干坏事。（申赋渔、刘辉《二月兰63年传奇》，《读者》2002：14，22页）

12.2.2.2.2　结果式

要谦虚，因为谦虚使人进步。

要谦虚，因为骄傲使人落后。

上例，前分句都是肯定祈使，后分句都是用结果作因，前一例是顺祈使的结果作原因，后一例是逆祈使的结果作原因。再看下例：

不要骄傲，因为骄傲使人落后。

不要骄傲，因为谦虚使人进步。

上例，前分句都是否定祈使，后分句也是用结果作因，前一例是逆祈使的结果作原因，后一例是顺祈使的结果作原因。结果式常常使用下面几种句式：

第一，致使式。往往用致使句说明逆祈使带来的结果。例如：

（33）不要把我当做别人的榜样，因为那样使我难堪。（北）

（34）陶妮，你别这样，你这样会吓着孩子的。（顾伟丽《香樟树》）

（35）不要太显眼，因为那样会引人攻击。（佚名《美军作战守则》，《读者》2003：23，19页）

第二，判断式。用判断句说明顺祈使或逆祈使带来的结果。例如：

（36）心疼别人吧，因为那就是心疼你自己。（魏不不《很久不心疼》，《读

者》2002：13，41 页）

（37）不要解释下面怎么做，因为解释怎么做常常是和程序本身重复的，并且对于阅读者理解程序没有什么帮助。（北）

第三，假设式。用假设句说明顺祈使或逆祈使带来的结果。例如：

（38）你回去穿上吧，你妈看见你穿着新衣裳会很高兴。（刘照如《风中的沙粒》，《读者》2003：20，13 页）

（39）快睡吧，睡着了就不饿了。（余华《许三观卖血记》）

上例的陈述部分是顺祈使的假设句。

（40）不要睡觉，因为睡了会醒。（北）

（41）不要进入意义联想，因为一旦进入了"意阅"，便很容易把个别与原稿不同的铅字，放任过去。（北）

（42）不要大发牢骚，因为牢骚发得太多了，不是对我有什么不好，而是会影响你的身体。（北）

上例的陈述部分是逆祈使的假设句。有时，假设句只说假设的结果。例如：

（43）把东西放下，丢不了。（老舍《龙须沟》）

上例的意思是：把东西放下，因为放下丢不了。

第四，条件式。往往用条件句说明顺祈使带来的结果，表明祈使的必要性。例如：

（44）你学会先人后己、多想别人，因为这样才显示出你是个"好"人。（北）

（45）不要忘记战争和暴行，因为只有记住这些罪行才能避免犯新的错误。（北）

说话人总是认为自己做出的祈使是合情合理的、适宜的，肯定祈使的内容是听话人应该接受并做出积极反应的，否定祈使的内容是听话人应该避免的。因此，不管前分句是肯定祈使还是否定祈使，顺祈使的结果是积极有益的，而逆祈使的结果是消极无益的。有时，结果式同时使用顺祈使和逆祈使，从正反两方面佐证祈使。例如：

（46）骑自行车的同志，请"往外侧骑"，因为"靠边儿"给人的感觉是轰他，"往外"使人感觉是请他。（北）

12.2.3 关联手段

复句的关联手段主要有三种：语序、词语、句式。"祈使＋陈述"型因果复句都使用了哪些关联手段呢？

语序在复句中主要体现为句序，也就是分句在复句中所占据的前后位置。语序是"祈使＋陈述"型因果复句的基本关联手段。祈使分句在前，陈述分句在后，先果后因。

词语，包括一般关系词语和其他词语。在"祈使＋陈述"型因果复句中，常用的一般关系词语是标示原因的"因为"，不用"由于"，而且表果分句不用"之所以"。

其他词语，包括复用词语、指代词语、义场词语等。这些词语也是"祈使＋陈述"型因果复句常用的关联手段。例如：

（47）我陪您到山上转转吧，山上的空气特别新鲜。（张廷竹《盛世危情》，《小说月报》2005：增刊，23页）

（48）把这钱拿去吧，它是你应得的！（黎宇译《施舍》，《读者》2002：24，7页）

（49）让你弟弟先来吧，他是弟弟。（澜涛《舍弃》，《读者》2002：10，12页）

（50）那你还是叫我小姐吧，我已经不是好女孩了。（凡一平《博士彰文联的道德情操》，《小说月报原创版》2005：2，14页）

例（47），"山上"复用；例（48），"它"指代"钱"；例（49），"弟弟"复用，"他"指代"你弟弟"；例（50），"我"复用，"小姐"和"女孩"是义场词语。有时，既用一般关系词语，也用其他词语。例如：

（51）不要电烫，因为我想电烫终是太贵了点。（北）

（52）不要盲目地跑到某一个房子，因为它可能是空的。（北）

（53）不要不愉快，因为忧愁从来没有用处。（张炜《柏慧》）

上例都用了一般关系词语"因为"。例（51），"电烫"复用；例（52），"它"指代"某一个房子"；例（53），"愉快"和"忧愁"是义场词语。

句式，一般指某些修辞格形成的句式，比如排比式、对偶式、顶针式、回环式、反复式、对照式等。这种关联手段在"祈使＋陈述"型因果复句中不怎么使用。

除了上述关联手段，"祈使＋陈述"型因果复句还有没有其他的关联手段？我们认为，语气也是一种重要的关联手段。"祈使＋陈述"型因果复句使用了两种语气，这两种语气各司其能，那就是"祈使"表果，"陈述"表因，而没有相反的情况，"祈使"表因，"陈述"表果。即使"祈使"和"陈述"的语序倒过来，也不能改变两种语气的功能，"祈使"依然表果，"陈述"依然表因。也就是说，只要是祈使语气和陈述语气组成的因果复句，不管祈使语气和陈述语气的语序如何，祈使语气总表果，陈述语气总表因。

可见，"陈述"、"疑问"、"祈使"、"感叹"四种基本语气在小句联结中具有一定的关联作用。比如，"陈述＋陈述"在并列类、因果类、转折类三大类联结关系中有广泛的分布，而"疑问＋陈述"往往表示问答关系。肯定语气和否定语气在小句联结中也有关联作用。拿"是"字句来说，肯定"是"字句联结几乎能表示各种联结关系，尤其是并列类关系，肯定"是"字句和否定"是"字句联结常用来表示对照关系，否定"是"字句联结常用来表示平列关系。再比如，"肯定祈使＋陈述"型因果复句往往不用关系词语配标，而"否定祈使＋陈述"型因果复句常常使用关系词语配标。

12.2.4 与相关句式的比较

12.2.4.1 与"陈述＋祈使"型因果复句的比较

比较：

　　　　睡吧，不早了。

　　　　不早了，睡吧。

前一个句子是"祈使＋陈述"型因果复句，后一个句子是"陈述＋祈使"型因果复句。这两句都包含祈使语气和陈述语气，都表示因果关系。两者也有一些差异。

第一，句序不同，因和果的位置不同。前者是祈使分句在前，陈述分句在后，先果后因；后者是陈述分句在前，祈使分句在后，先因后果。

第二，句末语气不同。前者陈述分句在后，句末语气是陈述语气。后者祈使分句在后，句末语气是祈使语气。

第三，关系配标有差异。"祈使＋陈述"型因果复句里的祈使前分句不用"之所以"标示结果，因为"之所以"不适用祈使语气；陈述后分句可用"因为"标示原因。"陈述＋祈使"型因果复句里的陈述前分句可用"因为"标示原因，"祈使"后分句可用"所以"标示结果。例如：

（54）而在大陆，许多人到30岁才真正开始自己的工作，所以不要因为缺乏一些东西而自卑。（北）

（55）因为是调侃所以别当真。

第三，两种复句中的陈述分句的类型有所不同，前者的陈述分句可以是前提式、结果式，后者的陈述分句往往是前提式。

第四，上述差异说明，前者是凸显祈使，侧重解释，为了说明祈使的适宜性，用陈述来解释。后者是侧重因果的顺承性，在陈述的基础上引发、导出祈使。

12.2.4.2 与"祈使＋否则＋陈述"的比较

"祈使＋陈述"型因果复句和"祈使＋否则＋陈述"型复句都是由祈使语气和陈述语气组合而成的，两种句式里边的陈述都有论证祈使的作用，因此，两种句式有时可以相互变换。有的"祈使＋陈述"型复句可添加"因为"，也可添加"否则"，比较：

（56）a.他不能马上痛痛快快的告诉大家实话，那会引起全家的不安，或者还会使老人们因关切而闹点病。（老舍《四世同堂》）

b.他不能马上痛痛快快的告诉大家实话，因为那会引起全家的不安，或者还会使老人们因关切而闹点病。

c.他不能马上痛痛快快的告诉大家实话，否则那会引起全家的不安，或者还会使老人们因关切而闹点病。

有的"祈使＋因为＋陈述"型因果复句里的"因为"可以换成"否则"，例如：

（57）a.我们把他们赶走吧，因为他们会把嘴里叼的种子吐到地上。（冰心《石榴女王》）

b.我们把他们赶走吧，否则他们会把嘴里叼的种子吐到地上。

有的"祈使＋否则＋陈述"复句里的"否则"可以换成"因为"，例如：

（58）a.你们快走吧，不然我冷静下来会后悔的。（谈歌《天下荒年》）

b.你们快走吧，因为我冷静下来会后悔的。

经考察发现，"祈使＋否则＋陈述"型复句里的"否则"几乎都能换成"因为"，但是"祈使＋陈述"型因果复句要变换成"否则"句式，受条件限制：陈述必须是逆祈使的结果式，而且不能出现"如果不"之类的说法。比较：

（59）a.你应该首先杀掉这个病毒，因为如果不这样你杀掉的其他病毒会被它复活。

　　　　b.你应该首先杀掉这个病毒，否则你杀掉的其他病毒会被它复活。

另外，"祈使＋陈述"型因果复句表示的是因果关系，里边的陈述是用来解释祈使的原由的，"祈使＋否则＋陈述"型复句表示的是假言逆转关系，里边的陈述是用来表明逆祈求的结果的，是反证祈使。

12.2.5　余论

句子都有语气，单句有语气，复句也不例外。单句的语气一般分为四种：陈述、疑问、祈使、感叹。复句的语气一般根据句末语气来划分，也分四种：陈述、疑问、祈使、感叹。这样划分是否符合语言事实呢？

首先，单句的语气也有复杂的一面。比如"你能不能帮我个忙？"是个疑问句，但也有祈使的语气，"你猜这件衣服多少钱？"也是兼有祈使和疑问两种语气。再比如"你怎么就喜欢上她了？！"兼有疑问语气和感叹语气，而"有什么办法吗？"则是特指性是非问。

我们认为，句子从语气数量上来说，可分单纯语气句和复合语气句。只有一种语气的句子是单纯语气句，具有两种或两种以上语气的句子是复合语气句。单纯语气句包括单纯语气单句和单纯语气复句（同质语气复句），复合语气句包括复合语气单句（兼容语气单句）和复合语气复句（异质或／和兼容语气复句）。

$$
\begin{array}{l}
单纯语气句\left\{
\begin{array}{l}
单纯语气单句\\
\\
单纯语气复句（同质语气复句）
\end{array}
\right.\\
\\
复合语气句\left\{
\begin{array}{l}
复合语气单句（兼容语气单句）\\
\\
复合语气复句（异质或／和兼容语气复句）
\end{array}
\right.
\end{array}
$$

第 13 章　然否对照的辨释功能

13.1　辨释方式

辨释方式是从肯定和否定的先后顺序来说的，有"先立后破"和"先破后立"两种。"先立后破"，就是先肯定后否定，可用"然—否"式对照来实现。例如：

（1）得屋是回家以后疯的，而不是像大家认为的在外面疯的。（池莉《你是一条河》）

"先破后立"，就是先否定后肯定，可用"否—然"式对照来实现。所破的可能是别人的观点或做法，例如：

（2）老师不是先教他创作什么作品，而是要他从画蛋入手。（初中《语文》第 4 册）

有时，所破的是自己的看法或说法，如：

（3）学生们 —— 不，不是学生们，而是亡国奴们 —— 也和他一样因羞愧而静寂。（老舍《四世同堂》）

（4）这虽是小事，可是他觉得别扭；还不是别扭，而是失去了出入的自由。（老舍《四世同堂》）

"先立后破"和"先破后立"两种辨释方式的使用频率是不平衡的，我们通过抽样考察，发现"先破后立"比"先立后破"的使用频率高，使用比例大概是3∶1。这说明，从辨释策略来看，人们倾向于使用"先破后立"。

13.2　辨释性质

辨释所立所破的内容有时是"真值条件"，有时是"适宜条件"，从性质上看，前者是语义辨释，后者是语用辨释。语义辨释所辨别的是客观事物的真假。例如：

（5）手里攥的是钱了不是借条了。（乔典运《香与香》）

上例，手里攥的到底是什么是可以验证的，结果是钱而不是借条，这属于语义辨释。

语用辨释所辨别的是主观表达的适宜性，换句话说，不是为了分辨是非曲直，而是就隐含义、预设义、语音或语法条件等方面的适宜性进行辨释。例如：

（6）这水不是温，是热。（否定隐含义）

（7）不是我妹妹走没走，而是她根本就没有来。（否定预设义）

（8）是衣服穿她，不是她穿衣服。（老舍《鼓书艺人》）（否定语法条件）

然否对照的辨释性质与辨释方式有一定的关系。"先破后立"可用来进行语义辨释和语用辨释，"先立后破"多用来进行语义辨释。

13.3　辨释焦点

辨释是要找出事物或事理的区别，这个区别点、不同处就是辨释的焦点。

13.3.1　焦点位置

辨释焦点从位置上看大体有三种：

1）后焦点。辨释焦点在然否对照的后成分。这种情况最为常见。

2）前焦点。辨释焦点在然否对照的前成分。例如：

（9）我不是中国人，你是。（老舍《四世同堂》）

（10）"你们是北京人吗？""我是，她不是。"（冯小刚《甲方乙方》）

3）前后焦点。辨释焦点在然否对照的前成分和后成分。例如：

（11）死亡不是人生的最大损失，人生的最大损失是我们活着时心灵已经死亡。（《读者》2001：15，49 页）

（12）我不是人，你们全是好人老实人受欺负的人。（王朔《一点正经没有》）

（13）她是团支部宣传委员，他则连团员也不是。（蒋韵《上世纪的爱情》，《小说月报》2000：6，87 页）

后焦点和前焦点的辨释格式是对称的。前后焦点的辨释格式中有的是对称的，如（11）、（12），其中（11）是一种顶真格式；有的就不对称，往往有成分移位，如（13）。

焦点位置的不同会造成单焦点或双焦点。后焦点和前焦点都是单焦点，而前后焦点中有的是单焦点，如（11），有的是双焦点，如（12）、（13）。

13.3.2　焦点内容

焦点内容与焦点位置和是字句的表意类型有关。表"等同"的是字句的前焦点和后焦点是等同者；表"归类"的是字句的前焦点是归类对象，后焦点是类属；表"特征、质料、领有"的是字句的前焦点是特征、质料、领有的所属者，后焦点是特征、质料和领有对象；表"存在"的是字句的前焦点是处所，后焦点是存在体；表"比况"的是字句的前焦点是本体，后焦点是喻体；表"解释说明"的是字句的前焦点有时是解释说明的对象，有时是虚位，后焦点是解释说明的内容。请看几个例句：

（14）你的"同情者"是曹元朗，不是我。（钱钟书《围城》）

（15）以权势度人的人是商人，而不是诗人。（徐刚《桃花·榆叶梅与诗歌》）

（16）这小孩是黄头发，不是黑头发。

（17）肚子里是白面荞麦馅饼而不是青枣子。（张承志《北方的河》）

（18）共产党员是钢，不是浆子。（王蒙《说客盈门》）

（19）我是来找人，不是来借书。

（20）是他（苏格拉底）选择了死，不是死选择了他。（牛勇平《探索幸福的人》，《读者》2001：17，31页）

然式和否式的焦点内容可以一致，也可以不一致，这取决于然式和否式的表意类型。例（14）—（20）的焦点内容都是一致的。下例的焦点内容都不一致：

（21）我不是焦委员，我是焦委员派了来的！（老舍《文博士》）

（22）收财礼是公认的事，并不是把女儿卖了。（老舍《老张的哲学》）

（23）仿佛他已不是个活人，而是一块木头。（老舍《四世同堂》）

（24）生产就是生产，而不是什么见神见鬼的事。（老舍《四世同堂》）

例（21）的焦点内容分别是等同者和类属，例（22）的焦点内容分别是类属和解释说明内容，例（23）的焦点内容分别是类属和喻体，例（23）的焦点内容分别是强调的等同者和类属。

　　焦点内容一致的然否对照在辨释方式上比较灵活，"先立后破"和"先破后立"都常见到，焦点内容不一致的然否对照在辨释方式上往往有倾向性，比如例（23）一般用"先立后破"，而不怎么用"先破后立"。

13.3.3　焦点凸显

　　为了凸显焦点，在句法上往往使用省略、隐含、共用等手段。省略的内容有多有少，比较：

　　（25）a. 你是不愿意解决问题，不是不能解决问题。

　　　　　b. 你是不愿意解决问题，不是不能解决。

　　　　　c. 你是不愿意解决问题，不是不能。

　　　　　d. 你是不愿意解决，不是不能解决。

　　　　　e. 你是不愿意解决，不是不能。

　　　　　f. 你是不愿意，不是不能。

　　　　　g. 是不愿意，不是不能。

　　隐含是指"是……而不是……"、"不是……而是……"中"而是/而不是"的前成分不能补出，被隐含着。共用是指"是……而不是……"、"不是……而是……"共用一些句法成分，例如：

　　（26）假若<u>不是天佑，而是别人</u>，投了河，他们一定会感到不安，怕屈死鬼来为厉作祟。（老舍《四世同堂》）

　　（27）人<u>是历史的，而不是梦的</u>，材料。（老舍《四世同堂》）

　　（28）学校多半<u>是因为可怜而不是因为及格</u>发了她一张毕业文凭。（池莉《你是一条河》）

　　（29）由此及彼的段段路程终究会让一切都说得过去，变得<u>什么都是，而又什么都不是</u>。（禾家《去似朝云无觅处》，《小说月报》2001：5，60 页）

例（26）"不是天佑，而是别人"共用"投了河"；例（27），"历史的，而不是梦的"共用"人"和"材料"；例（28），"是因为可怜而不是因为及格"共用"学校多半"和"发了她一张毕业文凭"；例（29），"什么都是，而又什么都不是"共用"变得"。

有时共用中又有省略，例如：

（30）这个时代是<u>生产市场英雄而不是古典英雄</u>的时代。（杨念群《我们这个时代的"文化英雄"》，《读书》2000：8）

上例，"是生产市场英雄而不是古典英雄"共用"这个时代"和"的时代"，"是生产市场英雄而不是古典英雄"中，"不是"和"古典英雄"之间省略"生产"。

13.3.4　焦点的丰富

辨释的焦点可以丰富和扩展，主要有三种情况：

1）焦点扩充。一般使用并列、选择等句法关系扩充后焦点，例如：

（31）在这里人们是<u>真哭或真笑</u>，并不是瞎起哄。（老舍《骆驼祥子》）

（32）我不是属于精神的，我是<u>属于物质的，属于豪华酒店、高档写字楼、名牌名店和小轿车的</u>。（邱华栋《波浪·喷泉·弧线·花园》，《小说月报》2001：3，35页）

（33）他比他自己愿意承认的还要软弱一些，不是<u>有教养、文明程度高</u>，而是<u>真正的胆怯、女孩子气、怕疼</u>。（王朔《看上去很美》）

2）焦点增生。指在焦点上附加一些语句，辅助解释焦点，主要功能有三种：解释理由；解释内容；换述解释。例如：

（34）盆中是各种颜色合成的一种又像茶叶末子，又像受了潮湿的药面子的东西，不是米糠，<u>因为它比糠粗糙的多</u>；也不是麸子，<u>因为它比麸子稍细一点</u>。（老舍《四世同堂》）

（35）这根本不是热力学问题，而是一道谜语：<u>在热寂之后整个宇宙会同此凉热，就如一个银元宝</u>。（王小波《白银时代》）

（36）不是那种自自然然的由睡而醒，而是猛的一吓，<u>像由一个世界跳到另一个世界，都在一眨眼的工夫里</u>。（老舍《骆驼祥子》）

3）焦点多对应。然式或否式由多个"是"字句构成，形成焦点一对多或多对多。例如：

（37）中华人民共和国是人民民主专政，‖（对照）不是资产阶级专政，‖（递进）更不是地主阶级专政。

（38）祖国呀祖国，你的艺术不是水，‖（平列）不是酒，‖（平列）不是乳，|（对照）而是神奇的玉浆呵！（理由《痴情》）

（39）说实话，豆芽菜并不是想念她的父母和弟妹，|（对照）是想与她的知青朋友们把回家当做一趟旅行，‖（平列）是想回城看望和结识更多的知青朋友，‖（平列）是想与大家交流更多的消息，学会更多的黑话，‖（平列）是想逛逛大商场，饱饱眼福，购买一点女孩子心爱的小东西。（池莉《怀念声名狼藉的日子》，《小说选刊》2001：3，15 页）

（40）我们采取"一个国家，两种制度"的办法解决香港问题，不是一时的感情冲动，‖（平列）也不是玩弄手法，|（对照）完全是从实际出发的，‖（平列）是充分照顾到香港的历史和现实情况的。（《邓小平文选》第三卷）

13.3.5　静态焦点和动态焦点

辨释的焦点强调的可以是共时的差异，也可以是历时的发展变化。比较：

（41）她不是团员，而是党员。

（42）她已经不是团员，而是党员了。

这两例的焦点都是"团员"和"党员"，但有不同，前一例是就她的政治面貌做出共时辨别，焦点是静态的，后一例是说她的政治面貌发生了变化，焦点是动态的。

13.4　辨释重心

辨释的目的是为了表明语句的真值条件或表达的适宜条件。真值条件或适宜条件就是辨释的重心。这个重心一般落在肯定"是"字句上，因为肯定"是"字句最能代表发话人对真值条件或适宜条件的观点和态度。这表现在语表形式上，肯定"是"字句常常使用完整句，通过句法的完整性保证表意的完整性。"否—然"式对照的后项是肯定句，常用重现、复指等句法手段促成完整句；而"然—否"式对照的后项是否定句，常用省略的句法手段构成非完整句。例如：

（43）我不是叫花子，我是凭一双手吃饭的人！（高中《语文》第 2 册）

（44）这个屏幕不是平的，它是一个曲面。（王小波《白银时代》）

（45）我们是要敌死我活，不是一死两拉倒。（老舍《无名高地有了名》）

表 13-1　然否对照的省略、重现和复指

		"然—否"式对照	"否—然"式对照
省略	承前省	23	37
	前后省	2	11
重现		0	21
复指		0	4
总计		25	73

13.5　辨释强度

辨释强度就是辨释语气的强弱程度，大致分四种：

1）强辨释。申辩语气较重，力求"立"得稳，"破"得透。为了体现语气的强烈，往往在"是"、"不是"前加一些修饰语，如"是"前加"可、正、就、完全、其实、明明、到底、总归、竟然、绝对、实在、简直"等，"不是"前加"并、也、又、根本（就）、当然、其实、可、决"等，或者由极性对照格式来实现。例如：

（46）我们生来就是给人们盛东西的，并不是来互相碰撞的。（小学《语文》第 7 册）

（47）现在，他挨了打，他什么也不是了，而只是那么立着的一块肉。（老舍《四世同堂》）

强辨释不仅显示了发话人的态度明确，立场坚定，而且还隐含着较强的推断性，类似于推理中的排除法。例如：

（48）雄蝶飞回来不是靠嗅觉，不是靠听觉，而是靠触觉。

——→雄蝶飞回来或者靠嗅觉，或者靠听觉，或者靠触觉；不是靠嗅觉，不是靠听觉，所以，是靠触觉。

2）中度辨释。申辩语气不强不弱，肯定和否定比较均衡，"是"、"不是"前一般不用什么修饰语，更多的是在后项用"而"。

3）弱辨释。申辩语气较弱，重在用肯定"是"字句直陈解释，而否定"是"字句只是衬托或补充，因此有的否定句在行文中处理为插入语，甚至蕴涵在肯定

"是"字句中。例如：

（49）张大哥是不能够 —— 不是不愿意 —— 严守时刻的。（老舍《离婚》）

（50）物体在引力场中的行为可以和没有引力场情况下相同，只要后一情形所用的参照系是一个匀加速坐标系（而不是惯性系）。

（51）骆驼是动物。（不是植物）

弱辨释的"是"、"不是"前往往有舒缓语气的修饰语，如"是"前用"只、不过、只不过、仅，也，还"等，"不是"前用"倒"等。例如：

（52）真有人跳过，倒不是为了理想，只是为了履行军人的天职。（不光《闯西南》）

4）综合辨释。有些然否对照语气有强烈、舒缓变化，语调有抑扬之势，这就形成了综合辨释。例如：

（53）这不过是他们一时心血来潮，并不是对你们有什么反感。（白帆《寂寞的太太们》）

（54）普通的妇女职业，都不是什么专门技术的性质，不过是在写字间里做人罢了。（张晓风《姑姑语录》）

"然—否"式对照和"否—然"式对照的基本辨释强度是中度辨释。"然—否"式对照的辨释强度的张力较小，较少用于强辨释、弱辨释和综合辨释。"否—然"式对照的辨释强度的张力较大，在强辨释、弱辨释和综合辨释中也不少见。

表 13-2　然否对照的辨释强度

	强辨释	弱辨释	中度辨释	综合辨释
"然—否"式对照	9	2	35	2
"否—然"式对照	25	19	100	31

13.6　小结

然否对照具有辨释的功能，在辨释方式上，有"先立后破"和"先破后立"两种，但是以后者居多。在辨释性质上，有语义辨释和语用辨释之别，其中语义辨释可见于"然—否"式对照和"否—然"式对照，语用辨释常见于"否—然"式对照。

　　然否对照有辨释焦点。辨释焦点的位置有三种：前焦点、后焦点和前后焦点，焦点位置会影响辨释格式的对称性，辨释焦点有单焦点和双焦点之别。焦点内容与焦点位置和是字句的表意类型有关，有的一致，有的不一致。然否对照可用省略、隐含、共用等手段凸显焦点，还可以通过焦点扩充、焦点增生、焦点多对应来丰富焦点。另外，焦点还有静态和动态之分。

　　然否对照里边有个辨释重心，一般落在肯定"是"字句上，因为它最能代表发话人对真值条件或适宜条件的观点和态度，在语表形式上，肯定"是"字句经常使用完整句，以保证表意的完整性。"然—否"式对照的辨释重心在前，"否—然"式对照的辨释重心在后。

　　然否对照的辨释存在强度的差异，分为强辨释、中度辨释、弱辨释和综合辨释，其中基本辨释强度是中度辨释。"然—否"式对照的辨释强度的张力较小，而"否—然"式对照的辨释强度的辨释张力较大。

　　本章语料的统计范围是：白帆《寂寞的太太们》，百合《哭泣的色彩》，不光《闯西南》，陈染《无处告别》，池莉《你是一条河》，方方《定数》，浩然《新媳妇》，老舍《鼓书艺人》，礼平《小站的黄昏》，廉声《月色狰狞》，刘震云《一地鸡毛》，龙凤伟《石门夜话》，马兰《阅读和对话》，莫怀威《陪都日事》，钱钟书《围城》，乔典运《香与香》，铁凝《哦，香雪》，王蒙《坚硬的稀粥》，王朔《浮出海面》，王小波《白银时代》，魏润身《扰攘》，于晴《红苹果之恋》，余秋雨《文化苦旅》，张爱玲《倾城之恋》，张承志《北方的河》，张抗抗《白罂粟》，张欣《爱又如何》，朱邦复《东尼！东尼！》。

第 14 章 "否则"的隐省、辖域和焦点投射

14.1 "否则"的隐省规律

复句句式 "p, | 否则 q", 从 "p" 的构成来看, 主要包括释因式、推因式、条件式、选言式、祈使式、能愿式。"p, | 否则 q" 是个焦点句式, "p" 是焦点, "否则" 对 "p" 具有显性的焦点投射功能。在一定条件下, 条件式、祈使式和能愿式有时可以隐去 "否则", 句式中 "p" 的焦点地位仍能辨明。例如:

(1) 小马! 别过河, 别过河, 你会淹死的!

(2) 除非被人驳得体无完肤, 他决不轻易地放弃自己的主张与看法。

(3) 金三爷不能把个常叫 "打倒日本鬼子" 的小外孙子带着到处跑, 也不能跟自个儿的闺女吵; 没准儿会让邻居听了去, 报告日本人。

由于能愿式与祈使式都属于道义情态式, 我们集中探讨条件式和祈使式中 "否则" 隐省的限制条件、句法诱因和效应, 以及 "否则" 隐省的潜在条件等。

14.1.1 条件式中的 "否则" 隐省

14.1.1.1 条件式隐省 "否则" 的限制条件

第一, 条件式中, "否则" 前有正面条件或假设的结果, "否则" 不能隐去。试比较:

(4) 除非我写什么文章, 我才找出书来, 不然, 我也很少看了。

（5）除非我写什么文章，我也很少看了。

第二，条件式中，"否则"后是疑问句，而"否则"前后表示条件和对逆条件结果的发问，"否则"一般不能隐去。试比较：

（6）你的衣服破得太厉害，除非眼睛闭起来，不然会看不到吗？

（7）除非是袭人来，否则还能有什么好消息？

例（6）是说，"除非眼睛闭起来，才看不到，如果眼睛不闭起来，会看不到吗？""不然"不能隐省；例（7）"否则"前后项表示类同，意思是，"除非是袭人来，才是好消息，如果不是袭人来，还能有什么好消息？"其中的"否则"似乎可以隐省。看个实例。

（8）除非送到宝塔集去，乡下哪有输液的设备呢？

14.1.1.2 条件式隐省"否则"的句法诱因和效应

《现代汉语虚词例释》解释说，"除非……才……，否则……不（没有）……"简化为"除非……否则……不（没有）……"，进一步简化为"除非……不（没有）……"。第一步简化只是隐去了必备条件的结果，"除非"依然表示必备条件，相当于"只有"，句式没有发生本质变化；第二步简化条件式，隐去了"否则"，"除非"表示必备条件或排除条件，句式发生质的变化。"否则"之所以能够隐去，并引起句式变化，应该是缘于两点。

第一，"除非"有表示"除了"的介词用法。例如：

（9）除非没有屁眼儿的人，谁也不会这么狠！

第二，汉语有表示排除义的"除了p，q"复句句式。例如：

（10）无论何人要认识什么事物，除了同那个事物接触，即生活于（实践于）那个事物的环境中，是没有法子解决的。

在"除了p，q"复句句式的诱导下，在类推作用下，条件式形成"除非p，q"的复句句式，这种句式可两解，既可认为是条件式隐省了"否则"，还可看作"除非"表排除，功能由介词扩展为了连词。例如：

（11）除非你赔偿上八十块钱，我一定免你的职！

例（11）的意思可以表述为：除非你赔偿上八十块钱才没事，否则，我一定免你的职！或：除非你赔偿上八十块钱，否则，我一定免你的职！或：除了你赔偿上八十块钱，我一定免你的职！

"否则"隐去的条件式，在用英语翻译时，往往得译出排除义来。看赵囧（1994）的两个例子：

（12）除非受热，物质不会有膨胀的趋向。

Substances have no tendency to expand, unless they are heated.

（13）除非有紧急情况，这个窗户不准打开。

This window must be no opened except in emergency.

条件式的"否则"隐去后，句序相对自由灵活了，"除非"小句可以后置，而这是"只有"所不能的。试比较：

（14）家中的事，个人的职业与收入，通通不许说，除非彼此是极亲近的人。

（15）除非彼此是极亲近的人，家中的事，个人的职业与收入，通通不许说。

14.1.2 祈使式中的"否则"隐省

14.1.2.1 祈使式隐省"否则"的限制条件

第一，祈使式中，"否则"后面又是祈使句时，"否则"不能隐去。例如：

（16）快起来，否则别怪我……

第二，祈使式中，"否则"后面跟着疑问句时，"否则"不能隐去。如：

（17）你还是把那口大锅先放下吧，不然怎么拉得出来？

第三，祈使式中，"否则"后含有"就、便"等引出结论的关系词语，构成"否则……就……"格式，"否则"不能再隐去。例如：

（18）你还是把他装到麻袋里，别让人看见，否则就把买米的全吓跑了。

第四，祈使式里，"q"并非明确表示未然的或尚待证实的事，"否则"隐去后意思会发生变化。例如：

（19）快去，不然又迟到了。

例（19），"又迟到了"的未然是靠"否则"激活的，"否则"隐去后，"又迟到了"表示既成事实，而非逆祈使的结果。

14.1.2.2 祈使式隐省"否则"的句法诱因和效应

祈使式隐去"否则"有两种句法诱因：①祈使式是反证结构，"q"可以看作祈使"p"的原因或理由；②汉语里存在"祈使＋原因"的句法槽。

祈使式的代表形式是"还是 p 吧，否则 q"。前项表示祈使，后项表示逆祈使的结果，后项能用来反证前项祈使的必要性。既然如此，"q"就可以理解为发出祈使"p"的原因或理由。例如：

（20）你们快走吧，不然我冷静下来会后悔的。

例（20），我之所以劝你们走，正是由于我冷静下来会后悔的缘故。"不然"可以换成"因为"："你们快走吧，因为我冷静下来会后悔的。"看个实例。

（21）我们把他们赶走吧，因为他们会把嘴里叼的种子吐到地上。

例（21），他们会把嘴里叼的种子吐到地上是不赶走他们的后果，用来作为祈使的理由，如果要强调反证，"因为"可以换成"不然"："我们把他们赶走吧，不然他们会把嘴里叼的种子吐到地上。"

祈使式里，凡是能隐去的"否则"都可以换成"因为"，但是反过来不一定行，这是由于"因为"后面所带的小句情形较多，除了逆祈使的结果，还可以是顺祈使的结果、祈使的前提。例如：

（22）心疼别人吧，因为那就是心疼你自己。

（23）不要再邮寄拐杖了，因为父亲身边有我。

例（22），"因为"后是顺祈使的结果，"因为"不能换成"否则"。例（23），"因为"后是祈使的前提，"因为"也不能换成"否则"。

"否则"隐去后，祈使式变成了祈求和祈求的原因，随之而来的是，句序上也灵活自由了，试比较例（20）与下例。

（24）我冷静下来会后悔的，你们快走吧。

14.1.3　"否则"隐省的潜势条件

总的来看，对于"p，否则 q"句式，若要"否则"隐去，"p，q"句式至少要具备三个潜势条件：①能够否定"非p"；②可以假设"非p"；③"q"是假设"非p"的结果。

选言式表示情况的选择或情况的交替，没有"否则"就构不成选择。三个条件都不符。例如：

（25）我什么都要做到最好，将来，要么不嫁，否则一定要做个好妻子……

释因式、推因式的"p"表示原因,往往是已然的事实或固然的事理,不符合条件①;况且"q"很容易被看作是"p"的结果,不符合条件③。例如:

(26)因为厦门没人来,不然他们一定会寄来……

(27)幸亏没穿鞋,不然非把鞋底跑个大窟窿不可!

(28)可惜我没有碰上,否则我一定会看到她像接待解放军战士那样的高兴。

(29)看来,今天晚上,他们来得太及时了,否则,两位老人又要吃好多苦呢。

条件式的前项"除非 p"表示排除条件,祈使式和能愿式的前项都蕴含了能否定"非 p"。

条件式的前项"除非 p"表示条件,一般是未然的或尚待证实的,祈使式也是未然的或尚待证实的。那么,它们的否定形式"非 p"自然也是未然的或尚待证实的,这就为假设"非 p"提供了可能。

条件式的后项一般是未然的或尚待证实的,而且往往是反面的结果,不容易和正面的结果相混,能体现假设"非 p"的结果。祈使式和能愿式对于后项的要求多些,未然的可以隐去"否则",非未然的一般不能。

14.1.4　小结

焦点句式"p,否则 q"中,"否则"有时可以隐省。这主要取决于焦点"p"的句法语义特性及所在句式的变通性。"p"为排除性条件、祈使式和能愿式的时候,句式为强焦点句式,"否则"强化了焦点"p"。"否则"隐省后,句式发生了变化,"p,q"转化为必要条件句,"祈使"或"能愿"表果的"果—因"式,它们都是强焦点句式,同样能表现焦点"p"。

14.2　"如果 A,那么 B,否则 C"的语义关联及其"否"的辖域

假设复句的典型形式是"如果 A,那么 B",为了考察假设句的焦点结构,可以引入"否则"句,用"否则"的焦点投射功能来测定假设句的焦点分布。"否则"是代表词,有时也用"不然"、"要不"、"要不然"等。例如:

(1)如果学者、商人和老百姓都能关心民族的危难,那么,这样的人民将是聪明的,否则是愚昧的。

（2）如果遇到这种情况，必须慎重处理，否则往往吃闷亏。

例（1）的"否"否定的是"A"，"否则C"的意思是，"如果学者、商人和老百姓都不关心民族的危难，那么，这样的人民是愚昧的"。因此例（1）假设句的焦点是"A"。例（2）的"否"否定的是"B"，"否则C"的意思是"如果不慎重处理往往吃闷亏"。因此例（2）假设句的焦点是"B"。

14.2.1　假设类型与焦点分布

假设句"如果A，那么B"中，"A，B"的假设关系大致有三种语义关联类型，它们会影响假设句的焦点分布，这可以用接续"否则C"句的"否则"的焦点投射来测定。

14.2.1.1　"A"表示假设的前提条件，"B"表示结果或结论

假设句"如果A，那么B"中，有时"A"表示假设的前提条件，"B"表示相应的结果或结论，焦点要么是"A"，要么是"B"。

14.2.1.1.1　"A"表示假设的充分条件，"B"表示结果或结论，焦点是"A"或"B"

又分三种情况：

第一，"A"表示假设的充分条件，"B"表示必然、可能的认识性结果或结论。焦点通常是"A"，接续"否则C"后，"C"表示"非A"的结果或结论。如本章开头例（1），又如：

（3）如果格鲁夫梦想成真，英特尔的未来会更加充满希望，否则，英特尔的发展战略就会全盘崩塌。

有时，焦点也可以是"B"，接续"否则C"后，"C"表示"非B"的结果或结论。例如：

（4）从我省气候及环境来看，它来自神农架或长江的可能性很小，如果有，绝不止它一只，否则它难以生存。

第二，"A"表示假设的充分条件，"B"表示必要、祈使、承诺、理当、许可等道义性结果或结论。焦点通常是"B"，接续"否则C"后，"C"表示"非B"的结果或结论。如本章开头例（2），又如：

（5）如果你是这类人物，赶快回头，否则，很多的无奈并发症就会降临到

你的头上。

（6）如果纸卷里是机密文件的话，警察局应该当场打开纸卷，登记下文件的数量和每份文件的名称，否则就不能随便给人披上间谍的罪名。

（7）一个观点如果别人先说了，你就不能再说同样的观点，否则等于浪费时间，不尊重别人。

有时，特别是"B"表示祈使、承诺或许可时，焦点也可以是"A"，接续"否则 C"后，"C"表示"非 A"的结果或结论。例如：

（8）克利托，你过来，如果毒酒已准备好，就马上叫人去取来，否则请快点去调配。

（9）如果你的理由充分，我可以谅解；否则，我将直接找你们的领导。

第三，"A"表示假设的充分条件，"B"表示能力、意愿等动力性结果或结论。焦点通常是"A"，接续"否则 C"后，"C"表示"非 A"的结果或结论。例如：

（10）如果现在就增加对这些领域的投资，到 2020 年，营养不良的儿童可减少至 1.09 亿，否则届时可能会增加到 2.05 亿。

（11）如果在一个干事业的人手下干活，我再累点也愿意，否则，我就走，"下海"去，找一个属于自己的心情舒畅的空间。

有时，焦点也可以是"B"，接续"否则 C"后，"C"表示"非 B"的结果或结论。例如：

（12）如果他在人家被子上"捆了口袋"，他一定也想看看人家生气的样子，不然就没有意义了。

（13）如果可能的话，我想利用休息时间去打工，替爸爸完成他的遗愿，把小红莲抚养成人，要不，爸爸在九泉之下也会放心不下的。

（14）如果有这样的情形，官府来追，不敢不报，不然就是隐匿逆产，不得了的罪名。

14.2.1.1.2　"A"表示假设的必要条件，"B"表示条件依赖性强的结果或结论

基本格式为"如果 A，才 B"，焦点是"A"，接续"否则 C"后，"C"表示没有必要条件"A"的结果或结论。这种格式的逻辑基础是"只有 A，才 B，否则 C"，其中必要条件"A"转化成假设前提了。例如：

（15）如果老妪看懂了，才算真正的完成，否则一定要改到她看懂了为止。

（16）如果她能适当地证明尤金有钱，他才劝她去告尤金，不然就没有意义。

14.2.1.2 "A"表示假设的目的，"B"表示实现目的的条件或需要

假设句"如果A，那么B"中，有时"A"表示假设的目的、愿望，常用"想"、"要"等期望性词语，"B"表示实现该目的、愿望的条件、手段、方式或途径等，常含有道义情态，焦点一般是"B"，接续"否则C"后，"C"表示"非B"的结果或结论。又分四种情况。

第一种，"A"表示假设的预期目的，"B"表示为实现此目的所需的必要行为，接续"否则C"后，"C"表示不做"C"行为的结果或结论。例如：

（17）如果你们还想继续留在这支队伍里，你们就必须去抬担架，否则我就把你们赶走。

（18）要跟得上科技发展就得"学习一辈子"，否则就会被淘汰。

第二种，"A"表示假设的预期目的，"B"表示为实现此目的所作的祈使或承诺，接续"否则C"后，"C"表示不遵从该祈使或承诺的结果或结论。如：

（19）如果你想做总统，就要过极干净的生活，否则就是你竞选失败了，这一辈子也会后患无穷。

（20）如果您要建楼房，一定要在建房时配备安装安全设施，否则，悔之晚矣！

第三种，"A"表示假设的预期目的，"B"表示为实现该目的理当做或不做的事，"接续C"后，"C"表示不符合该行为的结果或结论。例如：

（21）如果作为一个研究工作者要研究蒋介石这个人，那就应该让他读蒋介石的全部著作，否则研究工作就无从进行。

第四种，"A"表示假设的预期目的，"B"表示实现该目的而许可或不许可的事，接续"否则C"后，"C"表示违反该许可或不许可的结果或结论。例如：

（22）外国报刊如果想进入其市场，所报道的东西则不准涉及该国问题，特别是不能对一些敏感问题进行报道，否则将禁止这些报刊进入。

（23）要妻子对丈夫温顺忠实，就不能让她手上掌握太多钱财，否则她的花样就多了。

14.2.1.3 "A"表示假设的目的性前提,"B"表示需要性结果或结论

假设句"如果 A,那么 B"中,有时"A"表示假设的前提,同时含有目的性,"B"表示结果或结论,同时是满足"A"的需要,焦点是"A",接续"否则 C"后,"C"一般与"B"相反、相对。例如:

(24)如果您将来想看 DHCP 消息,就选择"YES",否则选择"NO"。

上例是说明"想看"和"不想看"两种情况下采取不同的选择,"A"的目的性弱,前提性强。试比较:

(25)如果您将来想看 DHCP 消息,必须选择"YES",否则看不了。

上例中"想看"的目的性强,"选择 YES"的条件性强。

14.2.1.4 "A"、"B"语义关联、"B"情态与焦点分布的统计分析

表 14-1 焦点是"A"时,"A"、"B"语义关联和"B"的情态统计

"A"、"B"语义关联 ＼ "B"的情态	认识情态		道义情态				动力情态		合计
	必然	可能	必要	祈承	理当	许可	能力	意愿	
"A"表示假设的充分条件 "B"表示结果或结论	166	39	2	12	1	9	42	8	279
"A"表示假设的必要条件 "B"表示结果或结论	5	0	0	0	0	0	2	0	7
"A"表示假设的目的性前提 "B"表示需要性结果或结论	1	0	0	1	0	0	0	0	2
合计	172	39	2	13	1	9	44	8	288

表 14-2 焦点是"B"时,"A"、"B"语义关联和"B"的情态统计

"A"、"B"语义关联 ＼ "B"的情态	认识情态		道义情态				动力情态		合计
	必然	可能	必要	祈承	理当	许可	能力	意愿	
"A"表示假设的目的 "B"表示条件或需要	0	0	51	32	19	13	0	0	115
"A"表示假设的充分条件 "B"表示结果或结论	21	17	71	82	28	30	1	4	254
合计	21	17	122	114	47	43	1	4	369

"A"和"B"的假设关系类型与焦点分布有对应性规律,表 14-1 和表 14-2 的统计表明:"A"和"B"表示假设的必要条件及其结果或结论,或者表示假设的目的性前提及其需要性结果或结论时,焦点是"A";"A"和"B"表示假

设的目的及其条件或需要时，焦点是"B"；"A"和"B"表示假设的充分条件及其结果或结论时，若"B"含有认识情态或动力情态，焦点倾向于是"A"，若"B"含有道义情态，焦点倾向于是"B"。

14.2.2 概念、色彩和情态与焦点分布

假设句"如果 A，那么 B"的焦点分布，可以通过接续"否则 C"后，由"B"和"C"的概念、色彩和情态语义关联来测定，大体有四种情况。

14.2.2.1 "B"和"C"表示绝对相反关系

14.2.2.1.1 语义关系类型

如果"B"和"C"表示绝对相反关系，焦点是"A"。"如果 A，那么 B，否则 C"的意思相当于"如果 A，那么 B，如果非 A，那么非 B"。"B"和"C"的绝对相反关系具体表现为三种。

第一，"B"表示正面意思，"C"表示反面意思。例如：

（26）如果他们克服了这些，他们就能正直地生活，否则就不能。

（27）如果是因病辞职，就不会被同行业怀疑；否则，就是危险信号。

第二，"B"表示反面意思，"C"表示正面意思。例如：

（28）如果和的每一位数字都是偶数，他就处于不利位置，否则将是有利位置。

第三，"B"和"C"非此即彼，但无所谓正反。例如：

（29）如果选择的范围包括停业，这些成本就是可变成本，否则就是固定成本。

14.2.2.1.2 统计分析

表 14-3 "B"、"C"绝对相反时的句法形式和感情色彩统计

句法形式 感情色彩	B		C		合计
	肯定形式	否定形式	肯定形式	否定形式	
积极色彩	132	5	1	2	140
消极色彩	0	1	104	35	140
中性	70	0	42	25	137
合计	202	6	147	62	417

表14-3的统计表明："B"和"C"表示绝对相反关系时,从句法形式上看,"B"以肯定形式为主,"C"也以肯定形式为主,但否定形式并不少见;从感情色彩上看,"B"以积极色彩居多,"C"以消极色彩居多。

表14-4 "B"、"C"绝对相反时,"B"的情态统计

"B"的情态	认识情态		道义情态				动力情态		合计
"B"、"C"语义关联	必然	可能	必要	祈承	理当	许可	能力	意愿	
"B"与"C"绝对相反	117	34	2	12	1	7	33	2	208

表14-4的统计表明："B"和"C"表示绝对相反关系时,"B"的情态类型以认识情态为主,其次是动力情态,而道义情态相对较少,而且主要是祈承性和许可性道义情态。

14.2.2.2 "B"和"C"表示相对并立关系

"B"和"C"表示相对并立,即否定"B"并不等于"C",焦点可能是"A",也可能是"B"。

14.2.2.2.1 "B"和"C"表示相对并立关系,而焦点是"A"

此时,"如果A,那么B,否则C"基本相当于"如果A,那么B,如果非A,那么C"。"B"表示在"A"前提下的结果或结论,"C"表示在"非A"前提下的结果或结论,"B"和"C"表示相对并立。例如:

(30)如果体力允许,打算写长篇,否则就写短篇。

(31)高射炮都配备有全部的操纵人员,如果你愿意的话,操纵人员将着军服,否则即乔装为教练员。

14.2.2.2.2 "B"和"C"表示相对并立关系,而焦点是"B"

在前提"A"下,能得出"B"的结果或结论,也能得出与之相对并立的结果或结论"C"。例如:

(32)如果对方势在必行或必止,便是命令,否则便是祈求,要不然就是商酌。

(33)如果现在要换的话,如果是同为清代人的话,我想我大概会选择策棱,不然像清法战争中骁勇善战的冯子材也是不错的选择。

14.2.2.2.3 "B"、"C"相对并立与焦点分布的统计分析

"B"和"C"相对并立时，假设句的焦点分布与"B"、"C"的句法形式和感情色彩的对应情况，请看表14-5的统计。

表14-5 "B"、"C"相对并立且焦点是"A"时，"B"、"C"句法形式和感情色彩统计

句法形式 / 感情色彩	B		C			合计
	肯定形式	否定形式	肯定形式	否定形式	疑问形式	
积极色彩	25	0	0	0	0	25
消极色彩	0	1	14	1	0	16
中性	49	0	58	2	2	111
合计	74	1	72	3	2	152

表14-6 "B"、"C"相对并立且焦点是"B"时，"B"、"C"句法形式和感情色彩统计

句法形式 / 感情色彩	B		C		合计
	肯定形式	否定形式	肯定形式	否定形式	
积极色彩	2	0	1	0	3
消极色彩	1	0	2	0	3
中性	7	1	8	1	17
合计	10	1	11	1	23

表14-5、表14-6统计表明："B"和"C"表示相对并立关系时，从句法形式上看，"B"和"C"都常用肯定形式，很少用否定形式；从感情色彩上看，"B"、"C"常用中性的；焦点倾向于是"A"。

表14-7 "B"、"C"相对并立时，"B"的情态与焦点分布统计

"B"的情态 / 焦点分布	认识情态		道义情态				动力情态		合计
	必然	可能	必要	祈承	理当	许可	能力	意愿	
A	53	5	0	1	0	2	11	6	78
B	3	3	0	2	1	1	0	1	11
合计	56	8	0	3	1	3	11	7	89

表14-7统计表明："B"和"C"表示相对并立关系时，焦点是"A"和"B"的例数比大致是9：1。"B"含有认识情态或动力情态时，焦点倾向于是"A"；

"B"含有道义情态时，主要是祈承或许可，焦点可能是"A"，也可能是"B"。

14.2.2.3 "B"和"C"表示同一关系

"B"和"C"表示的意思相同或基本相同时，焦点是"A"。"如果A，那么B，否则C"大体相当于"如果A，那么B，如果非A，那么还/也（是）B"，也就是说"无论A还是非A，都（是）B"。"B"通常含有认识情态。例如：

（34）若依法判决此案，损失的是国家，否则，损失的还是国家。

14.2.2.4 "C"为"非B"的结果或结论

在"如果A，那么B"接续"否则C"后，当"C"表示"非B"的结果或结论时，焦点是"B"。大体有三种情况。

第一种，假设的充分条件"A"下，有认识性结果或结论"B"，"C"表示逆认识内容的结果或结论。"B"表示必然、可能的认识判断，"C"表示逆必然、可能判断的结果或结论，"B"是"焦点"。例如：

（35）如果国王无权选任继任者，那就会有另一个众所周知的人或会议在国王死后重新选任，否则国家就会随着国王而死亡解体，复归于战争状态。

第二种，假设的充分条件"A"下，有道义性结果或结论"B"，"C"表示逆道义内容的结果或结论。"B"含有必要、祈使、承诺、理当、许可等道义情态，"C"表示逆必要、祈使、承诺、理当、许可内容的结果或结论，"B"是焦点。例如：

（36）如果你真没这事，千万别乱说，否则，一害别人，二害自己。

（37）如果妇女不能"二适"，男子也决不应"再娶"，否则就是片面的义务。

第三种，假设的充分条件"A"下，有动力性结果或结论"B"，"C"为逆动力内容的结果或结论。"B"表示能力或意愿，"C"表示逆能力或意愿内容的结果或结论，"B"是"焦点"。例如：

（38）酒里若有毒，只要酒一沾唇他就能感觉到，否则他只怕早就被毒死了几百次。

表14-8 "C"表"非B"的结果或结论时，"B"的情态统计

"B"的情态 "B"、"C"语义关联	认识情态		道义情态				动力情态		合计
	必然	可能	必要	祈承	理当	许可	能力	意愿	
"C"表示"非B"的结果或结论	18	14	120	110	45	42	1	3	353

表 14-8 统计表明："C"表"非 B"的结果或结论时，"B"的情态分布序列依次是：道义（90%）＞认识（9%）＞动力（1%）。

14.2.2.5　"C"为"非 B"的结果或结论，同时与"B"有相对并立关系，焦点是"B"。例如：

（39）要请也要请个认识的，否则可能会请来一个下毒的魔女。

例（39）中，"请来一个下毒的魔女"既是"不请个认识的"的结果，又与"请个认识的"有相对并立关系。

表 14-9　"C"表"非 B"的结果或结论且与"B"相对并立时，"B"的情态统计

"B"的情态 ＼ "B"、"C"语义关联	认识情态		道义情态				动力情态		合计
	必然	可能	必要	祈承	理当	许可	能力	意愿	
"C"表示"非 B"的结果或结论，且与"B"相对并立	0	0	2	2	1	0	0	0	5

表 14-9 统计表明："C"表示"非 B"的结果或结论，且与"B"相对并立时，"B"常含有道义情态。

14.2.3　语义逆裁与焦点分布

假设句"如果 A，那么 B"的焦点分布，可以通过接续"否则 C"，由"C"对"A"的语义逆裁来测定。大体有三种情况。

14.2.3.1　"C"表示"非 A"的结果或结论

假设句"如果 A，那么 B"，接续"否则 C"后，如果"C"表示的是"非 A"的结果或结论，那么基本可以断定焦点是"A"；反过来，当焦点是"A"的时候，"C"必定表示"非 A"的结果或结论。主要有三种情况：①"如果 A，才 B"句中，"A"表示假设的必要条件，接续"否则 C"后，"C"表示没有必要条件"A"的结果或结论。②"如果 A，那么 B"句中，"A"表示假设的充分条件，接续"否则 C"后，"C"表示没有假设的充分条件"A"时的结果或结论。③"如果 A，那么 B"句中，"A"表示假设的目的性前提，接续"否则 C"后，"C"表示没有假设的目的性前提"A"时的结果或结论。

14.2.3.2 "A"表示前提，"C"表示可能的结果或结论

假设句"如果 A，那么 B"，接续"否则 C"后，有时"C"表示在"A"的前提下可能的结果或结论，焦点是"B"。大体有两种情况：一是在假设的充分条件"A"下，可能有结果或结论"C"；二是在假设的预期目的"A"下，可能有结果或结论"C"。

"C"表示"A"的可能结果或结论有两层含义：

第一，"A"是"C"的前提。"C"是在"A"的前提下发生的结果或得出的结论，没有前提"A"，就未必有结果或结论"C"。例如：

（40）如果有袒护包庇行为，要迅速改过来，否则是要受到追究的。

上例中"有袒护包庇行为"是"受到追究"的前提，这就意味着，如果没有袒护包庇行为就未必会受到追究。

第二，"A"是"C"的前提之一。结果或结论"C"的前提实际上有两个：一个是"A"，另一个是"非 B"。只有满足了这两个前提，才会有结果或结论"C"。如果只有前提"A"，而没有前提"非 B"，就不会有结果或结论"C"。例（40）中，如果有袒护包庇行为，而没有迅速改过来，就要受到追究。如果有袒护包庇行为，又迅速改过来，就不会受到追究。

14.2.3.3 "A"和"C"表示相反对立关系

假设句"如果 A，那么 B"，后续"否则 C"后，"C"和"A"还可以表示相反对立关系，焦点是"B"。大体有两种情况：

第一，"A"表示假设的预期目的，"C"表示目的无法实现之类的结果或结论，与"A"形成相反对立的关系。"B"一般含有道义情态，而"C"表示"非 B"的结果或结论。例如：

（41）如果要想使中央银行的货币政策能够有效，就必须综合协调财政政策、投资和收入分配政策，否则货币政策将难以发挥作用，也不可能达到应有的调控目的。

（42）若要出手，就一定要令对方倒下，否则你就绝不要出手！

（43）要学就要学精，否则不如不学。

第二，"A"表示假设的前提条件，"C"表示与前提条件"A"相反对立关系。

"B"一般含有道义情态，"C"表示"非B"的结果或结论。例如：

（44）如果您现有的系统做不到这点，那么您就需要开发一个能做到的系统——否则您的一个或者多个竞争者会做到的。

（45）当了祖母的妇女，如果皱纹较多，不可艳抹浓妆，否则会使皱纹更明显。

表 14-10　"A"、"C"语义关联与假设句焦点分布统计

"A"、"C"语义关联　　　　　"否"的辖域	A	B	合计
"C"表"非A"的结果或结论	288	0	288
"A"表前提，"C"表可能的结果或结论	0	323	323
"A"、"C"相反对立	0	46	46
合计	288	369	657

表 14-10 统计表明：焦点是"A"约占假设句式用例的 44%，"C"表示"非A"的结果或结论；焦点是"B"约占假设句用例的 56%，其中，"A"表前提，"C"表可能的结果或结论占约 49%，"A"、"C"相反对立约占 7%。

14.2.4　小结

假设句的焦点分布与联项的语义关联是相互协调的，而且可用"否则"的焦点投射功能来测定。

假设句"如果A，那么B"中，"A"和"B"表示假设的必要条件及其结果或结论时、表示目的性前提及其需要性结果或结论时，焦点是A。接续"否则C"后，"B"和"C"一般表示相反对立关系，"C"表示"非A"的结果或结论。

假设句"如果A，那么B"中，"A"和"B"表示假设的目的及其条件或需要时，焦点是"B"。接续"否则C"后，"C"表示"非B"的结果或结论，"A"和"C"表示前提及其可能结果或结论、相反对立关系。

假设句"如果A，那么B"中，"A"和"B"表示假设充分条件及其结果或结论时，焦点分布又分两种情况。

第一，焦点是"A"。接续"否则C"后，要么"B"和"C"表示绝对相反、同一关系，"C"表示"非A"的结果或结论；要么"B"和"C"表示相对并立关系，"C"为"非A"的结果或结论。

第二，焦点是"B"。接续"否则C"后，有的"C"表示"非B"的结果，"C"为"A"的可能结果或"A"、"C"相反对立；有的"B"和"C"表示相对并立关系，"C"为"A"的可能结果或结论；有的"C"为"非B"的结果，同时"B"和"C"表示相对并立关系，"C"为"A"的可能结果或结论。

假设句"如果A，那么B"的焦点分布，与接续"否则C"后"A"、"B"、"C"的语义关联，有对应规律，可用图 14-1 表示。

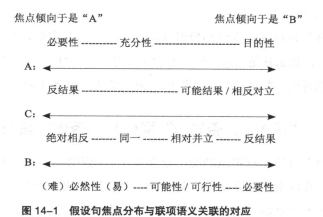

图14-1 假设句焦点分布与联项语义关联的对应

语义的对应不像句式那么强硬，有一定的柔性和灵活性，特别是非典型对应的情况下，假设句的焦点分布比较灵活，甚至两可。例如：

（46）如果父母兄弟姐妹请他办什么事，他会去办，否则就不去办。

（47）如果父母兄弟姐妹请他办什么事，他会去办，否则将愧对亲人，不好交待。

（48）如果父母兄弟姐妹请他办什么事，他会去办，否则就会交代同事去办。以上三例的"A"和"B"完全一样，只好求助于"C"来逆裁焦点分布。例（46），"B"和"C"相反，焦点是"A"；例（47），"C"是"非B"的结果，焦点是"B"。例（48），焦点分布两可，存在歧义。

（49）如果父母兄弟姐妹请他办什么事，他会去办，如果不是父母兄弟姐妹请他办事，他就会交代同事去办。

（50）如果父母兄弟姐妹请他办什么事，他会去办，如果他不去办，他就会交代同事去办。

假设句"如果A，那么B"中的"B"项情态，对假设句的焦点分布有预制效应。当"B"含有道义情态时，焦点倾向于是"B"，当"B"含有认识情态或动力情态时，焦点倾向于是"A"。从假设句的焦点分布反过来看"B"项情态，等级序列为：

焦点是"A"时，"B"的情态等级序列：认识（32.1%）＞动力（7.9%）＞道义（3.8%）。

焦点是"B"时，"B"的情态等级序列：道义（49.6%）＞认识（5.8%）＞动力（0.8%）。

"否则"具有焦点定位和投射功能。"否"的否定辖域就是焦点投射域，假设句"如果A，那么B"的焦点域可能是"A"，也可能是"B"，例数比大致是4.4：5.6，具体焦点域可以由接续"否则C"后"否"的否定辖域来测定。

14.3 "因为p，否则q"层构与"否则"焦点投射

"否则"具有焦点定位功能，也就是焦点投射功能，"否则"的焦点投射域就是"否"在前文的否定范围。句联中"否则"的焦点投射受哪些因素和条件的制约和影响？"否则"的焦点投射对句联结构的生成又会产生怎样的效应？朱斌（2011）从语义关联的角度考察了"如果A，那么B，否则C"格式的"否则"焦点定位和投射辖域。本节拟从句联结构的层次、关系的角度，探讨"否则"的焦点投射规律。请看下面的句子：

（1）只剩下它们了，因为它们的肉有毒，不然，也早绝种了。

（2）较长的歌剧，他们是从未看完便离场的，因为他们必须赶在斯通帕加斯9号关门前到家，否则就要给看门人小费。

上面这两个句子都含有"因为p，否则q"，但是句联的结构层次并不同，"否则"的焦点投射域也不相同。例（1），"因为"只管前分句"它们的肉有毒"，而管不到后分句"不然，也早绝种了"，"不然"的假设否定范围是"因为它们的肉有毒"，意思是"如果不是因为他们的肉有毒，也早绝种了"。因此，例（1）的结构层次和关系是："p'，‖[因果]因为p，∣[假转]否则q"。例（2）的"因为"管着后面两部分"他们必须赶在斯通帕加斯9号关门前到家，否则就要给看门人小费"，"否则"的假设否定范围不包括"因为"，只是"他们必须赶在斯

通帕加斯 9 号关门前到家",意思是"如果他们不赶在斯通帕加斯 9 号关门前到家,就要给看门人小费"。因此,例(2)的结构层次和关系是:"p',丨[因果]因为(p,∥[假转]否则 q)"。

下面分别考察"因为 p,否则 q"两种句联结构的层次关系,并讨论一些相关的句式,比较分析"否则"的焦点投射规律。

14.3.1 "因为 p,丨否则 q"与"否则"焦点投射

14.3.1.1 隐果式与"否则"焦点投射

先看例句:

(3)1953 年,上海夏天的天气热得邪乎,既不刮风,也不下雨,身上衣服总是汗湿的,因为班上还有女同胞,不然我们肯定会光着膀子在教室里"开夜车"。上例中的"因为"标示原因,但这个原因引发的结果没有直接表达出来,而是用"不然"引出了逆原因的结果。逆因之果是正因之果的反对面,正因之果可以反推出来:"因为班上还有女同胞,所以我们才没有光着膀子在教室里'开夜车'"。"不然"的假设否定范围,即焦点投射域是"因为班上还有女同胞",意思是"要不是因为班上还有女同胞,我们肯定会光着膀子在教室里'开夜车'"。

这种格式的层次关系是:"因为 p,丨[假转]否则 q"。"否则"的焦点投射域是"因为 p"。这种格式通过逆原因的结果,强调原因的必要性,完整的必要性因果及其"否则"式为:"因为 p,所以才 p',否则 q"。相比之下,完整的必要性因果不仅有正面结果,也有逆原因的结果,从正反两方面证实原因的必要价值。看两个实例:

(4)正因为有这些内在的实际理由,所以人们才肯于遵守,否则早就有人造反了。

(5)因为看你对这事很迫切,我才把这件事告诉你的,否则,我根本不会讲。

14.3.1.2 显果式与"否则"焦点投射

有时,"因为 p,否则 q"格式并不是孤立地显现,"因为 p"的结果也会出现,大体又分析因式、推因式和补因式三种。

14.3.1.2.1 析因式

基本格式为："（之所以）p'，是因为 p，否则 q"。例如：

（6）当时你之所以走错了房间是因为你睡眼朦胧、意识不清、没有完全从睡眠中清醒过来的缘故，否则你是不会走错门的。

上例，"否则"的焦点投射域是"因为你睡眠朦胧、意识不清、没有完全从睡眠中清醒过来的缘故"，"否则"式的意思是"如果不是因为你睡眼朦胧、意识不清、没有完全从睡眠中清醒过来的缘故，你是不会走错门的"。

有时，"（之）所以"不出现，例如：

（7）我没有认出来……是因为我没看见，否则我一定可以认出您来的。

（8）米斯拉能活着只不过是因为营地就在附近，要不然这些人就直接在沙漠里杀了他，然后把他剥个精光。

有时，"是因为"前带有某些个语气或情态成分，如"也许、大概、完全、当然、正、就、只不过、主要"等，这些成分表示的是说话人对所分析原因的主观态度，"否则"的焦点投射域并不包括这些主观成分，例如：

（9）她之所以能当上棉纺公会的执行委员，主要是因为和史步云的亲戚的关系，否则，保险连委员也当不上。

有时，"因为"前不一定用"是"，但也是分析原因，可以补出"是"来，例如：

（10）人之所以乐为太师，太师之所以可贵，正因为有此碰头，否则蔡太师与县令时文彬、押司宋江、保正晁盖何以异哉！

有时，"（之）所以"和"因为"前的"是"都不用，例如：

（11）叶孤城负伤，只因为有人暗算了他，否则唐天仪根本无法出手。

有时，析因部分用复杂句式从多方面对原因进行分析，例如：

（12）他上那儿去，明白吧，就是因为他吓坏了，因为他不能不有所防备，要不然就被人告发了。

（13）我以为鲁加伊这只红毛公犬很像大叔，它若是人，它就会把大叔养在自己身边，不是因为大叔驰骋有素，就是因为他与人和衷共济，不然怎么会把他养在身边。

上面析因式所举例句的层次关系可以概括为："（之所以）p'，‖[因果]是因为 p，‖[假转]否则 q"。"否则"的焦点投射域是"因为 p"。

另外，析因式还有另外一种层次关系"(之所以)p'，‖[因果]是因为 p，‖[选择]否则 q"。"否则"的焦点投射域也是"因为 p"。例如：

（14）尽管概念不能成为私人财产，发明的流动不会大大减少，这是因为出于热爱事业而从事发明的发明家人数足以使发明保持适当的流动；否则就是因为对自己的发明保密并用发明谋利的发明家，可以从早期阶段的发明中赚取足够的独占利润，来补偿他本人为发明所支付的费用。

14.3.1.2.2 推因式

基本格式为："既然 p'，是因为 p，否则 q"。例如：

（15）既然有如此的反应，一定是因为刚刚说的隐含了一些事实，否则一般人是不会因为话没说到痛处就如此生气的。

这种格式的结构层次和关系可分析为："既然 p'，‖[推断]是因为 p，│[假转]否则 q"。"否则"的焦点投射域是"因为 p"。

14.3.1.2.3 补因式

基本格式为："p'，因为 p，否则 q"。有两种情况：第一，"否则"的焦点投射域是原因"因为 p"。如例（1），结构层次和关系的符号表达式为："p'，‖[因果]因为 p，│[假转]否则 q"。

第二，"否则"的焦点投射域是结果"p'"，例如：

（16）睡觉自然也要脱衣服，但得穿上软底毛靴，因为失重妨碍血液正常地流向双脚，否则就会冻伤。

上例，"否则"的否定范围是"穿上软底毛靴"，"因为失重妨碍血液正常地流向双脚"不仅不是"否则"的否定对象，相反还是"否则"的前提："因为失重妨碍血液正常地流向双脚，如果不穿上软底毛靴就会冻伤"。这例的层次关系好像有两种分析法：

分析法一：得穿上软底毛靴，│[因果]因为失重妨碍血液正常地流向双脚，‖[并列]否则就会冻伤。

这种分析法认为，"否则就会冻伤"也是原因，是用逆反活动的结果来作原因，"得穿上软底毛靴，因为不穿的话就会冻伤"。这样，例子中就有两个原因：一个用"因为"标示的前提作因，另一个用"否则"标示的逆行动的结果作因。

分析法二：得穿上软底毛靴，‖[因果]因为失重妨碍血液正常地流向双脚，｜[假转]否则就会冻伤。

这种分析法，把前提因和行动果看成是一个整体，是一个层次，其中原因是行动的背景条件，之所以把行动提前，是为了与上文的语义连贯。行动是这个因果表达的重心，"否则"对因果行动的行动重心进行否定。如果脱离语境，这个句子可以把行动的前提因提前，使得"否则"与否定的行动接近："因为失重妨碍血液正常地流向双脚，得穿上软底毛靴，否则就会冻伤。"

比较两种分析法，第二种分析法要更妥贴一些。实际上，前提因和结果共现，再用"否则"否定结果的常规表达式是："因为 p，｜[因果]所以 p'，‖[假转]否则 q"。"p'"在语意上往往表示条件或含有道义情态，有时也表示断定等。例如：

（17）因为通常我的阅读速度很快，除非我集中注意，否则很难发现一些细小的印刷错误。（条件）

（18）因为顾客为不特定多数，风险较大，因此必须多获取一点毛利，否则不容易经营下去。（道义）

（19）因为它们有同类的声调系统，同类的辅音和元音系统；所以，它们一定有联系，否则不会如此相似。（断定）

14.3.2　"因为（p，否则 q）"与"否则"焦点投射

"因为（p，否则 q）"中"p，否则 q"共同构成原因，此原因的结果一般是要出现的，形成因果式或果因式。

14.3.2.1　因果式

基本格式为："因为（p，否则 q），所以 r。"这种用法并不多见，"p"往往表示条件或含有道义情态。例如：

（20）因为除非写流行小说，否则光凭稿费收入不足以糊口，所以才不得已找个谋生的职业。

（21）因为他必须服从敌人，否则就会丧生，于是这种服从便不能成为罪恶。

例（20）的原因是"除非写流行小说，否则光凭稿费收入不足以糊口"，整句的意思是"因为除非写流行小说，如果不写流行小说光凭稿费收入不足以糊口，所

以才不得已找个谋生的职业"。例（21）的原因是"他必须服从敌人，否则就会丧生"，句子的意思是"因为他必须服从敌人，如果他不服从敌人就会丧生，于是这种服从便不能成为罪恶"。因此，这种格式的层次关系为："因为（p，‖[假转]否则q），｜[因果]所以r。"这种格式里的"否则"的焦点投射域是"p"。格式中的"p"和"否则q"是正反两方面的原因。

14.3.2.2 果因式

果因式又分析因式和补因式。

14.3.2.2.1 析因式

基本格式为："之所以r，是因为（p，否则q）。"其中"p，否则q"大致有条件式、道义式和选择式几种。例如：

（22）她的嘴唇很薄，薄得像菜刀的刀锋，她没有涂口红，大概是因为除非涂到下巴和人中上否则无处可涂的缘故。（条件式）

（23）你做这件事是因为你不得不干，否则就会受到惩罚。（道义式）

（24）她接待他们，是因为从小就认识他们，或者他们同某公爵夫人是姻亲，要不然就和某国君关系密切。（选择式）

析因式的层次关系可分析为："之所以r，｜[因果]是因为（p，‖[假转/选择]否则q）。""否则"的焦点投射都是"p"。

14.3.2.2.2 补因式

基本格式为："r，因为（p，否则q）"。这种格式的层次关系与"否则"的焦点投射又分两种情况。

情况一，格式层次关系为："r，｜[因果]因为（p，‖[假转/选择]否则q）"，"否则"的焦点投射域是"p"。这种表达方式灵活多样，内容比较丰富。有时，"p"是一个小句，表示条件、道义、断定、选择等。例如：

（25）这句话说明他无需撒谎来保留自己的土地或银钱，因为他除非自己愿意，否则并不必需捐纳任何东西。（条件）

（26）依《商标法》第五条规定和《商标法实施细则》第七条规定，属于违法使用。因为，人用药必须使用注册商标，否则不能在市场销售。（道义）

（27）一个要回家去试试她的参加舞会的礼服，因为她这次来受坚信礼完全

是为了这件礼服和舞会，否则她就决不会来的。（断定）

（28）一提到"如何管理"，企业或组织的负责人总会有点头痛。因为，管理这档事，要么就是去做，不然就是去讲。（选择）

有时，"p"由句联充当，表示并列类关系、因果类关系或转折类关系。

第一，"p"是某种并列类关系的句联。"否则"的焦点投射域是"p"，投射焦点是"p"或"p"的后部分。例如：

（29）邓散木印章的结体与章法能够变化出众多的面貌，除了他的艺术修养高，还因为他熟谙六书，懂得文字的演变由来，不然就难于因字制宜，增损参差，或者任意变化而不合规矩。（平列）

（30）假定我们只停留在第二阶段，津津乐道于女性的不同、女性的优越和女性的特殊性，你的帽子就扣对了，女性论也就再一次失去意义，因为女性论反抗的本应该是权力结构本身，而不是用一种权力来代替另外一种权力，否则，这第二阶段的态度只会使我们回到德·波伏娃之前的时代，虽然是以颠倒的形式。（对照）

（31）……因为，新鲜的水之不断流入土中，以及因水在土中的延伸而不断注入的空气，都是不可缺少的：水和空气把矿物和气体变为植物的养料，否则它们就会变为无用，甚至有毒。（解注）

（32）……也许因为那枝头的几片黄叶，或是那篱畔的几朵残花，在那些上边，是比较冬天更显示了生命，不然，是在那些上面，更使我忆起了生命吧。（选择）

第二，"p"是某种因果类关系句联。"否则"的焦点投射域是"p"，焦点投射在"p"的某部分。例如：

（33）安妮不肯把高太太说过的话告诉佑才，因为高太太的话，充满了火药味，实在很不适宜再说出来，否则会引起何家的不满。（因果）

（34）……因为生物之所以为生物，全在有这生命，否则失了生物的意义。（因果）

（35）这个倒是不必麻烦了，因为我若能在阁下的剑下逃生，我会自己去告诉他们，否则的话，阁下的话，他们也听不见了。（假设）

（36）机床行业必须与自己的用户建立密切的联系，特别是设计师们应深入用户作调查，因为只有这样，才有可能针对具体用户需要，设计出具有自身特色

和特点的产品来，否则就只能仿，很难创。（条件）

第三，"p"是某种转折类关系句联。"否则"的焦点投射域是"p"。焦点投射在"p"的转折后部分。例如：

（37）安徽姑娘们招工的时候说好管吃管住，外加工资一百，小墩子想三个月每人给五百，老 A 便劝她三思而行，因为还有个劳务行市问题，可以多给点儿，算奖金，但不能太离谱儿，否则以后不好办。（转折）

（38）……因为伦理道德虽然天然是合乎理性的，但唯有通过主权者才能成为法律，否则我们把自然法称为不成文法就是一个大错误了。（实让）

（39）这一要求既适用于私人投资者，也适用于政府机构，因为，即使是政府也期望它的钱能全部保值，否则是不会投资的。（虚让）

（40）还可以想得再深些，如果民真能主，真依法而治，官好不好就关系不大，因为不管你心地如何，总不能不依法办事，否则民有力量让你下台，法有力量让你走进牢房。（总让）

情况二，格式的层次关系可以分析为："r，｜[因果]因为（p，‖[并列]否则 q）"，"否则"的焦点投射域是结果"r"。这种情况比较少见，看个例子：

（41）我希望这个理解能通过新闻宣传纠正过来，因为这样对这批青年也有好处，不然选上去的就会很骄傲，没选上去的觉得自己没有希望了。

上例，"不然"的焦点投射域是意愿的活动内容"这个理解能通过新闻宣传纠正过来"，意思是"如果这个理解不能通过新闻宣传纠正过来，选上去的就会很骄傲，没选上去的觉得自己没有希望了"。"不然"假设否定意愿的活动内容，从而产生了反面结果，这个反面结果是可以作原因的。我们可以直接说"我希望这个理解能通过新闻宣传纠正过来，因为不然（的话，）选上去的就会很骄傲，没选上去的觉得自己没有希望了"。实际上，言语中不乏"因为否则"的直接组配，例如：

（42）这个我只能讲得比较笼统一，不能讲得太详，因为否则的话要引的材料太多实在也不合适。

（43）这是一种重要的功能，因为否则我们就会被无数想要挤入到意识中来的心理内容压倒和淹没。

（44）梅森对上述这个提议马上表示反对，不过，到最后还是同意了，因为，要不然，他们就得报送最高法院等候法官的裁决。

值得一提的是，这种格式与 14.3.1.2.3 补因式中"否则"的焦点投射域是结果"p'"的格式"p'，‖[因果]因为p，|[假转]否则q"有点类似，但又不同。两种格式的"否则"的焦点投射域都是结果，但是"因为p"的原因有差别，一种是前提因，一种是顺结果的结果作因。由于前提因和结果的联系紧密，而顺结果的结果作因与逆结果的结果作因联系紧密，所以两种格式的结构层次和关系并不一样。

14.3.3 小结

表14-11 "因为 p，否则 q"各种句联结构的层次关系与"否则"的焦点投射情况

关系标记层次	因果配置		句联层次关系	"否则"焦点投射域
因为p，|否则q	隐果式		因为p，|[假转]否则q	因为p
	显果式	析因	（之所以）p'，‖[因果]是因为p，|[假转]否则q	因为p
		推因	既然p'，‖[推断]是因为p，|[假转]否则q	因为p
		补因	p'，‖[因果]因为p，|[假转]否则q	因为p；p'
因为（p，否则q）	因果式		因为（p，‖[假转]否则q），|[因果]所以r	p
	果因式	析因	之所以r，|[因果]是因为（p，‖[假转/选择]否则q）	p
		补因	r，|[因果]因为（p，‖[假转/选择]否则q）	p
		补因	r，|[因果]因为（p，‖[并列]否则q）	r

从中，我们可以获得一些认识：

第一，句联的句法层次与"否则"的焦点投射相互适应。如"因为p，否则q"形式中，结构层次"因为p，|否则q"与"否则"的焦点投射域"因为p"或结果"p'"对应；结构层次"因为（p，否则q）"与"否则"的焦点投射域"p"或结果"r"对应。

第二，句联的小句隐现影响"否则"的焦点投射。如"因为p，|否则q"格式，省果式的"否则"焦点投射定然是"因为p"，显果式的"否则"焦点投射域可能是"因为p"，也可能是结果"p'"。

第三，句联句序影响"否则"的焦点投射。句序是句联焦点结构的重要参量，

"否则"的焦点投射受其影响。比如"因为（p，否则 q）"格式，因果式的"否则"焦点投射域为原因"p"，果因式的"否则"焦点投射域为原因"p"或结果"r"。

第四，句联的句法语义关系与"否则"的焦点投射有关联。同样是果因式，析因和推因的焦点在"因"，所以"否则"焦点投射也在"因"；但是补因式的焦点不一定在"因"，也可能在"果"，因此"否则"的焦点投射在"因"或"果"。

第五，语符序列具有层次性，焦点结构也具有层次性。比如例（2），"较长的歌剧，他们是从未看完便离场的， | [因果] 因为他们必须赶在斯通帕加斯 9 号关门前到家， ‖ [假转] 否则就要给看门人小费"。这个句联的第一层是因果关系，焦点结构的焦点是结果分句，第二层是假转关系，焦点结构的焦点是假转前分句。

第六，"否则"的焦点投射可以同层发生，也可以跨层进行。比如"r， | 因为（p， ‖ 否则 q）"中，"否则"可以在"p， ‖ 否则 q"这个层次把焦点投向同层的"p"，也可以跨层投向"r"。

第 15 章　汉语语法研究的实和虚

15.1　讲实据、求实证

讲实据、求实证，就是提倡"研究植根于汉语泥土，理论生发于汉语事实"。

汉语语法研究的目标，是汉语语法事实的客观规律性。为了实现这一目标，汉语语法研究必须源于汉语语法事实，并且得到汉语语法事实的验证。只有汉语语法事实才是检验汉语语法研究的最终标准。

例如，"是"字肯定句和"是"字否定句联结，是一种汉语语法现象。它们的联结关系在并列、因果、转折三大类联结关系中都有分布，并且以对照关系最为常见。这算一条语法规律，它得到汉语语法事实的证实。

讲实据、求实证，并不排除演绎，也不反对大胆的假设。关键是，演绎也好，假设也好，都必须通过事实的验证，才能判断其正确与否。

例如，然否对照有然否序和否然序两种联序，我们猜测这两种联序的然否对照可能存在一些差异，这当然是一种假设。研究结果表明，两种联序的对照的确存在一定的不对称性，比如在使用比例上，否然序对照明显比然否序对照使用频繁和广泛；再比如，在"是"字句的配置、表意功能、语用功能、语篇功能等方面，两者都表现出一系列的不平行性。这说明，先前的假设能够得到汉语语法事实的证实，它是正确的。

15.2　探求更贴近汉语事实的理论

汉语事实是汉语语法研究的基础，适合汉语事实的理论是汉语语法研究的阶梯。只有对汉语事实有更全面、更深刻的认识，才能建立更贴近汉语事实的理论。

汉语语法的最大特点，是没有严格意义的形态标志和形态变化。其他语言通过形态成分表示的概念，汉语或者不做表示，或者用半独立的词表示。前者如汉语没有表现在动词上边的人称、数、时态的分别。例如："你是，我是，他是，你们是，"都是同样一个"是"；"你以前是……，你现在是……，你将来还是……，"也是同样一个"是"。后者如汉语可以用助词"了"表示完成，例如："他是党员了。"但不具有普遍性，例如："他已经是自己人（了），不用瞒他。"括号里的"了"可用可不用；"他没去。"一定不能用"了"。

汉语没有严格意义的形态标志和形态变化，决定了汉语的各类各级语法实体不是单纯的组合关系或实现关系，它们各有自己的特点，又彼此联系。因此汉语语法研究，必须系统研究各类各级语法实体，既要一类一类、一级一级地研究各自的特点，又要研究各类各级语法实体之间的联系。汉语语法学史上，曾经出现过一些"本位"思想，比如马建忠的"词本位"，黎锦熙的"句本位"，朱德熙的"词组本位"，徐通锵的"字本位"，马庆株的"词、词组复本位"等。它们都是以某一种或两种语法实体为"本位"，这有利于集中研究该本位的语法实体，但不利于弄清整个汉语语法系统的面貌。比较而言，邢福义提出的"小句中枢说"汉语语法学系统，涵盖了汉语的各类各级语法实体，这集中表现在"小句三律"。"小句成活律"，揭示小句成型和生效的必要条件，包含两条基本规律：成活律 1：句子语气＋可成句构件语法单位＝小句成型。成活律 2：句子语气＋可成句构件语法单位＋意旨的有效表达＝小句生效。"小句包容律"，揭示小句对"短语—合成词"的包容关系，包含两条基本规律：包容律 1：小句—句子特有要素＝短语。包容律 2：小句—句子特有要素—短语常备因素＝合成词。"小句联结律"，揭示小句的联结同"复句—句群"的产生二者之间的因果联系，包含两条基本规律：联结律 1：小句联结＋小句分句化＝复句。联结律 2：小句直接间接联结＋小句集群化＝句群。可以看出，"小句三律"既重视各类各级语法实体的特点，又重视它们之间的联系，从而把它们有机地系统化了。

在汉语各类各级语法实体中，小句占据中枢地位。小句主要指单句，也包括结构上相当于或大体相当于单句的分句。这是因为小句所具备的语法因素最为齐全，小句处于"联络中心"的位置，小句能够控制和约束其他语法实体。因此，汉语语法研究，必须以小句为中轴，以句法机制为重点，重视"句管控"。"句管控"的理论是邢福义《句管控》（《方言》2001：2）提出来的。"句管控"包括"句法管控"和"句域管控"。前者"是指语词组合配置受到句法规则的管束和制约，涉及的是具体语言片断的句法语义格局"。后者"是指不同句法领域对语法事实的管束和制约，涉及的是具体语言片断的动态语境"。

"小句中枢说"已经在汉语语法研究中得到实践，并且获得实证。邢福义《汉语语法学》（东北师范大学出版社，1996年11月），是"小句中枢"语法系统，是"小句中枢说"的实际应用，具有鲜明的汉语特色。该书影响比较大，获得中国国家图书奖一等奖。邢福义《汉语复句研究》（商务印书馆，2001年11月），是"小句中枢说"指导下的汉语复句研究成果，建立了符合汉语事实的复句系统。邢福义还先后撰写了《"小句中枢说"的方言实证》（《方言》2000：4）、《"小句中枢说"的方言续证》（《语言研究》2001：1），证明汉语方言语法事实支持"小句中枢说"。李芳杰《小句中枢说与句型研究和教学》（《世界汉语教学》2001：3），论证了"小句中枢说"在汉语句型研究和教学方面的理论价值，指出"对外汉语语法教学理论宜以小句中枢说为基础"。

现代汉语"是"字句然否类型联结研究，是"小句中枢说"的个案实证。

"是"字句然否类型联结，支持"小句三律"的"小句联结律"。"是"字肯定句和"是"字否定句既可以分句化联结，又可以集群化联结。前者如：这不是平日的内部竞赛，这是和对面的两个敌人争夺。（孙犁《风云初记》）后者如：山秀不是平常的人。山秀是练了多年戏功的人。（何存中《画眉深浅》，《小说月报》1998：1，77页）

"是"字句然否类型联结，依存于"是"字然否小句。主要表现在以下几个方面：

1）"是"字小句的然否性决定"是"字句联结的类型。"是"字句然否联结的主要联结类型是对照；"是"字句然然联结和"是"字句否否联结的主要联结类型是平列。前者如：你是个老农村干部了，你已经不是农民。（张炜《秋天的愤怒》》｜对于他们，第一步需要还不是"锦上添花"，而是"雪中送炭"。（毛泽东《在延安文艺座谈会上的讲话》）后者如：读者是报纸的朋友，又是报纸的主人。｜我不是奢侈家，不是命运和自然的爱子。（巴金《家》）

2）"是"字然否小句的位置制约"是"字句然否类型联结。也就是说，"是"字肯定句和"是"字否定句的联结顺序制约它们的联结。"是"字句然否类型联结有然否序和否然序两种联序，它们表现出一系列的不对称性。比如在使用上，否然序明显多于然否序；在联结关系上，否然序比然否序丰富，而且它们的优势联结关系也不一样，然否序的优势联结关系是突转，否然序的优势联结关系是对照、解注、选择。

3）"是"字然否小句的用法制约"是"字句然否类型联结。首先，有的"是"字句用法不能用于然否联结。比如对举格式"p 是 p，q 是 q。"，强调二者不同，不可混为一谈，没有否定式，自然也就没有然否联结。再如连用格式"p 是 p，q 是 q，r 是 r，…。"，表示"地道"，"不含糊"，有否定式，但是只能然然连用，否否连用，也没有然否联结。

其次，"是"字然否小句的配置不同，联结类型也不同。主要表现有二：其一，"是"字然否小句的用法异同，制约然否联结的类型。同类"是"字句的然否配置，联结类型相对丰富，而且在然否序和否然序两种联序上的分布比较均衡。其二，"是"字然否小句的具体用法，制约然否联结的类型。比如"是"字然否小句表示"归类"时，基本适用两种联结顺序和各种联结关系。

4）"是"字然否小句前后成分的同异搭配制约"是"字句然否类型联结。"是"字句然否联结中，"是"、"不是"前面的成分叫前成分，"是"、"不是"后面的成分叫后成分。前成分有同有异，后成分也有同有异，互相搭配后会形成四种基本格式：①前成分同，后成分同；②前成分同，后成分异；③前成分异，后成分同；④前成分异，后成分异。其中，格式①③可表示的联结关系相当有限，格式①可以兼表平列和突转，或者表示选择，让步；格式③可以表示对照，突转，假设性因果。格式②④可适用多种联结关系，格式②可以表示对照，递进，说明性因果，推断性因果，假设性因果，突转，让步等；格式②可以表示对照，递进，解注，说明性因果，推断性因果，假设性因果，条件性因果，突转，让步等。

15.3 重视理论的开放性和拓展性

任何理论都不可能是完美的，只有重视开放和拓展，才能有利于揭示汉语语法事实的客观规律性。

"小句中枢说"具有开放性。"小句中枢说"不排斥任何有利于汉语语法研究的理论学说。不管是其他语言的语法理论，还是其他有关汉语的语法理论；不管是语言学其他分支的理论，还是非语言学的理论，只要有利于汉语语法研究，"小句中枢说"都不拒绝与其碰撞、交流和沟通，更不排除从中吸收有价值的理论要素。

"小句中枢说"具有拓展性。"小句中枢说"在汉语语法研究中不断丰富其理论内涵。比如，现代汉语"是"字句然否类型联结的研究，能够充实"小句中枢说"。

"小句联结"可以形成三种小句联结实体：一种是复句；另一种是句群；还有一种是没有实现为复句的分句联结体。例如：这不是发牢骚，也不是道歉，这是广告。（老舍《文博士》）其中，"这不是发牢骚，也不是道歉"由两个"是"字否定分句联结而成，不能不承认它也是一种联结体。对于这种联结体，有三种处理办法：第一种，认为这种联结体也是复句，也就是说，只要是分句联结体，就叫复句。这样一来，"复句"的定义就要改动。第二种，认为这种联结体是与"复句"、"句群"平等的语法实体，可以简称为"句联"。这样一来，汉语语法实体就有 8 种：①语素；②词；③短语；④小句；⑤复句；⑥句联；⑦句群；⑧跟特定句调相联系的句子语气。第三种，认为小句联结体属于一种语法实体，可以简称"句联"，下位包括三种小句联结体：未实现为复句的分句联结体；复句；句群。这样一来，汉语语法实体可以概括为 6 种：①语素；②词；③短语；④小句；⑤句联；⑥跟特定句调相联系的句子语气。

联序是一种非常重要的小句联结手段。两个小句联结，首先遇到的就是两个小句的联结顺序，也就是两个小句占据的前后位置。联序制约着小句联结的联结关系、小句表现出来的语法特征以及语值等。联序不同，联结关系也不同。"是"字然否类型联结的两种联序，都有各自的优势联结格式和联结关系，而且有些联结格式只适用其中一种联序。比如"p 是 p，但不是 q。"，表示突转，只适合然否序，不适合否然序。例如："关键是关键，可不是最关键。"不能说成"关键可不是最关键，关键是关键"。再比如"p 不是 q1，就是 q2"一般表示选择，只适合否然序。如果联序倒置，联结关系就会发生变化，句意也变了。例如："他不是到戏院看戏，就是到老朋友家里打牌。"表示选择。联序一变，"他就是到老朋友家里打牌，不是到戏院看戏。"不再表示选择，而是表示对照。

联序不同，小句表现出来的语法特征不同。比如，然否对照，联序不同，小句的完整性也不同。然否序对照，经常省略成分；否然序对照，经常使用重现或复指。例如：小明是北京人，不是上海人。｜小明不是上海人，小明／他是北京人。

联序不同，语值不同。以然否对照为例。然否序对照和否然序对照都有辩解的功能，然否序对照常用于"语义辩解"，表示"解释—纠误或排除"的申辩过程。否然序对照可用于"语义辩解"和"语用辩解"，表示"纠误或排除—解释"的申辩过程。它们反映了人们"先立后破"和"先破后立"的不同思维习惯，其中"先破后立"使用比较频繁和广泛。

"小句联结律"的研究，可以走六部曲：①确定小句。一般确定某一类小句，可以是结构类型小句、语气类型小句或句意类型小句等。比如，主谓谓语句，疑问句，存在句等。②发生联结。从两个小句联结开始，分同类小句联结，异类小句联结。比如，疑问句发生联结，分疑问句与疑问句联结，疑问句与非疑问句联结。然后考察它们的联结关系。③小句配置。考察各种联结关系中两种联序的小句类型。④成分配搭。考察各种小句配置的成分搭配。⑤简约和扩展。考察小句联结的变式。观察汉语是如何简洁和发达的。⑥语法环境。考察小句联结的动态语境。

第 16 章 书评两则

16.1 现代汉语连动式研究的新突破 —— 评高增霞《现代汉语连动式的语法化视角》

连动式是汉语中一种重要句式，也是东南亚、西非、大洋洲许多语言中的重要语法结构。由于连动式涉及语法体系的基本问题，而且具有语言类型学的价值，因此近百年来一直受到海内外语法研究者的重视。但是，随着研究的不断深入，连动式的问题层出不穷，甚至到了怀疑、取消这种句式的地步。这一方面是由于连动式本身繁复，但另一方面也与学者们的研究思路、理论方法有关。

高增霞博士的《现代汉语连动式的语法化视角》（中国档案出版社 2006，以下简称《视角》）在连动式研究方面取得一些新的突破，我们感觉取得这些突破主要是因为采用了新的理论方法，因此下面我们着重从这方面来谈谈。

16.1.1 范畴类型

连动式是怎样的一个范畴呢？以往的研究都把连动式看作一个亚里士多德式的古典范畴 —— 离散范畴，凭借某些个"界定特征"来界定连动式。认为具有某些个"界定特征"的语法结构才是连动式，不具有这些个"界定特征"的语法结构就不是连动式，使用充分必要条件来界定连动式。由于界定标准不一，或对同一界定标准的认识不同，对于连动式的范围存在巨大的分歧。比如殷焕先（1954）

只承认前一个动作不存在而后一个动作才出现的动词连用才是连动句，这是意义界定，是连动式的最窄界定；Li 和 Thompson（1981）认为只要是两个或多个动词或小句并列在一起，没有任何标记表明它们之间的关系就算连动结构，这是形式界定，几乎是最宽的界定；宋玉柱（1984）等则是采取意义形式双重界定。据《视角》统计，目前被各家纳入连动式的格式有 29 种之多。

《视角》首次把连动式作为一个典型范畴来研究。《视角》指出，连动式的典型特征是"时间的先后性"和"目的性"，根据这两个典型特征区别三类连动式：典型连动式、非典型连动式、边缘连动式。典型连动式一般都具有"时间的先后性"和"目的性"，代表性的有四种情况：①来／去—动作：前来拜访；②工具—动作：找个塑料袋装上；③对象—处置：做饭吃；④处所—动作：上街买菜。另外，还有一种典型连动式，只具有"时间先后性"，不具有"目的性"，比如"听了哈哈大笑"。非典型连动式具有"目的性"，在时间上不是先后，而是同时，有三种情况：①"表示"类：鼓掌表示欢迎、挥手致意；②肯、否联结类：站着不动；③"想／要"类：站起来要走。边缘连动式不具有"目的性"，在时间上也不是先后，而是同时。代表格式是"V1 着 V2"：眨着眼睛问。

作者还从"客观—逻辑—认知"三层面论证了连动式是个典型范畴。《视角》认为连动式的典型意义是先后顺序，这个"先后"是广义的，包括客观—逻辑—认知三个层面。第一个层面是客观先后，是事件发生时间的先后，这个层面的连动式是典型的连动式；第二个层面是逻辑先后，是现象—意义的先后，这个层面的连动式是非典型的连动式；第三个层面是认知先后，是背景—目标的先后，这个层面的连动式是边缘连动式。

三层说颇具新意，既论证了连动式的典型范畴意义，更是解决了非先后发生事件构成连动式的理论解释问题。一般谈到连动式的先后性，只是局限在事件发生的具体时间上，这必然促生一系列的问题和困惑。比如 Durie（1997）认为连动式遵循"时序原则"，但是又指出这个原则却和同时发生的动作或身体姿态动作、方式序列、同义序列、伴随序列等连动式的时间先后相违背。

我们认为，三层说触及了语法化与主观性的关系的重要理论问题。《视角》认为各类连动式的语法化程度存在差异，由高到低依次是：典型连动式＞非典型连动式＞边缘连动式。三类连动式的主观性如何呢？这可以从三层说得到启示，第一层是客观层，强调的是事件发生的具体时间先后，客观性强，主观性弱。第二层是逻辑层，强调的是事件的现象和意义的先后，客观性较弱，主观性较强，因为现象是客观事实，而意义却具有主观意向和情感倾向；第三层是认知层，强调的是背景—目标的先后，客观性弱，主观性强，因为背景和目标的确定取决于社会文化心理或随机主观选择。因此三类连动式的主观性由强到弱依次是：典型连动式＞非典型连动式＞边缘连动式。不难看出，语法化与主观性是成正比的，主观性越强的语言形式越容易发生语法化。

16.1.2　语法地位

连动式的结构特点决定了它在语法体系中的地位。《视角》指出，连动结构具有一定的句法性和话语性。连动式的句法性主要表现在两方面：第一，中间没有语音停顿；第二，有的连动式一个动词可以为另一个动词增加论元。连动式的话语性主要表现在三个方面：第一，有时很容易加上语音停顿；第二，前一个动词的宾语名词首先表现出来的是宾语特征；第三，连动式的成分可以比较自由地删除。连动式的这些结构特点说明，连动式是话语组织到句法结构的中间环节。

《视角》还从连动式的动态、跨语言、静态等角度论证了连动式的语法地位。从动态的语法化过程来看，连动式处于"小句整合"的中间环节：平行句＞连动式＞简单谓语句。从跨语言的事实比较来看，连动式是介于并连构式和主从构式之间的一种语法手段。从静态的参数系统来看，连动式处于单句和复句的过渡地带。

通过连动式的结构分析，证明连动式的确是一个典型范畴。它内部成员的地位是不均等的。比如前文曾提到典型连动式中有一种只具有"时间先后性"，不具有"目的性"，这种连动式话语性强，在句子体系中更像是复句；另一端的边缘连动式"V1着V2"，句法整体性强，在句子体系中更像是简单谓语句。

关于单复句的划分一直有争议，这影响到确定连动式的语法性质。邢福义（1993）指出，典型单句和典型复句所占比例较少，单复句纠结现象大量存在。典型单句是单核句，典型复句是核同质、有核距、无共同包核层的多核句。单复句的纠结现象主要有四种：一是多核而异核质；二是多核而无核距；三是多核而有共同包核层；四是用了特定的关系词语。一些连动式就属于单复句纠结现象，这也是为什么许多连动式难以定性的原因所在。

16.1.3　语法化

语法化包括三个方面：句法化，词汇化和实词虚化。关于连动式的句法化，《视角》第二章、第三章都有所涉及。《视角》的第四章探讨与连动式有关的词汇化现象，第五章探讨与连动式有关的实词虚化现象。

关于连动式的词汇化现象，《视角》讨论了三种结果：动补式复合词；连动式复合词；状中式复合词。为什么同样是连动式，词汇化后的结构有所不同呢？《视角》对不同方向的词汇化的语义条件做出了解释。"动作—结果"关系的连动式可能词汇化为动补式复合词，如"看见、推倒、处死"等；"前提—动作"关系的连动式可能词汇化为连动式复合词，如"选拔、剥离、抽查、传唤"等；"方式—动作"关系的连动式可能词汇化为状中式复合词，如"偷拍、赶印、跳读"等。

《视角》关于连动式的词汇化研究引出许多理论问题的思考。第一，词汇化诱因。重新分析和类推是词汇化的两大诱因。连动式词汇化为动补式复合词和状中式复合词，显然是重新分析结构关系的结果。类推使这些重新分析方法得以泛化。第二，词汇化条件。语义基础是词汇化的重要条件。连动式的内部语义类型比较多，哪些类型的语义关系可能词汇化，又朝着什么方向词汇化，取决于连动式的语义基础。第三，词汇化途径。词汇化的途径大致是由结构到词，但是《视角》告诉我们，由于重新分析有一个过程，词汇化的途径可能是直接由结构到词，也可能是由甲结构到乙结构再到词。第四，词汇化结果。由于词汇化的途径不同，词汇化的结果不一定是词，也可能是结构或离合词。第四，词汇化程度。从词汇化的结果可以断定词汇化的程度，结构关系越紧密，成分越虚化，词汇化的程度越高，就连动式来说，词汇化程度由高到低依次是：动补式复合词＞状中式复合词＞连动式复合词。第五，词汇化和句法化的关系。句法化往往是词汇化的向导和前奏，词汇化反过来会影响句法化。

与连动式有关的实词虚化现象，《视角》选取了两个个案分析。一个是处所动词"着"、"在"的虚化，虚化的过程是：处所动词＞处所介词＞未完成体标记。另一个是"完了"、"回头"的虚化，由连动式虚化为话语标记。通过这两

个例子的个案研究，《视角》总结出了一些具有理论价值的见解：第一，连动式
为某些词语虚化提供了句法环境。这说明，实词虚化总是在一定的句法结构中进
行的。第二，连动式固有的语义和结构特点为连动式虚化提供了可能。这说明，
句法结构的性质和类型会制约其虚化的方向和结果。第三，"完了"、"回头"
的话语标记功能常用于口语。这说明，词语在口语中更容易发生虚化，因为口语
比书面语更具有主观性。

16.1.4　连续统和类型学

语言是一个极其复杂的系统，很多语言现象和规律不是简单的二元集，而是
多元的连续统。连动式既然是一个典型范畴，又是一个语法化的历时渐变过程，
因此只有使用连续统的方法才能使研究更贴近语言事实。《视角》多处运用连续
统的方法来解决连动式或其他语言问题。比如连动式的典型性，各类连动式的语
法化程度，小句整合过程，句子的单复句体系，小句的非句化，主句动词的虚化，
从句的降级，主句的句法层面，连动式的词汇化程度，几个实词虚化的进度，等等。

《视角》还重视用语言类型学的方法来研究问题。连动式通常被看作汉语的
一种特殊句式，但是跨语言的考察发现，连动式存在于诸多非亲属语言中。因此
对连动式的类型学考察，无论是对普遍语法研究还是对汉语语法研究都具有重要
的理论价值。首先，连动式的跨语言研究有助于理解动词的限定性问题。石毓智
（2001）通过考察汉语谓语组织，认为汉语动词有限定动词和非限定动词之分。
值得注意的是，他是通过把动词的限定性和动词的时间性及其语法标记联系起来
进行论证的。《视角》承认汉语动词有限定性和非限定性之别，但是通过连动式
的研究进一步指出，汉语动词的限定性和非限定性之间是一个连续统。其次，连
动式的跨语言研究有助于解释连动范畴和格范畴之间的联系。研究表明，连动范
畴存在于格缺乏的语言中。第三，连动语中，汉语有自己的特点，汉语的典型连
动式表示"前提—目的"关系，其他语言的典型连动式表示"动作—结果"关系。
另外，《视角》考察处所动词"在、着"的演变等也用了语言类型学的方法。

《视角》在连动式研究方面取得的新成果，把连动式的研究进一步推向深入，
而且为句式语法化研究提供了很好的范式。当然，书中有些地方还可以再谈得详
细一些。比如，连动式结构是如何中心复杂化的？各类连动式的语法地位是怎样

的？动补式能否区分"动作—结果"和"动作—趋向"？连动式虚化为结构和复合词的具体情况是怎样的？等等。

16.2　复句研究天地宽 ——《汉语复句研究》读后

16.2.1　复句重要

邢福义先生的专著《汉语复句研究》，由商务印书馆于 2001 年 1 月出版，全书近 50 万字。1997 年，作者承担了国家"九五"社科规划项目"现代汉语复句系统和复句句式"。承担项目以后，作者"一边研究一些新的问题，一边把所写的有关书文进行增补、修订和整合，成为一本书"。这本书就是现在看到的《汉语复句研究》。这本专著集中了作者 20 余年复句研究的丰硕成果，这些成果不仅丰富了汉语语法研究，更启示我们：复句研究天地宽，复句研究大有可为。

汉语语法研究已经走过了一百年，成绩取得了不少，但是，汉语语法系统究竟是个什么样子，还很难说清楚。这其中的原因很多，但是很重要的一点恐怕与汉语语法系统各部类的研究不平衡有关。长期以来，词法研究、词类研究、结构研究、格式研究等静态研究一直是本体研究的主流，热点，焦点。与之比较，小句研究、复句研究、句群研究、篇章研究等动态研究比较薄弱，只是近期以来，才越来越受到学者的重视。邢福义先生是这方面研究的较早参与者，而且咬定青山不放松。吴启主指出："国内外还很少有像邢福义那样十数年来一直专注于复句研究，似乎也还没有哪位学者在复句研究领域里取得了如此丰硕的成果。"[1] 复句在语法系统中具有重要的地位。向内看，复句联系着一个个活生生的小句，活生生的语词。对于语词、结构，讲功能、讲分布离不开句子；讲规律、讲用法更离不开句子。交际要靠一个一个的小句联结来完成，而小句联结的最小存活空间是复句。因此，复句研究有利于语词、结构、句式的研究。向外看，复句联系着句群、篇章。复句的组织规律是句群、篇章的组织规律的缩影，复句研究有利于句群、篇章的研究，复句的熟练掌握有利于提高语文水平。

---

[1]　吴启主：《邢福义复句研究的研究》，载《湖南师范大学学报》1993 第 5 期。

16.2.2 复句研究的重要性、必要性和可行性

邢福义先生的复句研究，可以证明复句研究的重要性、必要性和可行性。

1）语词研究。"NP 的推移性"是在"NP 了"句式充当分句的研究中发掘出来的。

2）结构研究。"定名结构的表述性"是在"定名结构充当分句"的研究中得以丰富的。具有表述性的定名结构有特定的形式，与主谓结构分句、动宾结构分句发生关系，有特定的句法位置、表意功能等。定名结构的这些语法特性，不进入复句的框架内进行研究是不会发掘出来的。

3）句子成分的研究。"意会主语"是通过研究"使"字句充当分句发掘出来的。"后分句主语的简省与意会"研究、"跟复句相关的双主语句式"研究使主语研究进一步深入。

4）句式研究。《汉语复句研究》一书用了 3 编 27 章的宏大篇幅探讨复句句式。这是最精彩的一部分，也最能体现复句研究的思路和方法。用作者的话来说，就是"五重视"：一是重视语法事实的发掘；二是重视逻辑基础的考察；三是重视"语表—语里—语值"的三角验证；四是重视句法格局对语词运用的制约；五是重视若干问题的理论思考。

5）句群研究。《汉语复句研究》有两章是探讨句群的。第五编第九章《选择问句群》和第五编第十章《"特指问＋选择问句群"同指性双重加合》，是复句辖域的突破的两个个案分析。诚如该书 672 页所说："句群问题和复句问题有各自的研究范围，但二者之间又存在种种微妙的联系。句群研究，是复句辖域的突破。研究句群，对于更好地认识语法事实，特别是对于深化复句研究，很有好处。"

16.2.3 复句研究的"五重视"

邢福义先生所说的"五重视"，十分具有启示性。

重视语法事实的发掘，就是要从众多的语言事实中发掘出有价值语法事实来。"但"类词在各种复句句式中的反映，是作者发掘出来的具有重要理论价值的语法事实。比方，"但"类词和"既 p，又 q"等句式，"但"类词和"无论 p，都 q"句式，"却"字和"既然 p，就 q"句式，"却"字和"如果说 p，那么 q"句式，

等等。作者从这里面不但发掘出了一些推翻成论的语法事实，如"即使 p，但 q"；而且为后来升华为语法规律和语法理论做好了准备，如作者提出的"复句格式对复句语义关系的反制约"、"主观视点"、"双视点"等著名论理都是建立在"但"类词复句句式的语法事实之上的。

重视逻辑基础的考察，就是要把复句研究和逻辑结合起来。在这一点上，作者对语言学和逻辑学都做了贡献。逻辑学家、中国逻辑学会副会长李先焜评价说："这里我特别推崇邢福义同志的语言研究工作。在吕叔湘先生为其《语法问题探讨集》所写的'序'中有这么一句话：'福义同志的长处就在于能在一般人认为没什么可注意的地方发掘出规律性的东西，并且巧作安排，写成文章，令人信服。'我认为吕先生这句话真是'一语破的'。邢福义同志之所以能做到这一点，跟他善于运用逻辑方法去分析语言现象分不开（当然，并不局限于这一点）。邢福义同志是专门研究过逻辑学并写过逻辑学著作的，因此在他对语言现象的分析过程有意或无形中就使用了逻辑方法。"李先焜先生以《试论"A，否则 B"句式》《"但"类词对几种复句的转化作用》《"但"类词和"无论 p，都 q"句式》《"越 X，越 Y"句式》《"如果……就……"和"只要……就……"》《"要不是 p 就 q"句式及其修辞作用》《汉语复句格式对复句语义关系的反制约》《反递句式》《前加特定形式词的"一 X，就 Y"句式》《转折词和"如果说 p，那么 q"句式》《现代汉语的"要么 p，要么 q"句式》《"与其 p，不如 q"择优推断句式》《现代汉语的"即使"实言句》《让步句的考察》等为例，指出所有这些文章"都体现出作者对复合命题逻辑分析方法的运用，而且，他并未受逻辑联结词单纯从'真、假'二值来分析语义特征的局限，而是找出自然语言中各种联结词之间的细微的语义差别，这又反过来丰富了逻辑学……"[1]。在语法学界，有关评说更多。比如邵敬敏指出："邢福义的研究强项是复句，他非常重视复句内部各分句之间的逻辑关系，并且注意这种逻辑关系的微妙变化所引起的在语法形式或语法意义表达上相应的变化……"[2] 胡明扬指出："就汉语而言，复句的语义逻辑研究在目前也许有更大的实用价值。邢福义这些年来在这方面的研究令人瞩目。"[3] 施

---

[1]　李先焜：《论语言学与逻辑学的结合》，载《湖北大学学报》1994 年第 5 期。

[2]　邵敬敏：《八十到九十年代的现代汉语语法研究》，载《世界汉语教学》1998 年第 4 期。

[3]　胡明扬：《现代汉语语法研究的回顾和展望》，载《世界汉语教学》1991 年第 2 期。

关淀指出：“邢侧重研究复句，最重视逻辑事理，其论文始终抓住语言成分之间的逻辑语义关系。”[1]

更为可贵的是，作者始终坚持辩证的观点对待语言和逻辑。一方面，重视逻辑基础、逻辑事理、语义逻辑的研究；另一方面又清醒地认识到语法分类不能只看逻辑关系，更要重视语言运用的特点。他强调：“复句分析问题是语法分析问题，判断复句关系固然不能不考虑复句构成的逻辑基础，但必须注重考察各种语言形式在语言运用中的不同之处。只有把逻辑关系和语言形式联系起来考察、考虑，才能从语法的角度对复句关系作出恰当合理的解释。”第二编第五章《“如果 p，就 q”和“只要 p，就 q”》，集中体现了这种思想。从逻辑上看，“如果 p，就 q”和“只要 p，就 q”都表示假言判断，或称条件判断。从语言运用上说，二者是有区别的。首先，语意表达重点不同。“如果 p，就 q”重在表明所说的情况仅仅是假设；“只要 p，就 q”重在表明提出了某种特定条件。其次，在正反推论中用法有别。“如果 p，就 q”可以用于正反两面同时推论，即可以同时从正反两面提出假设，做出推断；“只要 p，就 q”一般不能同时从正反两面进行推论，往往在正反两面中有所选择和强调。再次，某些格式不能相互转换。“如果 p，就 q”的使用范围比“只要 p，就 q”的使用范围大，有些格式中的“如果”不能改用“只要”。比方，“如果说……（那么）（就）……”不能说成“只要说……（那么）（就）……”。又比方，“如果 p，那么 q 呢”可以简省为“如果 p 呢”，不管是完全式还是简省式，其中的“如果”都不能换成“只要”。因此，在复句分类上，把“如果 p，就 q”划归假设复句，把“只要 p，就 q”划归条件复句。

重视“语表—语里—语值”的三角验证，已经是语法研究的方法论。作者无论是宏观研究复句系统，还是微观研究大大小小的复句句式，都贯穿着这种多角验证的思路和方法。以第四编第五章《“p，否则 q。”句式》为例。这一章，从发端分句的语义特征出发，逐层剖析，发掘出各种语义关系，每种语义关系分别用典型句式和变换式控制，并且用表意重心加以辨察。“p，否则 q”基本有六种句式：释因式，推因式，条件式，选言式，祈使式，能愿式。释因式和推因式表示原因和逆原因的结果，释因式用来反证已然的原因，推因式用来反证推测的原因。释因式的典型格式有“幸亏 p，否则 q。”、“可惜 p，否则 q。”、“因

---

[1]　施关淀：《八十年代现代汉语语法研究概说》，载《中国语文》1992 年第 6 期。

为 p，否则 q。"（"幸亏"小类重在说明某种不如意的情况的避免出现，"可惜"小类重在说明某种符合心意的情况的没有出现，"因为"小类重在说明事实情况的客观存在。），主要变换式是"要不是 p，就 q。（之所以非 p，就因为是 q。）"；推因式的典型格式是"想来 p，否则 q。"，主要变换式是"要不是 p，就 q。（既然非 q，就肯定是 p。）"。释因式和推因式重在表明 p 项原因具有决定性影响，重心在 p。条件式表示条件和逆条件的结果，典型格式是"除非 p，否则 q。"，主要变换式是"除非 p，才＋q，否则－q。（非 p 不可，否则 q。）（除了因为 p，否则 q。）"，表意上，提出需求性条件的重在强调条件的必不可少，重心在 p，提出析因性条件的强调结果的出现不受其他条件的影响，重心在 q。选言式表示情况的选择或交替，典型格式是"要么 p，否则 q。"，主要变换式是"要么 p，要么 q。"，基本的选择项是 p，重心在 p。祈使式表示祈求和逆祈求的结果，典型格式是"还是 p 吧，否则 q。"，主要变换式是"要么 p，要么 q，q 不好，所以，还是 p 为好。"，重在表明必须听从 p 项使令劝告，重心在 p。能愿式表示需求和逆需求的结果，典型格式有"不能 p，否则 q。"、"不能不 p，否则 q。"，主要变换式是"要么不能（不）p，要么 q，q 不好，所以，不能（不）p。"，重在表明必须满足 p 项的需求，重心在 p。这样工笔式的精细刻画复句语义关系已经不再是"并列、递进、转折、让步、因果、假设"地泛泛而谈，而是全面揭示具体复句格式的格式框架、语义特征、语义关系、表意特点，这把复句研究推进了一大步。语法学界对作者这种研究风格和研究特色给与高度评价。比如邵敬敏指出："他的研究风格是扎实、细腻、新鲜，常常以小见大，发人深思。"[1]龚千炎指出："复句的研究，不管有无关联语词，都不能只是'并列、递进、因果、假设、选择、转折'等泛泛而论，而是必须像邢福义同志那样，深入揭示这些句式之间的种种细微语义关系以及表义中心。"[2]徐枢指出："邢福义先生关于复句的研究，在精细入微这一点上，大大超过了前人。"[3]

　　重视句法格局对语词运用的制约，这与作者极力主张的"小句中枢"思想有密切联系。汉语的句法格局，是以小句为中轴建立起来的。研究汉语语法，必须

　　[1]　邵敬敏：《八十到九十年代的现代汉语语法研究》，载《世界汉语教学》1998 年第 4 期。

　　[2]　龚千炎：《1991 年的现代汉语语法研究》，载《语文建设》1992 年第 6 期。

　　[3]　徐枢：《回顾与展望——试谈 80 年代和 90 年代的现代汉语语法研究》，载《语言教学与研究》1991 年第 4 期。

以小句为中轴，以句法机制为重点，重视句法规则对各种句法要素的制约和管控。每个关联词语的运用，每组关联词语的配置，都是在一个个句法格式中实现的。离开了句法格局，语词就无从存活，更难看清它们的真实面貌。比方，"但"类词不仅在转折复句中运用，而且也在非转折复句中运用。它们在这些复句中的运用是什么样子，必须考察复句格式对他们的反映。再比方，"要么"的使用。一般语法教科书说"要么……要么……"只表示"二者必居其一"，必须成对地用，不能单用一个。邢福义先生用语法事实证明"要么"可以双用、多用、单用，并且它们受句法格局控制。"要么"双用，引带 pq，成为前后两个选择项的标记："要么 p，要么 q。"；"要么"多用，关联三个或四个选择项："要么 p，要么 q，要么 r，要么 s。"；"要么"单用，它所关联的选择项并未全都带有标记："要么 p，q（要／既 VP 就 VP）"或"ϕp，要么 q"。再比方，定名结构充当分句也好，"NP 了"句式充当分句也好，"定名结构"或"NP"的使用都要受句法格局的控制。定名结构充当分句，往往和主谓结构、动宾结构发生平列、分合、申说、连贯、因果、转折等关系，定名结构充当分句有特定的形式：A．"数量名"；B．"指代形（的）名"；C．"形名，形名"或"数量名，数量名"；D．"程度形（的）名"；E．"（好）数量形（的）"。各种形式的定名分句在复句里有一定的位置：A 式、B 式、C 式用在别的分句前边；D 式、E 式用在别的分句后边。"NP 了"充当分句时，"NP 了"前边常常用副词"都"。能进入"NP 了"句式的"NP"具有推移性。"NP 了"句式具有句法自足性，不需要补上主语，也不能直接补上主语，不能直接采用否定形式。重视句管控可以更好的揭示句法特点、语义特点。正如邵敬敏所指出："九十年代以来，汉语语法研究明显的特点是开始摆脱盛行几十年的结构主义语法的影响和束缚……更加注意汉语本身的特点，而不是让事实去迁就某种语法理论，即在对大量汉语语法事实研究的基础上，试图提出更加适应汉语语法特点的研究思路，其中胡明扬的'语义语法'说、徐通锵的'字（语素）本位'说、邢福义的'两个三角'理论和'小句中枢'说等都比较有影响。他们共同的特点就是对句法语义的高度重视。"[1]

　　重视若干问题的理论思考，就是要重视从语法事实的研究中提升出语法规律

---

　　[1]　徐枢：《回顾与展望——试谈 80 年代和 90 年代的现代汉语语法研究》，载《语言教学与研究》1991 年第 4 期。

和语法理论。这是作者复句研究的一大特色。邵敬敏等曾经这么评说："邢福义对理论的概括不仅表现在宏观指导上，还表现在一些具体专题上。最典型的是关于复句的研究……这种充满辩证观点的制约与反制约的认识，是作者对复句进行多年深入研究基础上的一种理论上的飞跃。"[1] 作者关于"主观视点"的论述，已经深入到说话人的心理，具有普通语言学的理论价值。至于重视静态和动态相结合，一方面，是"从关系出发，用标志控制"；另一方面，是重视关系标志的"显示"、"选示"、"转化"、"强化"的动态作用，利用直断法、减除法、添加法、替代法判定分句，思考复句和单句的对立和纠结，等等。

16.2.4 复句研究的发展趋势

复句研究因为邢福义先生的研究而有了长足的进展，但复句研究是不是就没有问题了呢？远远不是的。用邢福义先生的话讲："越研究，问题越多。""这本《汉语复句研究》，其实内容很有限，遗留问题很多。且不说汉语包括现代汉语和古代汉语，现代汉语包括共同语和方言，这本书只把精力放在现代汉语共同语的复句研究上面。就是现代汉语共同语里的某些很普通的现象，我也没有作出甚至没有能力作出让自己满意的回答。"他举了"还"的例子，举了"无论"、"不论"、"不管"的例子。他这段话，我们体会有三个意思：一是他对自己的复句研究还有诸多不满意的地方，这是一个严谨学者的科学态度；二是复句研究天地广阔，复句研究要撑开"表—里—值"小三角和"普—方—古"大三角，还有很多工作要做；三是暗示了观察问题、研究问题的思路和方法。林立曾经指出："邢福义能够成功地发表一组复句研究的系列文章，其原因在于他注重思想方法和研究方法。"[2] 吴启主曾经指出："邢福义的研究方法是丰富的，行之有效的。"[3] 我们学习邢先生复句研究的成果，更要学习邢福义先生复句研究的思路和方法。

复句研究天地宽，复句研究大有可为。相信用不了多久，复句研究会出现百花齐放、百家争鸣的盛况。

---

[1]　邵敬敏等：《评邢福义〈语法问题发掘集〉》，载《语言研究》1993 年第 1 期。

[2]　林立：《现代汉语复句研究概观》，载朱一之、王正刚主编：《现代汉语语法研究的现状和回顾》，语文出版社 1987 年。

[3]　吴启主：《邢福义复句研究的研究》，载《湖南师范大学学报》1993 第 5 期。

参考文献

[1] 安华林：《现代汉语释义基元词研究》，中国社会科学出版社 2005 年版。

[2] 北京大学中文系 1955、1957 级编：《现代汉语虚词例释》，商务印书馆 1982 年版。

[3] 蔡文兰：《带非名词性宾语的动词》，《中国语文》1986 年第 4 期。

[4] 陈 平：《试论汉语中三种句子成分与语义成分的配位原则》，载《中国语文》1994 年第 3 期。

[5] 陈庆汉：《"N 的 V"短语的句法分析》，载《河南大学学报》1996 年第 4 期。

[6] 陈庆汉：《"N 的 V"短语的句法、语义、语用研究综述》，载《华中师范大学学报》1996 年第 2 期。

[7] 储泽祥：《语气兼容与句末点号连用》，载《语文建设》1998 年第 1 期。

[8] 傅永和：《新中国的汉字整理》，在《语文建设》1995 年第 7 期。

[9] 高更生、王红旗等：《汉语教学语法研究》，语文出版社 1996 年版。

[10] 高更生：《谈异体字整理》，载《现代汉语规范化问题》，语文出版社 1995 年版。

[11] 高更生：《抓紧整理待规范字》，载《汉字问题学术讨论会论文集》，语文出版社 1988 年版。

[12] 高增霞：《疑问祈使句》，载《语文学刊》1998 年第 4 期。

[13] 龚千炎：《1991 年的现代汉语语法研究》，载《语文建设》1992 年第 6 期。

[14] 郭　锐：《论表述功能的类型及相关问题》，载《语言学论丛》第 19 辑，商务印书馆 1997 年版。

[15] 郭　锐：《现代汉语词类研究》，商务印书馆 2002 年版。

[16] 胡明扬：《现代汉语语法研究的回顾和展望》，载《世界汉语教学》1991 年第 2 期。

[17] 李　炜：《句子给予义的表达》，载《中山大学学报（社科版）》1995 年第 2 期。

[18] 李先焜：《论语言学与逻辑学的结合》，载《湖北大学学报》1994 年第 5 期。

[19] 李宇明：《汉语量范畴研究》，华中师范大学出版社 2000 年版。

[20] 林　立：《现代汉语复句研究概观》，载朱一之、王正刚主编《现代汉语语法研究的现状和回顾》，语文出版社 1987 年版。

[21] 陆俭明：《关于词的兼类问题》，载《中国语文》1994 年第 1 期。

[22] 陆俭明：《由指人的名词自相组合造成的偏正结构》，载《中国语言学报》1985 年第 2 期。

[23] 吕叔湘、朱德熙：《语法修辞讲话》，中国青年出版社 1979 年版。

[24] 吕叔湘：《关于汉语词类的一些原则性问题》，载《中国语文》1954 年第 6 期。

[25] 吕叔湘主编：《现代汉语八百词》（增订本），商务印书馆 1999 年版。

[26] 吕叔湘主编：《现代汉语八百词》，商务印书馆 1981 年版。

[27] 罗竹风主编：《汉语大词典》，汉语大词典出版社 1991 年版。

[28] 罗竹风主编：《汉语大词典》，上海辞书出版社 1986 年版。

[29] 马庆株：《汉语语义语法范畴问题》，北京语言文化大学出版社 1998 年版。

[30] 孟　琮、郑怀德、孟庆海、蔡文兰编：《汉语动词用法词典》，上海辞书出版社 1987 年版。

[31] 彭可君：《谓词性宾语补议》，载《语言教学与研究》1990 第 1 期。

[32] 邵敬敏：《八十到九十年代的现代汉语语法研究》，载《世界汉语教学》1998 年第 4 期。

[33] 邵敬敏等：《评邢福义〈语法问题发掘集〉》，载《语言研究》1993 年第 1 期。

[34] 沈家煊：《"语用否定"考察》，载《中国语文》1993 年第 5 期。

[35] 沈家煊：《复句三域"行、知、言"》，载《中国语文》2003 年第 3 期。

[36] 施关淦：《"给"的词性及与此相关的某些语法现象》，载《语文研究》1981 年第 2 期。

[37] 施关淦：《八十年代现代汉语语法研究概说》，载《中国语文》1992 年第 6 期。

[38] 石安石：《亲属词的语义成分试析》，载《语义研究》，语文出版社 1994 年版。

[39] 苏新春：《汉语释义元语言研究》，上海教育出版社 2005 年版。

[40] 王　惠：《从及物性系统看现代汉语句式》，载《语言学论丛》第 19 辑，商务印书馆 1997 年版。

[41] 王砚农、焦庞颙：《汉语常用动词搭配词典》，外语教学与研究出版社 1984 年版。

[42] 魏　励：《〈第一批异体字整理表〉的调整》，载《语文建设》1990 年第 6 期。

[43] 吴启主：《邢福义复句研究的研究》，载《湖南师范大学学报》1993 第 5 期。

[44] 吴为章：《与非名词性宾语有关的几个问题》，载《中国语文》1981 年第 1 期。

[45] 萧国政、李英哲：《汉语确数词的系统构成、使用特点和历史演进》，载《武汉教育学院学报》1997 年第 1 期。

[46] 邢　欣：《致使动词的配价》，载沈阳、郑定欧主编：《现代汉语配价研究》，北京大学出版社 1995 年版。

[47] 邢福义、刘培玉、曾常年、朱斌：《汉语句法机制验察》，三联书店 2004 年版。

[48] 邢福义：《词类辨难》（修订本），商务印书馆 2003 年版。

[49] 邢福义：《汉语复句研究》，商务印书馆 2001 年版。

[50] 邢福义：《汉语语法学》，东北师范大学出版社 1997 年版。

[51] 徐　枢：《回顾与展望——试谈 80 年代和 90 年代的现代汉语语法研究》，载《语言教学与研究》1991 年第 4 期。

[52] 许嘉璐、傅永和主编：《中文信息处理现代汉语词汇研究》，广东教育出版社 2006 年版。

[53] 杨成凯：《广义谓词性宾语的类型研究》，《中国语文》1992 年第 1 期。

[54] 杨成凯：《汉语语法理论研究》，辽宁教育出版社 1996 年版。

[55] 杨锡彭：《粘宾动词初探》，载《南京大学学报》1992 年第 4 期。

[56] 袁　杰、夏允贻：《虚义动词纵横谈》，载《语言研究》1984 年第 2 期。

[57] 袁毓林：《词类范畴的家族相似性》，载《中国社会科学》1995 年第 1 期。

[58] 袁毓林：《现代汉语祈使句研究》，北京大学出版社 1993 年版。

[59] 张　敏：《认知语言学与汉语名词短语》，中国社会科学出版社 1998 年版。

[60] 张寿康、林杏光主编：《现代汉语实词搭配词典》，商务印书馆 1996 年版。

[61] 张志毅、张庆云：《词汇语义学》，商务印书馆 2005 年版。

[62] 赵惜微：《试论 N 的 V 词组》，载《北方论丛》1987 年第 5 期。

[63] 中国社会科学院语言研究所词典编辑室编：《现代汉语词典》（第 5 版），商务印书馆 2005 年版。

[64] 中国社会科学院语言研究所词典编辑室编：《现代汉语词典》（第 6 版），商务印书馆 2012 年版。

[65] 中国社会科学院语言研究所词典编辑室编：《现代汉语词典》（增补本），商务印书馆 2002 年版。

[66] 周　刚：《形式动词次分类》，载《汉语学习》1987 年第 1 期。

[67] 周国光：《动词"给"的词汇意义和语法意义的发展》，载《安徽师大学报》1995 年第 1 期。

[68] 周国光：《动词"给"的配价功能及相关句式发展状况的考察》，载《南京师大学报》1993 年第 1 期。

[69] 朱　斌：《现代汉语"是"字句然否联结》，华中师范大学出版社 2008 年版。

[70] 朱　斌：《真准谓宾动词》，载《汉语学习》1998 年第 6 期。

[71] 朱德熙：《现代书面汉语里的虚化动词和名动词》，载《北京大学学报》1985 年第 5 期。

[72] 朱德熙：《与动词"给"相关的句法问题》，载《现代汉语语法研究》，商务印书馆 1980 年版。

[73] 朱德熙：《语法讲义》，商务印书馆 1982 年版。

[74][丹] 奥托·叶斯柏森：《语法哲学》，何勇等译，语文出版社 1988 年出版。

[75][英] 杰弗里·利奇：《语义学》，李瑞华、王彤福、杨自俭、穆国豪译，上海外语教育出版社 1987 年版。

[76]Behagel，Otte. *Deutsche Syntax*. Vol. IV. Heidelberg: Carl Winter，1932.

[77]Givón，T. *Syntax. A Functional-Typological Introduction*（Vo1.2）. Amsterdam: John Benjamins，1990.

[78]Haiman，John. Iconic and Economic Motivation. *Language*，1983（59）.

[79]Jesperson，Otto.*The Philosophy of Grammar*. London: George Allen & Unwin Ltd.1924.